JN086490

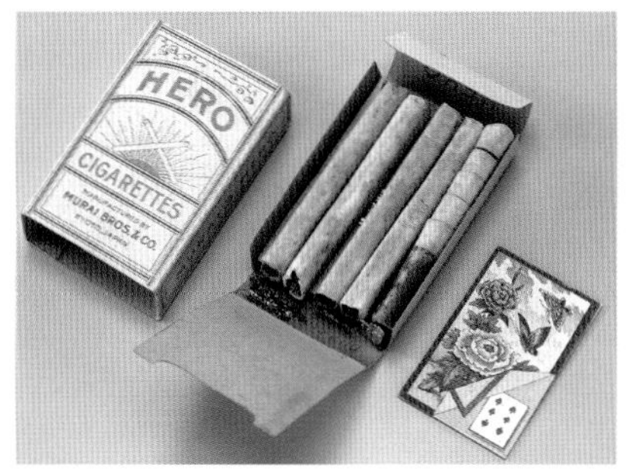

口絵１　村井兄弟商会が1894（明治27）年に発売した両切たばこ「ヒーロー」（２章）
（たばこと塩の博物館蔵）

口絵２　ヴァンジ彫刻庭園美術館の庭園の自然と対話するかのようなテリ・ワイフェンバックの作品（３章）
『センス・オブ・ワンダー　もうひとつの庭へ』展より

口絵３　たばこと塩の博物館の『第37回夏休み塩の学習室　買い物ゲームで塩さがし！2016』（４章）

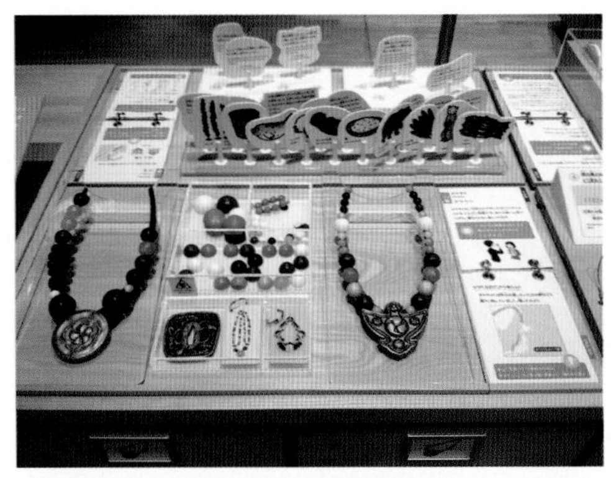

口絵４　体験を通してアイヌ文化に触れることのできる国立アイヌ民族博物館の『探究展示』のタマサイ（首飾り）・ユニット（５章）

口絵５　アジア・ヨーロッパ諸国の生活や伝統文化に触れることのできる資料やゲーム，ギャラリーなど多様な機能を備えた九州国立博物館の『あじっぱ』（５章）

口絵６　国立西洋美術館ファミリープログラム『どようびじゅつ』で2019年に実施された「ボン・ボヤージュ！」でのギャラリートークの様子（７章）

博物館教育論

大髙　幸・寺島洋子

〔改訂新版〕博物館教育論（'22）

装丁・ブックデザイン：畑中　猛

s-62

まえがき

本書は，放送大学教養学部の『博物館教育論』の印刷教材である。この科目は，博物館学芸員を志す人々が資格取得のために受講する，『博物館概論』を始めとする，一連の博物館諸論の一端を担っている。しかしながら，同時に，『博物館教育論』は，これまで博物館をあまり利用したことのない人々を含む多くの人々が，博物館によって提供される様々な教育機会を，将来において自在に活用できるようになるための入門科目でもある。

そのため，博物館にあまりなじみのない人々にも役立つように，本書では，歴史民俗博物館，美術館，動植物園，自然史博物館，科学館といった，大小様々な博物館のうち，教育機会を提供してきた先進的な事例を中心に紹介するとともに，そうした教育機会の理論的な根拠となる，教育学や博物館学における基礎的な概念も，考察できるように構成した。本改訂新版は，こうした事例や統計，研究成果などの刷新を図っている。

人文科学系，自然科学系といった様々な学問分野の研究に取り組み，日々の生活の中で幅広い関心をもつ多くの大学生にとっての入門科目として，学際的な学問領域である博物館教育の基礎とエッセンスを受講者が理解し，博物館を教育的に活用できる能力を涵養するために，本書に盛り込むことができない種々の点については，放送教材において補完する。したがって，受講者は，相互に対応・補完しあう印刷教材と放送教材の両方の教材を活用することが重要である。また，本書の各章で紹介する，一連の博物館諸論や教育学，社会学などの関連科目も，各人の関心分野や研究の目的に応じて，併せて学ぶことが望ましい。

ところで，本書では，多種多様な博物館利用者について検討する過程で，障害のある人の博物館利用についても考察する。近年，行政機関などで「障害」を「障がい」と記すことが行われている。これに対して，国立民族学博物館の広瀬浩二郎准教授は，著書『万人のための点字力入門：さわる文字からさわる文化へ』において，漢字から平仮名への文字の変換は，意味そのものの変換を伴わない，消極的なものであると批判する（2010，p. 205）。この考えに賛同するとともに，社会の問題として「障害問題」と向き合うために，本書においては，「障害」と表記することとした。

日本では，2020年以降，コロナ禍の状況下，博物館は，展覧会やプログラムの中止や延期など，度重なる変更を余儀なくされてきた。本書は，こうした先行き不透明の時期に執筆されたため，本書における事例は，今後の状況によって変更される可能性があるといえよう。こうした厳しい状況下，本書の執筆にあたって，取材や資料提供にご協力いただいた多くの博物館関係者・研究者の方々，印刷教材編集ご担当の小川栄一氏，放送教材制作プロデューサー石橋丈氏に，この場を借りて，心よりお礼を申し上げたい。

『博物館教育論』が，多くの人々にとって，博物館が身近な教育機関であることを知るきっかけとなり，博物館の教育的活用という「経験の創造」を促すことができることを願っている。

2021年11月

大髙幸・寺島洋子

目次

1 博物館教育とは

大髙 幸

《目標＆ポイント》 今日，人々はどのように博物館を利用しているだろう。本章では，私たちの生活の中での博物館利用を検討した上で，その教育的意義について考察し，博物館が関与する教育（博物館教育）の内容とその学習法を概観する。

《キーワード》 博物館法，資料，ライフステージ，展示補助教材，講演会，ワークショップ，主体学習，ジョン・デューイ，経験，思考，学習，知識，コミュニケーション，鑑賞，認知

1．利用者主体の博物館とは

今日，多くの人々が博物館を様々な方法で利用している。本講座は，利用者主体の博物館のあり方や今日における意義と課題を，事例を参照しながら多角的に考察し，ひいては博物館を有効活用する能力を涵養することをねらいとする。

（1）博物館とは

私たちの博物館利用のあり方と可能性を考えるにあたり，まず，博物館とはどのような機関であるかを検討しておこう[(1)]。日本の博物館法（1951）第2条の博物館の定義を要約すると，**表1－1**の通りである。

博物館は，三次元のモノ（object）に加え無形文化遺産やメディア・アートなどの映像（イメージ）資料を含む，文化的あるいは自然資料を

(1) 博物館の定義や制度などの詳細は稲村哲也編著『博物館概論』（2019）第1章，第2章参照のこと。

表1－1　博物館法に定める博物館の目的と資料の種類

博物館の目的	①　資料を収集する。 ②　資料を保管する。 ③　資料に関する調査研究をする。 ④　資料を展示して教育的配慮の下に一般公衆の利用に供し，その教養，調査研究，レクリエーション等に資するために必要な事業を行う。
対象とする資料の種類	歴史，芸術，民俗，産業，自然科学等に関する資料

取り扱う研究・教育機関である。その目的に資料の収集がある点では，主に記録資料を収集し，検索可能にする図書館やアーカイブズ(archives)(2)と類似するが，博物館の資料には，歴史的建造物，庭園，考古遺物，芸術作品，民具，産業機械，鉱物，生きている動植物が含まれる。資料を一般公開する研究機関であることから，それをしない場合のシンクタンクや大学などとも異なる。また，対象とする資料の種類から，博物館には，歴史資料館，民俗博物館，美術館，工芸館，文学館，産業博物館，科学館，自然史博物館，動植物園，生態園，水族館あるいは総合博物館などが含まれる。

（2）個人のライフステージによる博物館利用

「利用者主体の博物館」について考察するために，次に，私たちがどのように博物館を利用しているかを，利用者を主語にして捉え直してみよう。今日の社会において，博物館が重要な教育機関とみなされる理由の一つは，博物館の館種の多様性にも増して，人々の博物館利用法の多様化が挙げられる。ある人が利用する博物館の種類やその利用法は，ライフステージにおけるその人の関心や課題によって変化するといえよ

(2)　アーカイブズは，本来，特定の主題に関するドキュメント（一次資料）及び研究文献（二次資料）の収集，保管，調査研究，検索可能な方法による研究情報の開示を行う研究機関である。

う。例えば，未就学児や小学生は動物や植物に興味をもち，動植物園や水族館，生態園を家族に連れられて何度も訪問する。夏休みの自由研究に取り組む小学生は，ヒントを得るために歴史民俗資料館や自然科学系博物館の展示を鑑賞したり，その図書室で図書を閲覧したり，夏休み子どもプログラムに参加したりする。化石や昆虫，植物採集の過程で自然科学系博物館のレファレンスで学芸員に疑問点を相談する小中学生もいる。学校の遠足の一環として博物館に出かけることもあるだろう。

およそ高校生以上では，一人あるいは友人と関心のある美術館や工芸館，文学館などを訪問するのが習慣化する人もいる。大学生や大学院生は，論文作成の過程で研究分野に関連の深い博物館のウェブサイト上の論文や所蔵資料データベースを検索することもある。社会人になると仕事に関わりのある博物館や息抜きの場としての博物館を訪問することもある。未就学児や小学生の親世代の人々は，週末などに子と一緒に楽しむ機会を求め，博物館の家族向けプログラムに参加したりする。時間に余裕のある高齢者の中には，博物館の講座やサークル活動，ボランティア活動において，目標を設定して仲間との継続的な学習活動に真剣に取り組むことに，生きがいを感じる人々も見受けられる。なお，博物館のボランティア活動は学習活動の一つである。

（3）利用者の活動と博物館の機能

こうした博物館利用法には，博物館を訪れ，展示物を鑑賞するという基本的な活動のみならず，博物館のプログラムに参加して地域の植物などの資料を観察・収集したり，展覧会企画の公募に応募したり，学芸員から依頼されて，博物館などで展覧会を企画・実施したり，自宅で博物館のウェブサイト上の情報を入手したりするなど，博物館法に定める目的の全てを網羅する活動が含まれる。**表１-１**の博物館の定義を利用者の活動に即して捉え直し，概観したものが**表1－2**である。

表1－2　利用者の活動に即した博物館の機能，提供機会並びにそれらの機能を有する類似機関・団体及び関連メディア例

利用場所	利用者の活動内容	博物館の機能，提供する機会	類似機関・団体，関連メディアなどの例
博物館内	資料の寄贈・収集	資料の収集，資料の収集に関する教育機会の提供（参加型調査，インターン，ボランティア活動を含む）	図書館，アーカイブズ
	資料の分類・整理	資料の保管，資料の保管に関する教育機会の提供（インターン，ボランティア活動を含む）	図書館，アーカイブズ
	資料の調査研究	資料の調査研究，図書室・レファレンスなどによる情報提供，資料の調査研究に関する教育機会の提供（インターン，ボランティア活動を含む）	図書館，アーカイブズ，シンクタンク，大学
	資料の展示	資料の展示，資料の展示に関する教育機会の提供（インターン，ボランティア活動，企画の公募を含む）	市民ギャラリー，見本市
	資料の鑑賞	資料の展示及び展示補助教材の提供 展示資料の記録や撮影機会の提供	**有形文化**：文化財を有する寺社仏閣，文化財としての建築・構築物・庭園，商業ギャラリー **無形文化**（上演芸術，伝統芸能など）：劇場，音楽ホール **映像**：映画館，図書館 **自然**：公園

博物館内	資料の研究成果，意見の発表（展示のオーディエンス賞など）	利用者による資料の研究成果や意見の展示・報告書・ウェブサイトなどでの公表	学習サークル，学会
	資料に関わる単発的な行事への参加	上演芸術，音楽，伝統芸能などの鑑賞機会の提供	劇場，音楽ホール，寄席，茶会，テーマパーク
	資料に関わる単発的なプログラムへの参加	単発のプログラムの提供	学校，公民館，コミュニティー・センター，学会主催のシンポジウム，講演会，ワークショップ
	資料に関わる体系的なプログラムへの参加	連続のプログラムの提供，学校併設	学校，公民館，コミュニティー・センター，カルチャー・センター 学習サークル，学会
	資料に関わるプログラムの実施，サポーターとしての参画	企画公募，インターン，ボランティア活動の機会の提供	学校，公民館，コミュニティー・センター，カルチャー・センター 学習サークル，学会
	学芸員などの仕事に関わるプログラムへの参加	職業紹介ワークショップの提供	各種事業体
	資料に関わる商品・サービスの購入	ミュージアム・ショップ，カフェなどでの教材，飲食物などの販売	小売店，飲食店
	資料，展示，プログラムなど博物館全般に関する意見の表明・交換	展示，プログラムなどにおけるアンケート実施などによる利用者の声の聴取とその反映をめざす運営	利用者の声を反映する運営をめざす営利・非営利各種事業体 意見交換をする学習サークル，学会

博物館外	資料に関わる意図的な学習機会への参加	ウェブサイト上のオンライン資源，出版物，プログラム，個別相談対応などによる博物館外での教育機会の提供 ほかの機関が提供するインターネット情報，出版物，大学，学会などにおけるシンポジウム，講演会への博物館の協力	大学，公民館，コミュニティー・センター，カルチャー・センターなどにおける講座や講演会 学習サークル，学会
		学校，公民館，高齢者施設，病院など，ほかの機関でのアウトリーチ・プログラムの提供	移動図書館
	資料に関わる意図的・非意図的な学習(学校や自宅での複製展示・鑑賞など)	博物館外での利用が可能な資料の画像のウェブサイト上での提供 博物館内の展示資料の撮影機会の提供 絵画作品の複製，考古資料のレプリカ，動植物の標本などの教材の貸出しやミュージアム・ショップ，インターネットなどでの販売	**教材としてのメディア**：デジタル画像，写真複製，レプリカ，模型，資料の素材など
	資料に関わるメディアを介した意図的・非意図的な学習	マス・メディア，インターネットを介した資料に関する情報提供	**情報掲載メディア**：テレビ，ラジオ，新聞，図書，雑誌，インターネット上の検索システム，SNSなど **広告**：テレビ，チラシ，ポスター，SNSなど
	資料，展示，プログラムなど，博物館全般に関する利用者の意見の表明・交換	利用者の意見を活かす博物館運営	**意見が表明されるメディア**：上記の情報掲載メディア **意見交換の場**：学習サークル，学会など

利用者の活動や博物館が提供する機会は，より多様であるとともに，重なり合うことも多い。この表は主要な例の要約である。

本書では，展示資料の鑑賞に役立つよう，利用者が展示室で必要に応じて活用する解説パネルやパンフレットなどの印刷物やオーディオガイドなどを，展示補助教材という。

また，学芸員などがインストラクターとして利用者に提供する学習機会をプログラムといい，講師が視聴者に講義するような講演会とワークショップの二種類がある。鑑賞，実験，創作，討議など，参加者の主体性の高い学習を主体学習といい（広岡，1997），個人による学習と参加者が学び合う相互学習の二種類があるが，この二種類の主体学習を組合せて中心に据えるプログラムがワークショップである。

表１−２に示すように，今日の博物館は，様々な機関や団体と類似する機能を含み込み，それらとの境界が曖昧になってきている。資料を蓄積し，公開する情報センターとしての博物館が，インフォーメーション・テクノロジー（IT）を駆使する情報メディア・センターの様相を呈する図書館やアーカイブズと類似するのは，その最たる例である。例えば，国立民族学博物館（吹田市）は，博物館を「情報機関」と位置づける梅棹忠夫初代館長の理念に基づき1977年に開館した（梅棹，1987，p. 17）(3)。一方，芸術的な価値の高い歴史資料としての稀覯本（きこうぼん）の展覧会を開催する図書館は博物館のようだ。博物館のミュージアム・シアターは映画館のようでもある。また，体系的な連続講座を開設する博物館は学校と類似する。今日の博物館の利用者はそのライフステージに応じて博物館の多様な機能を選択的に活用している。

（４）利用者の生活と博物館との関わり

博物館利用者の日常生活は，ライフステージを横断して今日の私たち

---

(3)　国立民族学博物館については脚注(1)『博物館概論』の事例参照のこと。

が直面する様々な共通の課題とも深く関わっている。国際連合を始め世界中で私たち一人ひとりや各種事業体，行政などが達成に向かって取り組んできたSDGs（Sustainable Development Goals：持続可能な開発目標）はその一例といえよう。SDGsは，2030年に向けて2015年９月の国連サミットで採択された『持続可能な開発のための2030アジェンダ』において世界が合意したもので，下記17目標がある(4)。

1．貧困：貧困をなくそう
2．飢餓：飢餓をゼロに
3．保健：すべての人に健康と福祉を
4．教育：質の高い教育をみんなに
5．ジェンダー：ジェンダー平等を実現しよう
6．水・衛生：安全な水とトイレを世界中に
7．エネルギー：エネルギーをみんなに　そしてクリーンに
8．経済成長と雇用：働きがいも経済成長も
9．インフラ，産業化，イノベーション：産業と技術革新の基盤をつくろう
10．不平等：人や国の不平等をなくそう
11．持続可能な都市：住み続けられるまちづくりを
12．持続可能な消費と生産：つくる責任　つかう責任
13．気候変動：気候変動に具体的な対策を
14．海洋資源：海の豊かさを守ろう
15．陸上資源：陸の豊かさも守ろう
16．平和：平和と公正をすべての人に
17．実施手段：パートナーシップで目標を達成しよう

例えば，近年，買い物のレジ袋の有料化や綿などの有機材料化が進められているのは，プラスチック廃棄物による地球規模の深刻な環境破壊

(4)　https://www.mofa.go.jp/mofaj/gaiko/oda/sdgs/about/index.html　2021年９月30日取得

への対策の一環であり，これ一つをとっても，前述のSDGsの保健，教育，水・衛生，インフラ・産業化・イノベーション，持続可能な都市，持続可能な消費と生産，気候変動，海洋資源，陸上資源，実施手段などの重なり合う目標と密接に関わっている。このように，私たちの日々の行動は複雑に絡み合う地球規模の社会問題と直結しているといえよう。

今日，博物館も，館種や規模の大小を問わず，SDGsを始めとする私たちの様々な課題に取り組み，研究・教育機関として貢献している。例えば，「生命の共生・自然との調和」をメインテーマとするよこはま動物園ズーラシア（1999年開園）は，生息環境展示や世界の気候帯・地域別ゾーニングにより「世界旅行ができる動物園」として人気が高い。世界中の野生動物を展示，飼育，繁殖させている国内でも最大級の動物園で，絶滅危惧種（例：**図1－1**）の野生復帰やそのための研究にも積極的に取り組んできた。村田浩一園長は次のように述べている(5)。

> 野生動物を展示飼育する目的と意義は，野生動物の生態や行動を身近に学んでもらうこと，目の前にいる野生動物が暮らすことのできる

図1－1　よこはま動物園ズーラシアのインドゾウ

(5)　www.hama-midorinokyokai.or.jp/zoo/zoorasia/about/outline.php　2021年9月30日取得

地球環境の豊かさを知ってもらうこと，命の大切さを再認識してもらうこと，そしてヒトと野生動物が共存できる世界の大切さを理解してもらうことです。また，動物を観察することで自分たちの生活―ライフスタイルを見つめ直し，新たな生き方の発見につながることにも期待しています。

ズーラシアは，環境教育と野生動物保全と動物学研究とリクリエーション（ライフスタイルの再創造）を目的として一般公開されている生き生きとした『総合地球環境ミュージアム』とも言えます。

私たちが心から望んでいるのは，ズーラシアで遊び，楽しみ，そして感動する中で，ズーラシアが皆さまに伝えたい目的や意義を知らず知らずの内に学び身につけてもらうことです。

どうぞ，ズーラシアで動物たちとの出会いを大いに楽しんで下さい。私たちも，皆さんが動物園で楽しみながら学べるよう，精一杯のお手伝いをしたいと思っています。

このように，今日の動植物園や水族館などの自然科学系博物館は，生物多様性の保全や生物資源の持続可能な利用に関する地球規模の社会問題について学ぶ重要な研究・教育機関である。今日，人文科学系博物館も私たちの身近な課題に焦点を当てた展覧会やプログラムなどを提供し，村田浩一園長の言にもあるように，それらを通して私たちはときには気づかないうちに様々な知見を得ているといえよう。

2. 博物館利用者の活動の教育的な意義

私たちの生活における博物館利用について考えてきたが，その意味について考えてみよう。米国の哲学者ジョン・デューイ（1859-1952）の思想は，今日なお，博物館教育の理念と実践に重要な知見を提供し続けているので，デューイの思想を参照しながら，「教育」，「学習」など博物館教育を学ぶ上で重要な概念について，併せて考察を進めていこう。

(1) 人はどのように成長するか

デューイは1916年の著書『民主主義と教育』において，教育とは「成長」であると主張した（1975，上 pp. 74-92）。では，私たちはいかにして成長するだろうか。デューイは，人はそのまわりの生活の中に事物に関する知識が体現されていれば，それだけ，それらとの社会的交わりを通して，次第に自分自身（自我）を獲得していくという（1975，下 p. 153）。つまり，私たちの生活の中で「知識が体現されているもの」が豊富であるほど私たちの成長に寄与するといえよう。今日の博物館利用者のまわりの「知識が体現されているもの」は，**表１－２**に掲げた，放送大学などの大学・学校やカルチャー・センター，テレビ番組・新聞・雑誌などのマス・メディア，インターネット上の検索サービスやSNS（Social Networking Service）などのソーシャル・メディア，専門書，映画，図書館，公民館，博物館，家族や友人との会話など多様であり，博物館はその一要素である。利用者主体の博物館の活用は，「始めに博物館ありき」ではないことが多い。利用者は，生活の中で生じた関心や疑問に基づき，これら「知識が体現されているもの」の中から学習の機会を選択し，その経験を巧みに統合しているといえよう。

(2) 活動から学習へ

デューイによれば，経験には試みるという能動的側面と被るという受動的側面がある。経験はこの二要素が連続していくものだが，私たちが経験のこの二要素を「思考」により関連づけ，結果として私たちの中に変化を引き起こすと，活動が単なる「活動」に終わらず，活動から何かを学んだ，すなわち「学習」したことになる。つまり，経験の豊かさは経験の二要素の連続性の「認識」にあり，「経験は，それが累積的であれば，すなわち何かに達するならば，つまり意味をもてば，それだけ，認識を含む」（1975，上 pp. 222-224）。

デューイの経験に関するこの知見は，博物館教育の考察において，極めて示唆に富む。博物館利用者の活動が利用者の思考を伴い利用者に変容をもたらす学習になるとき，利用者は，成長し得るといえよう。

学習には，学ぼうという明確な意図に基づく意図的な学習（意図的学習）と，当人が学習していることを意識していない非意図的偶発的な学習（非意図的学習）とがある。

デューイの思想に共鳴する米国の博物館教育学者ジョージ・ハインは，博物館は利用者が能動的な学習（主体学習）をし，その結果，利用者が知識を構成する（学習者にとって意味をなす）という「構成主義教育」（constructivism education）の場であると主張する。ここでいう知識とは，一般的に真実とされている学習者の外側にあるものではなく，学習者の内面において個人的にまたは社会的影響により構成される（2010，pp. 26-57）。

（3）意図しない学習の恩恵に浴する教育の豊かさと博物館の使命

経験のうち何が単なる活動で何が学習かは，実は容易には判別できない。私たちは，日常生活の中でマンガを読んでいても，テレビドラマを観ていても，テーマパークで遊んでいても，家族や友人とのおしゃべりやインターネット上でチャットをしていても，その経験の能動的側面と受動的側面を思考により関連づけ，自分に変化を引き起こすとき，意図せずとも学習しているからである。**表1－2**にある意図的学習の機会でさえも，実は，非意図的学習の豊富な機会を含み込んでいる。非意図的学習の意義は見過ごされがちであるが，人が一人前になるまでに身につけなければならない言語，習慣，態度などを含めた全体を考えると非意図的学習に負うところが少なくない（東，1997，p. 77）。博物館教育は，学校教育に比べ利用者の生活により近く，生涯に亘ることから，学校よりも遥かに多くの非意図的学習を含む可能性を考慮する必要がある。

前述の「知識が体現されているもの」には，コミュニケーションが存在すると考えられることから，非意図的学習の中で重要なものは，コミュニケーションであろう。デューイは，社会はコミュニケーションの中に存在するという。コミュニケーションは，情報の受け手と送り手の両方に影響を与える経験の共有であり，「あらゆるコミュニケーション（したがって，あらゆる真正の社会生活）は教育的（educative）である」という（1975，上 p. 17）。ここで，デューイが educative という語を用いているのは，人の成長が，本人の自覚の有無にかかわらず生じているような捉え難い繊細な性質のものであるということを勘案してのことと考えられる。デューイは，思考は個人の内的なものであるが，その結果獲得される知識は，コミュニケーションによって他者と共有化されるべき社会的なものであると主張する。構成主義論者のいう知識が，学習者の内的意味の構築であることは，一見，デューイの知識観と矛盾するようにも思えるが，ハインは次のように述べている。

> 構成主義論者の考える［学習者によって到達される結論の］妥当性は，学習者や学習者の集団とは別にある客観的な事実との一致によるわけではない。むしろ妥当性は，人々の行動（活用）を引き起こし，各々のアイディアが一貫性を持っているかで決まる（2010，p. 54）。

博物館利用者の学習によって得られた知識に基づき，その人の行動が変化すれば，それは，身近な他者を始め，ひいては社会に何らかの影響を及ぼす可能性がある。人の成長は，このような形で社会の発展と関係している。そのため，人が自分の経験をコミュニケーションによって他者と共有するということは，たとえそれが気軽なおしゃべりであっても，相互にとって重要な学習機会となり得る。

さらに，私たちが博物館での印象的な経験を思い出すとき，資料の香りやさわり心地，展示空間の広さや気温，周囲の来館者の話し声など，五感により知覚した身体的な記憶が甦ることが多分にある。その根拠として，最近の認知科学は，知覚や記憶などの知識を得る働きすなわち認知が単なる精神の過程ではなく，精神，身体，環境という三者の相互作用の過程であり，認知が特定の状況に作用され，状況と密接に結びついていることを明らかにしてきた（McGinns，2014）。このような認知のありようを状況的認知という。そう考えてくると，**表1-1**の博物館の目的における利用者の「教養，調査研究，レクリエーション等に資する」ということは，意図の有無にかかわらず，利用者の多様な学習による「教育」すなわち「成長」に資すると捉え得る。本書では，教育を，このように，広く社会にとって有益な，人々の「成長」と捉える。

今日の博物館は，利用者にとって①余暇におけるくつろぎ・やすらぎの場，②知的探究・冒険の場，③他者との意見交換の場としての三機能を併せもつ。くつろぐための余暇活動や，意見交換（コミュニケーション）が学習である可能性が高いことや，意見交換が利用者の生活のあらゆる面で展開される可能性があることを学んだ。利用者の関心や疑問，課題は多様でしばしば学際的である。したがって，前述の「知識が体現されているもの」は，社会的ネットワークを形成し，協働・連携する必要がある。その中で，博物館は，利用者やほかの研究・教育機関，メディアなどと連携して，博物館内外での多様な利用者の活動が実り多い経験，すなわち学習へと発展する機会を共につくり，共に社会に貢献することを目指している。

3．博物館教育とその学び方

博物館利用は，博物館外での活動や学習を含み込んでいるとしたら，ほかの機関と異なる，博物館に特徴的な学習は何だろう。それは利用者が資料を鑑賞するということであろう。最近は，資料を収集しない博物館もあるが，全ての博物館に共通する点は，一定の文脈の中で資料を展示すること，すなわち常設展や特別展といった展覧会を開催することである。また，資料の閲覧が可能な博物館もある。

（１）鑑賞の本質

利用者の側に立つと，博物館での学習の中心は，モノや映像の鑑賞である。デューイによれば，鑑賞（appreciation）とは，軽視（depreciation）に対立し，言語などを媒介する間接的な経験ではない，直接的な経験（五感を活用する体験）として事物の真価をじっくり味わうこと，すなわち，心から含味することである（1975，下 pp. 61-63）。つまり，鑑賞とは，目や耳，鼻や皮膚などの感覚器官を活用して得る外界の情報を，内面に蓄積されている既存の認識によって意味づける経験であり，外界の刺激を受け止め得る感性と，その刺激を意味づける（解釈する）ことのできる知性とを必要とする。鑑賞の重要性は，この直接的な経験の積み重ねが，芸術に限らずあらゆるものごとの評価基準を私たちの内に形成することにある。デューイは，文学・絵画・音楽的趣味だけでなく，あらゆる学問分野における価値判断，道徳的価値観，ひいては知的価値判断も例示している。また，想像力を働かせることこそが，どんな活動であれ，活動を単なる機械的なものに留めず，それ以上のものにする唯一の方法であるという（1975，下 pp. 61-70)。「あ，これが有名な○○だ」などと瞬時に判断してその場を離れるような，思考を伴わない単なる「再認」と鑑賞を分かつのも，鑑賞が想像力を核とする思考による知性を必要とする直接的な経験であることにほかならない。

博物館は利用者に直接的な経験としてのモノや映像の鑑賞の場を提供できる稀有な教育機関であり，博物館教育は利用者による資料の鑑賞を実り豊かな経験にするために様々な学習機会を提供することによって構成される。

（2）本書の構成

本書では，博物館が関わり提供する教育の機会（博物館教育）について多角的に考察する。本章で利用者の生活の中での博物館利用と博物館教育の理念，2章で博物館が提供する教育資源の全体像を捉え，3章で歴史と今日的意義を概観した上で，後続の章では，様々な学習機会について詳しく学ぶ。まず4章では展示の教育的意義，5章では展示補助教材について考察する。6章では博物館におけるワークショップ型プログラムについて学んだ上で，人文科学系博物館における実践例，7章では美術館におけるプログラム，8章では自然科学系博物館におけるプログラムについて検討していく。

9章以降は，利用者の対象別の博物館教育について概観する。9章は博物館を活用しづらい多様な集団，10章は学校団体，11章は家族，12章は主にボランティア，13章では国際化・地域に関わる博物館教育について学習を進める。

14章以降は，再び博物館教育を包括的に検討し，14章では教育活動の評価，15章では全体を総括した上で博物館教育の今日における課題と展望で締めくくることとする。

（３）博物館教育の学習法

博物館教育は，利用者の資料の鑑賞という，体験と思考，感性と知性の両輪による経験を実り豊かにすることを核として，利用者と博物館が共に考え，成長し，共に社会に貢献することを指向する。博物館教育を学ぶ人は，自己や他者の関心や抱える課題を日頃から考え，それらに関連する資料を博物館で鑑賞することが必要である。鑑賞はそれが事物の本質を捉えようとする感性的な経験である以上，経験なくして鑑賞の本質を理解することは不可能だからである。

かつて人が２本の足で立って歩くことや，「私」や「他者」といった概念を少しずつ学んできたように，鑑賞もその積み重ねにより私たちの内になんらかの変容をもたらす。博物館の資料の真価を探究する上で，展示補助教材を活用したり，ワークショップに参加したり，文献や複製を購入して自宅で読んだり眺めたり，ほかのメディアの情報と比較することも，学習に成り得る。デューイは，経験の能動的面と受動的面とを関連づける思考は，経験に意味を見出し，目標を目指して行動することを可能にするために不可欠な「意図的な努力」であるという（1975，上 p. 232）。博物館教育の理解は，自己の成長を目指して博物館を教育資源として自在に活用し，その経験と生活の中でのほかの経験とを関連づける思考の恵みがもたらす，新たな経験のレベルへと繋がるだろう。本書が，読者の実り豊かな経験の創造に貢献することを心より願っている。

引用・参考文献

東洋「学習」依田新監修『新・教育心理学事典』pp. 77-79（金子書房，1997年）
稲村哲也編著『博物館概論』（放送大学教育振興会，2019年）
梅棹忠夫『メディアとしての博物館』（平凡社，1987年）

外務省『Japan SDGs Action Platform SDGsとは』
https://www.mofa.go.jp/mofaj/gaiko/oda/sdgs/about/index.html（2021年9月30日取得）

デューイ，ジョン（松野安男訳）『民主主義と教育』（上）・（下）（岩波書店，1975年）

ハイン，ジョージ（鷹野光行監訳）『博物館で学ぶ』（同成社，2010年）

広岡亮蔵「学習形態」依田新監修『新・教育心理学事典』pp.80-81（金子書房，1997年）

村田浩一『園長から皆様へ』よこはま動物園ズーラシア
www.hama-midorinokyokai.or.jp/zoo/zoorasia/about/outline.php（2021年9月30日取得）

McGinnis, R. (2014). "Islands of Stimulation: Perspectives on the Museum Experience, Present and Future." In N. Levent & A. Pascual-Leone (Eds.), *The Multisensory Museum: Cross Disciplinary Perspectives on Touch, Sound, Smell, Memory, and Space* (pp.319-330). Lanham, MD: Rowman & Littlefield.

2　博物館が提供する教育資源

大高　幸

《目標＆ポイント》　博物館利用者の教育は，博物館内に留まらず展開される。本章では，博物館が提供する教育資源にはどのようなものがあり，それらが博物館利用者や博物館の機能とどう関わっているかを，事例を参照しながら概観し，今後の学習への指針としよう。

《キーワード》　コレクション，常設展示，特別展，展覧会図録，講演会，ワークショップ，図書室，著作物，紀要，レファレンス，学習施設，アウトリーチ，参加型調査，オンライン資源

1章では，利用者は博物館とどう関わり，博物館をどう利用し得るかを検討した。本章では，博物館の側が利用者に提供する教育資源にはどのようなものがあるかを概観してみよう。博物館の教育資源の最たるものは，博物館の種類や規模にかかわらず，所蔵資料そのもの及び資料に関して蓄積されてきた研究成果であるといえよう。来館者が資料を鑑賞し，その研究成果を吟味することを可能にする典型的な方法は，常設展示や特別展（企画展）といった展示である。博物館は，各資料にはどのような意味があるかを提示するため，一定のテーマを設定して展示を構成し，必要に応じて館が収蔵していない借用資料や複製を併せて展示し，展示補助教材（５章）を用意する。まず，たばこと塩の博物館（墨田区）の取り組みを参照し，博物館が提供する教育資源の概要を検討しよう。

1. たばこと塩の博物館が提供する教育資源

1978年開館のたばこと塩の博物館は，喫煙文化に関する資料と塩にまつわる多岐に亘る40,000点の資料のコレクション(1)を誇る。その常設展示室では，コレクションの全体像に触れることができる。たばこに関する常設展示『たばこの歴史と文化』では，古代マヤ文明の遺跡のジオラマ（模型）に始まり，世界各地の喫煙具の実物，日本の江戸時代のたばこ文化，近代以降の世相を表すたばこパッケージやマッチ箱のラベルなどが時代別・地域別に展示されている（**図 2-1，図 2-2**）。

図 2-1（左），図 2-2（右） 江戸時代（左）と昭和期（右）のたばこ店の再現展示

一方，常設展示『塩の世界』では，多様な岩塩や塩の製法などを，標本，模型や写真，映像で紹介するとともに，塩の特徴や役割を科学的に解説する「塩のサイエンス」コーナーもある。このように，常設展示は古今東西の学際的な展示で構成されている。

博物館は，常設展のみでは膨大なコレクションを鑑賞可能にすることは困難である。たばこと塩の博物館では，収蔵資料を中心とした特別展

---

(1) 『2020年度　たばこと塩の博物館　年報（36号）』（2021年）

（企画展）を開催し，毎回，図版入りの展示解説冊子（展示補助教材）または展覧会図録により，来館者に研究成果を分かりやすく伝えてきた。

例えば，コレクションの形成史とその特徴を時代の文脈の中で紹介した2019年開催の特別展『實業と美術～たば塩コレクションの軌跡～』は，「資料収集事始め」「昭和初期という時代」「収集品の活用」「たば塩コレクションの特徴」という４分野で構成され，収蔵資料の中核をなす日本の「きせる」「たばこ盆」「たばこ入れ」などの精巧な喫煙具や，喫煙風俗を生き生きと描いた絵画，浮世絵などの美術品が展示された。同展は，1932‒1934（昭和７‒9）年の間，大蔵省専売局長官だった佐々木謙一郎（1882‒1953）が，刻みたばこから紙巻たばこへと需要が変化する喫煙風俗の転換期であった当時を喫煙文化に関する資料収集の好機と捉え，長官官房総務課でこれらの資料収集を開始したことを解き明かした。

実業との関連では，当時は紙巻たばこ製造・販売への転換と共に，たばこも塩も戦後に引き継がれる専売事業の礎が築かれた時期でもあった。また，1923（大正12）年の関東大震災や1927（昭和２）年の金融恐慌，その２年後の世界恐慌による不況下，没落した旧大名や財閥などがその所蔵美術品を売立（オークション）によって大量に売却した頃でもあった。コレクション形成を物語る歴史資料（史料）である入札用の美術品の写真図録『村井家書画什器入札目録』（1927年）や，静和園（徳川侯爵家別邸）蔵品展覧入札下見会の写真（**図２‒３**）の展示は，当時の名家の栄枯盛衰と美術品売買の状況を如実に伝えていた。

2019年は『松方コレクション』展（於国立西洋美術館）や『原三溪の美術』展（於横浜美術館）など，近代以降のコレクターとそのコレクションに焦点を当てた特別展が開催され，いずれからもコレクターの資料収集への情熱と探求の軌跡が伝わってきたが，これらは民間の実業家が成した美術品のコレクションであり，第二次世界大戦などにより散逸したものもあるのに対し，たばこと塩の博物館のコレクションは，その中核が「官」により形成されたことや，散逸せずに一館の博物館に継承され発展してきたこと，美術品に留まらず経済・産業史や消費文化などに関する多様な資料を含み，広範囲であることが浮き彫りになった。

図2－3（左），図2－4（右）『静和園蔵品展覧入札下見小目録』（1933年）よりの同下見会の写真（左）と『タバコに関する展覧会記念写真帖』（1932年）よりの展覧会の写真（右）

同展の「収集品の活用」コーナーでは，各地の百貨店などで開催された『たばこ展覧会』という興味深い「活用法」を紹介した。1932（昭和7）年の名古屋地方専売局管内5県のたばこ小売人組合連合会が売上増進の一環として専売局収集品を広く一般に紹介すべく名古屋・松坂屋で開催した『タバコに関する展覧会』（名古屋地方専売局後援）が初である。同年発行の『タバコに関する展覧会記念写真帖』の展示（**図2－4**）は，会場の盛況ぶりを今に伝える。この成功を踏まえ以後同様の展覧会が開催され，大阪では10日間の来場者が20万人に及んだという。こうした展覧会では開催地の名士の関連美術品なども出品され，中には終了後専売局が購入したり譲り受けたりしたものもあるなど，資料収集の好機でもあった。博覧会・展覧会が隆盛を極めた近代日本の文脈の中で，各地で開催された『たばこ展覧会』は，実業界との協働による収集品を活用したコレクション形成・鑑賞両面における「装置」だったことがこの特別展から窺える（大高，2019）。

同展は，新規来館者にたばこと塩の博物館のコレクションを紹介する機会になったとともに，リピーターからは，渋谷区から移転後，2015年４月に現在の墨田区でリニューアルオープンした同館の肉筆絵画などのコレクションを久々に見たといった声も聞かれ，アンケートの結果も概ね好評であった（鎮目，2020）。

また，たばこと塩の博物館の2020-2021年開催の特別展『明治のたばこ王　村井吉兵衛』は，たばこが専売制になる1904（明治37）年以前に国内最大手のたばこ業者だった「村井兄弟商会」の社長，村井吉兵衛（1864-1926）の業績を紹介し，たばこパッケージや看板・ポスターなど（**口絵１**），多彩な収蔵資料を中心に，明治のたばこ産業を俯瞰するとともに，これまで知られてこなかった，吉兵衛の興した銀行などの多様な事業や一族の足跡を文書や写真資料などによってたどり（たばこと塩の博物館，2020），来館者が近代日本の産業史や実業界の一端を知る機会を提供した。

このように，たばこと塩の博物館の常設展示や特別展は，「たばこ」と「塩」に関わるコレクションを礎とした資料を，歴史学，民俗学，美術史学，文化人類学，自然科学など，学際的な研究成果とともに紹介してきた。いずれの展示においても，著作権や肖像権の侵害に当たらない範囲で展示資料や解説パネルなどを個人使用目的での写真撮影が可能で，展示補助教材，図録とともに来館者の継続的探究に役立っている。

また，たばこと塩の博物館では，他館の学芸員や研究者を招へいしての展示関連講演会や担当学芸員による展示解説（講演会形式）などを実施し，特別展毎に研究成果を披露してきた。一方，自由研究などの「調べ学習」に役立つように主に小学生とその保護者を対象に毎夏実施してきた『夏休み塩の学習室』シリーズ（4章）は，「さぐってみよう！海のめぐみ」「学んでみよう！塩のつかいみち」など，毎回異なるテーマ展示（特別展）と小中学生を対象とした実験イベント（「塩の実験室（実験デモンストレーション）」及び「体験コーナー（ワークショップ）」）を軸とし，2012年の会期中に累計来館者が100万人を超えるなど，館の顔の一つともなっている（たばこと塩の博物館，2013）。

さらに，所蔵資料図録目録や研究紀要，年報などの館の刊行物を始めとする65,000点の図書資料を誇る閉架式図書閲覧室は，開館中誰でも利用でき，特別展関連の成人向けや子ども向け開架式図書コーナーも設けられている。ミュージアム・ショップでもコレクションや特別展関連の図書や絵はがき（複製）などを揃えている。このように，たばこと塩の博物館は，特別展を軸に多様な教育資源を編成し，利用者に提供してきた。

また，塩の常設展示室側のホールには，『塩の映像ライブラリー』及び『塩のパソコンクイズ』といった映像コンテンツ，持ち帰り可能な館発行の小学生向け冊子『塩の楽しい実験　自由研究ヒント集』などが備えられている。

さらに，同館のウェブサイト上でも『ミュージアムコレクション』『世界の塩・日本の塩』や『Web 展覧会』などで，収蔵資料の画像や学芸員の解説などのオンライン資源を提供している(2)。このように，たばこと塩の博物館は，多様なメディア（媒体）を活用して，多角的に教育資源を提供し，博物館内外での私たちの探究活動を支援してきた。

2. 博物館が提供する教育資源の概要

（1）博物館の教育資源と利用可能な場所

たばこと塩の博物館の具体例を参照して，博物館が提供する教育資源

(2)　https://www.tabashio.jp/index.html　2021年9月30日取得

を検討してきたが，その概要は下表のように集約できよう。

表２-１　博物館が提供する主要な教育資源と館内外での利用可能性

教育資源の種類	館内	館外
展示資料及び展示・展覧会	○	×（○：他館への貸出し，巡回展，アウトリーチ・プログラムなど）
展示のうち展示補助教材	○	×（○：モバイル端末上解説，解説冊子，来館者のメモ，スケッチ，撮影写真など）
著作物（展覧会図録，紀要，学習の手引きなどの刊行物，一般図書など）	○	○
レファレンス	○	×（○：電話，電子メール，SNS使用など）
講演会	○	×（○：インターネット配信，講演会報告書など）
ワークショップ（実験，制作，討議を含む）	○	×（○：アウトリーチ・プログラム，インターネット上など）
併設図書室	○	×（○：閲覧著作物のコピー）
博物館内の建物・構築物（ワークショップ室，門，屋外彫刻，茶室などを含む）	○	×
博物館内の遺跡，庭園，生態園など	○	×
併設ミュージアムショップ	○	×（○：館外ショップ，インターネット販売など）
併設カフェ・レストランなど	○	×
貸出資料	○	○

注：○利用可，×利用不可

博物館が提供する教育資源のうち，資料に関わる研究成果は，館内での展示・展覧会，展示補助教材を含め著作物であり，館外で利用可能な図書，テレビやインターネット上などの番組，複製（資料のレプリカや写真，絵はがき，インターネット上の画像など），インターネット上のデータベースなど，その種類や媒体（メディア）は多様である。

展示室での来館者のメモやスケッチ，撮影した写真，それらを活用した感想文や論文，ワークショップ参加者のメモや制作物は全て，博物館が提供する教育資源を活用してその利用者が創作する著作物，すなわち新たな教育資源である。つまり，博物館利用者自身も博物館に関わる教育資源を館内外でつくっている。

表中のレファレンスとは，博物館利用者の疑問に学芸員などが応答するもので，館内にレファレンスコーナーや質問紙を設ける場合や，電話や電子メール，ソーシャル・ネットワーキング・サービス（SNS）などのソーシャル・メディアによる問い合わせへの対応がされている。

教育機会を提供する場としての博物館の建物自体も重要な教育資源である。大小会議室や講義室，利用者の作品を展示する展示室，資料閲覧室，見える収蔵庫，教師や子ども向けの図書コーナーや図書室，アーカイブズ，視聴覚室，団体受け入れのためのスペースなど，様々な学習施設が求められるようになってきた。さらに，実験や制作などの主体学習を中心とするワークショップの実施には，水道や教材収納棚，教材保管庫などが整った実験室や制作スタジオなどのワークショップ室が欠かせない。また，これらを統合した教育センターなどの複合学習施設を併設する博物館もある。

こうした学習施設は，各館の利用者の実情に即した博物館教育の可能性を考慮した上で，開館前の準備段階から建設計画に盛り込まれないと，後から設置するのは容易ではない。ワークショップ室がない博物館で，広いエントランス・ホールなどを活用してパーテーションを配した展示や，比較的簡易な教材を用いたワークショップなどを実施する例はよく見受けられる。

歴史の長い博物館などでは，利用者の多様な学習様式に対応すべく増築や旧来の建物の一部用途変更により，学習施設を後から設置することも国内外で行われてきた。海外の例では，ワシントン・DCにあるナショナル・ギャラリー（1940年開館）が，2010年に職員用の食堂を用途変更して制作スタジオと併設の教材保管庫を設置した。一方，博物館のリニューアルが進む近年の日本では，学習施設を新設する場合もある。例えば，千葉市美術館（1995年開館）は，拡張リニューアル後の2020年に新たな常設展示室に加え，アーティストの制作と市民との交流の場「つくりかけラボ」や「みんなでつくるスタジオ」といったワークショップ室，「びじゅつライブラリー」（図書室）を新設し，「これまで以上に，幅広い世代の人々が気軽に立ち寄り，主体的にアートや美術館に関わるための様々な機会を提供」していく方針だ(3)。

博物館に併設のカフェやレストランが教育資源である理由は何だろう。例えば，日本画を収集してきた山種美術館（渋谷区）のカフェは，特別展にちなむ創作和菓子と抹茶により展覧会の余韻を楽しみ日本文化を五感で堪能する機会を提供している。カフェなどは，展示鑑賞やワークショップ参加直後に，来館者同士で語り合ったり各自の経験を振り返ったりして，それらの経験の意味を考える場ともいえよう。

博物館は，街歩きツアーや干潟での自然観察会など，館外でもプログラムを提供することがある。また，学校や公民館，コミュニティー・センター，図書館，高齢者施設，病院など，ほかの機関や団体と連携して，それらの施設でプログラムを実施する場合もあり，このようなプログラムをアウトリーチ・プログラムという。海外には，刑務所で受刑者

(3)　https://www.ccma-net.jp/about/greeting-history/　2021年9月30日取得

向けのプログラムを提供している博物館もある。日本では，例えば，福岡市美術館がアウトリーチ・プログラム『どこでも美術館』をリニューアル休館中の2016年度に主に学校向けに開始し，2019年３月開館後，離島や特別支援学校，院内学級の子どもたちや高齢者など，来館が難しい人向けにも実施している（**図２−５**）。2018年度は小学校19校，中学校５校，院内学級の中学校１校，特別支援学校１校，計26校でプログラムを提供し，そのアンケート結果では，教員のすべてが「満足」または「やや満足」を選択し，児童・生徒の87%が「福岡市美術館に行ってみたい」を選択した。なお，実施前アンケートの「日頃美術館に行ってみたいか」という質問に「行ってみたい」を選択した児童・生徒は58%だった（鬼本，2020）。アンケート結果から，『どこでも美術館』プログラムへの参加は，福岡市美術館への興味を引き起こす契機になったことが読み取れる。

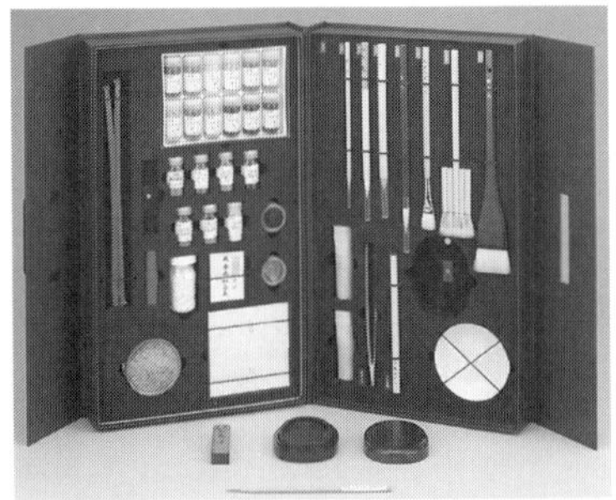

図２−５（左），図２−６（右） 染め・織ものボックスを活用した公民館での高齢者向け『どこでも美術館』プログラム（左）と日本画材ボックス（右）

表２−１中の貸出資料には博物館が学校や公民館などに貸出す教材がある。福岡市美術館は所蔵資料やそのレプリカ，画材などで構成するシリーズの教材セット『どこでも美術館』（**図２−６**）を2016年度から開発し，アウトリーチ・プログラムに活用してきた（大高，2018，p. 224）。

同館は2019年度から福岡市内の小中学校に同教材セットの貸出しも実施している（鬼本，2020）。

また，私たちは個人または集団で博物館に教育資源を提供することがある。1章で学んだように資料の寄贈はその一例である。前述の千葉市美術館の「つくりかけラボ」における来館者の制作活動によって絶えず変容していくラボも，アーティストと来館者それぞれの作品が織りなす「場」かつ「展示」という教育資源といえよう。

市民参加型調査も新たな教育資源の創造に貢献する。大規模な例では，1970年代から実施されてきたタンポポの生育・分布調査がある。タンポポの種類を調べることで，身近な環境に目を向けるとともに，その環境の現状を知ろうという試みである。西日本19府県で一斉に実施された「タンポポ調査・西日本2015」は，三重県総合博物館（津市）や徳島県立博物館（徳島市）などの博物館や大学などが連携して実行委員会（事務局：大阪自然環境保全協会内）を組織し，調査データとしてタンポポの花の実物標本を応募市民から郵送してもらって実現した（大高，2018，p. 117）。集まった7万件を超えるデータに基づく精緻な報告書は，インターネット上で公開されている(4)。さらに，同委員会は，西日本17府県で2019年春と2020年春に実施予定だった「タンポポ調査・西日本2020」を，新型コロナウイルス感染拡大に伴い1年延長して2021年3～5月にも調査を実施し，全体の結果集約を2021年調査終了時として報告書を2022年3月発行予定である(5)。このように，私たち市民が参画して博物館の教育資源を創造・改訂・蓄積する様々な取り組みが行われている。

（2）対象集団と学習様式

博物館は万人に開かれた教育機関であるが，教育機会の提供に際し，

(4)　gonhana.sakura.ne.jp/tanpopo2015/doc/report2015.pdf　2021年9月30日取得

(5)　gonhana.sakura.ne.jp/tanpopo2020/index.php　2021年9月30日取得

その対象集団と学習様式をある程度想定する必要がある。例えば，利用者のライフステージでは，未就学児と中学生，成人では異なるアプローチが必要であろう。今日の博物館は，利用者のライフステージを勘案した教育機会の提供に努めている。また，同じライフステージにおいても，博物館の利用法は多様である。例えば，小学生の場合，遠足などの学校団体の一員としての利用，放課後や自由研究の一環としての個人利用，家族との余暇活動における利用では，博物館の利用目的や文脈が異なるため，選択する教育資源や学習様式も変わってくる。各館の教育機会の構成と質は対象集団と学習様式の選択によって変化する。その主なものは，**表2－2**の通りである。

表2－2　博物館教育の対象集団と学習様式例

対象集団例	乳幼児（未就学児），児童，中学生，高校生，大学・大学院生，学校団体と教育者，成人，高齢者，専門家，インターン，ボランティア，障害のある人，家族，地域住民，観光客，外国人
学習様式例	意図的学習または非意図的学習 系統学習 主体学習（鑑賞，実験，創作，討議，生活経験学習，問題解決学習，発見学習など） 一学問領域に関する学習または学際的学習（総合学習） 言語による学習または直接的な経験による学習 個人学習または集団学習（一斉学習，小集団学習など）

博物館が提供する教育資源は，対象集団毎に全く異なる訳ではなく，大半が重なり合う。来館者の学習の中心は展示の鑑賞といった主体学習であるが，例えば，国立歴史民俗博物館（佐倉市）の常設展示，近世日本の「琉球との関係」コーナーは，屏風などの実物資料および「琉球古典音楽と宮廷舞踊」などの映像資料を選択して視聴できるタッチ・パネルに加え，日本語（成人用，児童生徒用），英語，中国語，韓国語，点

字による解説パネルで構成される（**図2－7**）。つまり，展示や展示補助教材も，成人や児童生徒，外国人，視覚や聴覚などに障害のある人を想定し，実物資料，映像資料，印刷文字や点字による解説などで作られている。

図2－7　国立歴史民俗博物館の近世日本の常設展示

教育のうち，定型教育（formal education）とは，学校教育のように形式的で，教師と生徒，学年やクラス，教科，時間割などが明確なものをいい，非定型教育（informal education）とは，学校というよりも家庭的な雰囲気の中で，時間割表による時間の区切りを気にせずに，時には遊びを通して学習するような，形式ばらない教育を意味する（小澤，2001，p.4）。

学校での定型教育における教科の学習は意図的な学習の典型である。博物館の利用者は，主体的な展示鑑賞やウェブサイト上の情報検索などの非定型教育や，体系的な連続講演会などの定型教育によって，意図的かつ主体的な学習を進める。

系統学習とは，ある学問領域をカリキュラムに則り系統立てて長期的計画的に学習するもので，学校教育はこの典型である。主体学習は，参加者の関心に基づく探究活動で展開される。博物館では，例えば，歴史系博物館の講義形式の「古文書講座」は史料としての古文書の特徴や研究法について初級・中級・上級へと系統学習の機会を提供し，学芸員などと行う「古文書サークル」は大学のゼミナールのように，関心のある古文書を参加者が輪読・翻刻してその意味を探究していく主体学習の場であるといえよう。

博物館での学習は，その多くが複数の学問領域に及ぶ学際的学習といえる。例えば，古文書の研究は，歴史学（政治史，経済史，産業史，美術史，宗教史，芸能史，服飾史，生活文化史など），民俗学，文学などの学問領域の先行研究にあたり，古文書の解読を進める。

言語による学習とは，講義や文献を中心に学習を進めるものである。博物館での学習の中心は，既に学んできたように資料の鑑賞といえよう。

また，集団学習のうち，一斉学習とは多数の人々が講師の指導のもとに同時に学習を進めるようなものをいい，小集団学習は少人数のグループ内で主体学習を中心に進められる。

（3）博物館が提供する教育資源の広がりと独自性

博物館が提供する教育資源は，不動産の実物資料（建物，構築物，遺跡などを含む）以外，大半が館外で利用可能であり，資料に関わる研究成果すなわち著作物は蓄積され続ける。博物館のウェブサイトを確認することにより，その館が提供する教育資源の概要を把握できる便利な時代になった。近年は，ウェブサイト上で論文や，調査報告書，児童向け教材，収蔵資料などを検索可能なデータベース化して提供する博物館が増加し，利用者の利便性が一層高まっている。さらに，2020年からの国内での新型コロナウイルス感染拡大に対応して，インターネット上で利用可能なオンライン資源や博物館から持ち帰り可能なセルフガイドや冊子，模型などは増加傾向にある。

博物館が提供する教育資源は，その多くが共通するが，館による独自性がある。今後，学習を進めるにあたり，まず，関心のある二，三の博物館の教育資源をオンライン上及び各館内で調査し，それぞれの博物館の教育資源の全体像と特徴を比較検討してみよう。その上で，自分が活用している，あるいは活用してみたい教育資源は何か，そして教育資源としての実物資料を鑑賞する意義は何かを考えてみよう。

引用・参考文献

大髙幸「博物館教育の多様な機会と情報・メディア」稲村哲也・近藤智嗣編『博物館情報・メディア論』pp. 114-129（放送大学教育振興会，2018年）

大髙幸「美術館における情報・メディア」稲村哲也・近藤智嗣編『博物館情報・メディア論』pp. 213-228（放送大学教育振興会，2018年）

大髙幸「特別展示『實業と美術―たば塩コレクションの軌跡―』」『千葉史学』第75号，pp. 110-113（千葉歴史学会，2019年）

小澤周三「インフォーマル・エデュケーション」日本カリキュラム学会編『現代カリキュラム事典』pp. 4-5（ぎょうせい，2001年）

鬼本佳代子『福岡市美術館のアウトリーチ活動「どこでも美術館」』全国美術館会議第53回教育普及研究部会における発表（2020年２月20日）

鎮目良文「實業と美術　たば塩コレクションの軌跡」『2019年度　たばこと塩の博物館　年報（35号）』pp. 27-29（たばこと塩の博物館，2020年９月１日）

たばこと塩の博物館編『たばこと塩の博物館物語』（編者，2013年）

たばこと塩の博物館編『實業と美術―たば塩コレクションの軌跡―』（特別展解説冊子，編者，2019年）

たばこと塩の博物館編『2020年度　たばこと塩の博物館　年報（36号）』（編者，2021年７月１日）

たばこと塩の博物館編『明治のたばこ王―村井吉兵衛』（特別展図録，編者，2020年）

たばこと塩の博物館『たばこと塩の博物館』
https://www.tabashio.jp/index.html（2021年9月30日取得）
タンポポ調査・西日本実行委員会編『タンポポ調査・西日本2015調査報告書』（編者，2016年3月15日）
gonhana.sakura.ne.jp/tanpopo2015/doc/report2015.pdf（2021年9月30日取得）
タンポポ調査・西日本実行委員会編『タンポポ調査・西日本2020』
gonhana.sakura.ne.jp/tanpopo2020/index.php（2021年9月30日取得）
千葉市美術館『美術館について　ご挨拶』
https://www.ccma-net.jp/about/greeting-history/（2021年9月30日取得）

3 博物館教育の歴史と今日における意義

大髙 幸

《目標＆ポイント》 博物館教育の歴史は，社会の要請に応じた博物館概念の変遷の歴史と呼応する。今後の博物館のあるべき姿を展望するためには，過去の博物館教育の歴史を概観することが重要であるが，博物館教育の歴史研究の方法論には幾層もの観点とアプローチがあることに注意を要する。本章では，近代的な博物館概念の国際的な推移と日本の博物館教育のパラダイム（支配的な概念的枠組み）の転換を概観した上で，いくつかの事例を参照し，歴史研究の難しさとその意義について考察する。
《キーワード》 博物館学，国際博物館会議（ICOM），博物館の定義，博物館の社会的役割，棚橋源太郎，社会教育，生涯学習，博物館三世代論，事例研究

1．博物館教育の歴史と今日における意義

（1）博物館教育の歴史を学ぶ意義とその方法論

博物館教育の歴史を学ぶことは，①「博物館教育」が学問領域として認識され，蓄積・開示された過去の理論や実践の記録が後世において研究・意味づけされるようになった時期や，②特定の社会的文脈における「博物館」と「博物館教育」の概念の関係性，「博物館の目的」と「博物館教育」の関係性を理解することを可能とする。

歴史研究の目的は，過去の経験と知恵の蓄積から学び，未来創造に役立てるということである。未来を志向するとき，歴史は重要性を帯びる。歴史研究の前提となるのは，個々の事例に関する記録が残っており，後世に残して歴史を構成しようという意図の基に，記録が研究可能

なように何らかの方法で開示されるということである。

欧米の博物館には併設のアーカイブズで館の内部資料を開示している場合があるが，博物館教育に関する記録はわずかであることが多い。つまり，文献などによる二次資料ではなく，歴史研究に重要な一次資料（ワークショップの企画書，教材や参加者の制作物，学習メモや感想文など）による研究が困難な場合が多い。また，博物館教育学者の観察による研究も徐々に増えてきてはいるが，博物館側の制約などで困難な場合もある。したがって，調査研究の蓄積も十分ではない。

こうした歴史研究の難しさの要因としては，博物館教育という学問領域が未だに新しいということが挙げられる。近年，日本では「博物館とは何か」を追究する博物館学や各博物館の歴史研究に役立つ過去の専門書の復刻版や新しい歴史研究論集などが出版され，博物館教育の歴史研究の重要な資料の一端を形成している（e.g., 降旗，2008；降旗他，2009；青木，矢島，2010，2012；寺島，横山，阿部，2015；青木，鷹野，2017）。とはいえ，放送大学での博物館教育論の開設が2012年度であるように，学問領域としての博物館教育論は日本では新しいといえよう。

利用者主体の博物館教育の歴史研究では，学習法の種類や利用者にとって学習がどのような意味をもったかという，経験の質的な記録と分析が重要である。残念ながらそうした記録の蓄積が十分ではないということを前提として博物館教育のパラダイムの推移を概観しよう。

(2) 近代的な博物館教育の概念の歴史的潮流

近代市民社会形成の過程で，大英博物館（1759年開館）やルーヴル美術館（1793年開館）を皮切りに，近代的公共博物館は，収蔵資料を展示により国民に公開・開放することをねらいとして設立された。こうした近代の博物館は，「国民や市民を形成する装置」であり，その嚆矢(こうし)である大英博物館やルーヴル美術館の設立時から，ガラスケース越し・柵越しに展示物を鑑賞するという学習様式と，今日の博物館の展示においても根強い「五感のなかで視覚だけを特権化する志向」が始まっていた（吉田，2011，p. 44，p. 58）。

今日的な視点から博物館を概念化した最初の人は，米国のスミソニアン協会の一つである国立博物館館長のブラウン・グード（Brown Goode）で，1895年に次のように述べた（鶴田，1977，pp. 257-258）。

博物館は，自然現象および人類のいとなみを最もよく説明するものを保存し，かつこれらのものを人々の知識の増進と教育啓蒙［for the increase of knowledge and for the culture and enlightment (sic) of the people］に活用する機関である（木場一夫訳）。

国立博物館事業部長の職にあった鶴田総一郎は，この定義を「実に単的（ママ）な表現であって，これ以降のものは，（中略）けっして骨格の変化ではない」と指摘した（1977，p. 258）。ここでは，資料の「保存」と教育を目的とする資料の「活用（utilization）」が並列されているが，活用が何を意味するのかは，明確ではない。

米国の博物館は，ヨーロッパの博物館のように国家機関として発達した訳ではなく，特に19世紀半ば以降，公共のサービスを目的として，市民主導により各地で多数開設・運営されてきたが，その機能の構成が多様であり，質的にも一定の水準がなかった（小山，1981）。グードの定義における資料の「活用」が曖昧であることには，こうした米国の社会的文脈が作用していたのだろう。博物館の質的向上を図る機運が生じ，1906年に米国博物館協会（American Association of Museums 現米国博物館同盟 American Alliance of Museums: AAM）が設立された。AAM は今日まで博物館の目的と機能に関する調査研究を推進し，米国の博物館の規範となる様々な方針や基準を策定してきた。

(3) 第二次世界大戦後のICOMの博物館の定義の変遷

博物館の概念に関する国際的に承認された定義を理解することは，重要である（鶴田，1977，p.259）。国際的に活発な議論がされるようになったのは第二次世界大戦後のことである。1946年に国際博物館会議（International Council of Museums:ICOM）が組織され，日本は博物館法が施行された1952年に加入し，以降，日本の博物館界は国内の博物館法などに加え，ICOM憲章などを活かして運営される時代を迎えた（椎名，1988，p.339）。

ICOMは，1946年，1951年，1962年，1974年，1989年，2001年，2007年に博物館の定義をし，更新してきたが，筆者は博物館教育の位置づけに関連する下記の三種の定義が重要であると考える。

まず，1951年にICOMは，憲章第2章「定義」で博物館を次のように規定した（鶴田，1977，p.260）。

> 博物館とは，芸術，歴史，科学及び技術関係の収集品並びに植物園，動物園，水族館など，文化的価値のある資料，標本類を，各種の方法で保存し，研究し，その価値を高揚し，なかんずく公衆の慰楽と教育に資するために公開することを目的として，公共の利益のために経営されるあらゆる恒常的施設をいう（鶴田総一郎訳）。（後略）

ここで，博物館の目的として，公共の利益（in the general interest）のための資料の「保存」「研究」「価値の高揚」「公衆（the public）の慰楽（delectation）と教育（instruction）に資するための公開」が並列された。

次いで，1962年のICOMの定款第2章「博物館の定義」で修正された博物館の概念は，下記の通りである（鶴田，1977，p.261）。

第3条　研究，教育及び慰楽を目的として，文化的又は科学的に意義のある収集資料を保管し，及び展示する常設機関はすべて博物館とみなす（鶴田総一郎訳）。

続く第４条では，資料の範囲による館種が1951年の定義よりも明確に規定されている。1962年の第３条の定義での重要な変更は，①博物館の目的として「研究」「教育」「楽しみ」の３点が並列された。②1951年の定義でのinstructionよりも広い概念であるeducationが「教育」を指す語として採用され，1951年のdelectationより一般的なenjoymentが「慰楽」あるいは今日的には「楽しみ」という意味で用いられた。③「研究」「教育」「楽しみ」の目的を実現するための方法すなわち博物館の機能として「保管」「展示」が位置づけられた。④資料の種類による館種の規定を第４条に譲り，資料の概念を，博物館の目的実現のために「文化的又は科学的に意義のある」ものとし，1951年にはなかった「科学的に意義のある」資料を追加した。

1974年改定のICOM定款第２章「定義」は，次の通りである（鶴田，1977，p. 263）。ここでは，原文と訳を併記する。

Article 3

A museum is a non-profit making, permanent institution, in the service of society and of its development, and open to the public, which acquires, conserves, researches, communicates, and exhibits, for the purposes of study, education, and enjoyment, material evidence of man and his environment.

第３条　博物館とは社会及びその発展に奉仕するために，人類とその環境についての物的証拠を，研究，教育及び慰楽を目的として，収集し，保管し，研究し，伝達し，展示する営利を目的としない恒久的機関をいう（鶴田総一郎訳）。

この年も続く第４条で，資料の違いによる館種の詳細が記されている。1974年の第3条における博物館の定義の重要な変更点は，①「研究」「教育」「楽しみ」という三つの博物館の目的のみならず，「社会及びその発展に奉仕するために」ということと，訳文には記載がないが「公衆に開かれた」営利を目的としない機関であるということが加わり，社会における博物館の使命とその非営利性が明確化された。②1962年の目的達成のための博物館の機能「保管」と「展示」が，1974年では「収集」「保管」「調査研究(research)」「コミュニケーション」「展示」が並列され，博物館機能の拡充が図られている。

鶴田総一郎は，原文のcommunicatesを「伝達し」と訳しているが，伝達（transmission）には，情報の送り手と受け手の双方向性や送り手側の態度変容がニュアンスとしてない。したがって，ここでは，原文のcommunicatesがこれらを含意することを勘案して「コミュニケーションをする」と訳す方が望ましい。コミュニケーションの相手は，原文上では公衆（the public）となる。なお，翻訳には，こうした意味変容がありがちであることに注意を払う必要がある。できるだけ，一次資料である原文に当たることも，歴史研究では重要である。

これらの変更点から，1974年のICOMの博物館の概念は，博物館教育の歴史上重要である。その理由は，1章で考察したように，コミュニケーションという社会的な行為が社会の維持発展に重要な役割を果たし，教育的（educative）であるからである。

近代的な博物館の概念において，その目的が教育とされることは，1895年のグードの定義にも見られるように珍しいことではない。しかし，目的実現のための利用者との接点のある博物館の機能は，長年，展示と見なされてきた。コミュニケーションが展示と並列の博物館の機能として国際的に承認されたのは，1974年のICOMの定義においてであった。

そして，この改定は，「社会及びその発展に奉仕する」「公衆に開かれた」博物館という，博物館の社会的使命の案出と両輪で行われた。ICOM は，社会の発展に奉仕する博物館の概念化において，利用者とのコミュニケーションを重視する，開かれた博物館を案出するに至ったのである。「開かれた博物館」は，コミュニケーションにより，博物館側も変容していく。それは，とりもなおさず，国際的に承認された博物館教育のパラダイムが，「博物館が利用者を教育する」から「博物館と利用者が相互に作用し合い社会の発展に奉仕する」に転換したことを表す。

ただし，この博物館概念の転換は，ICOM を舞台とする国際的な博物館の概念の歴史上の転換であり，それが個別の博物館における多様な博物館教育の実践の集積で形成される歴史と必ずしも一致する訳ではない。にもかかわらず，博物館教育の歴史における ICOM のこの新しい博物館概念の意義に変わりはない。

（４）ICOM の博物館概念が1974年に転換された社会的要因

この博物館概念の転換の国際社会における要因として，産業構造の高度化や余暇の増大・質的変化により博物館の利用に関する関心が高まったことが考えられる。さらに，産業化の進んだ諸国の教育システムに，次のような大きな変化が生じ始めた（岩永，2011，pp. 229-230）。①単純な拡大再生産を基調とする経済成長が転換期を迎え，質や多様性への社会的要請が強まった。②生産の量的増加に伴い，直線的に拡大してきた学校教育とそれを支えた教育政策への疑問が呈されるようになった。③後期中等教育の普遍化と高等教育の著しい拡大により，内容的な水準が必ずしも保証されなくなってきたという点でも，既存の学校教育の再考が迫られるようになった。④技術革新の急激な進歩により，生産活動の準備期間としての定型的なフロントエンドタイプの教育訓練の効果が減じた。⑤各国で肥大した学校教育システムの財政負担の問題が無視できなくなってきた。

こうした社会状況の中，1960年代半ばに旧来の教育概念に異議を唱え，教育とは生涯を通して続くものであるという生涯統合教育（lifelong integrated education）あるいは生涯教育という概念が登場してきた。既存の学校教育と成人教育との有機的な統合を旨とするこの概念は第3回世界成人教育推進国際委員会においてユネスコ成人教育課長ポール・ラングラン（Paul Lengrand）が初めて提唱したもので，教育システムに次のような改革の必要性を訴えた（岩永，2011，p. 230）。①生涯に亘り教育機会を提供する。②人間の発達における総合的な統一性という観点から，様々な教育機会を調和的に統合する。③労働日を調整し，教育・文化活動に利用し得る休暇などの措置を促進する。④既存の初等・中等・高等学校を地域文化センターとして活用する。⑤従来の教育観を根本的に改め，本来あるべき教育の回復に向けて生涯教育の理念の浸透に努める。

こうした社会状況の変化と，その中で登場してきた，生涯に亘り既存の教育機会を有機的に統合しようという教育観と関連して，1974年のICOMの博物館の概念は誕生したといえよう。このような社会変化に伴う教育概念の転換は，日本では1980年代に臨教審での生涯学習（生涯教育ではない）のための基盤整備の議論，1988年の文部省社会教育局の生涯学習局（2001年より生涯学習政策局）への改組などを経て，「生涯学習体系への移行」という方向へと進んだ（岩永，2011，pp. 231-233）[(1)]。

（5）博物館の社会的役割を強調する近年の博物館定義再考の国際的議論における博物館教育の捉え方

ICOMでは2016年より博物館の社会的役割を強調する方向で博物館の定義を再考する議論がされてきた。博物館の社会的役割は19世紀から重

---

(1)　生涯学習政策局は，2018年に総合教育政策局へと改組された。

視されてきたが，2007年の国際金融危機に端を発した世界的な経済危機以降，広く議論され，博物館の主要な存在意義と見なされるようになってきた。定義変更への様々な提言において主軸となった概念は，「参加やアクセス，積極的関与，包摂，解放のための教育」である（Mairesse, 2019, p. 157）。このことは，日本を含む世界のいたるところに存在する不平等や格差といった社会問題の是正のために博物館は積極的関与（commitment）をすべきであるという姿勢の表れである。

既存の定義の中の「楽しみ」という言葉は最も批判されている。戦争や大虐殺などを記憶に留めるための記念館など，注意を要し心が痛むような問題を扱う博物館を始め，多くの博物館は，「美的快」と密接に関連するこの言葉を容認できないと判断しているためだ（Mairesse, 2019）。

新定義の決定には至っていないが，世界の博物館の趨勢は，社会問題是正へ積極的関与に一層取り組むことを目指している。博物館教育では，博物館の展示やプログラムが社会問題是正に貢献し得るかという視点で設計・実施・評価することが考えられる。本書で参照する今日の事例も，SDGs実現を始め，そうした視点での取り組みが多数含まれる。

2. 日本の博物館教育の歴史と現状

日本においても，博物館は明治期における近代国家形成の過程で政府主導により設立された。黎明期の博物館は殖産興業の一環として開催された博覧会に伴い誕生したが，皇国の主館としての内務省系の博物館と学校教育に関わる文部省系の教育博物館という，錯綜する二系統があった（椎名，2000，p. 45）。前者の最初の博物館は，明治5（1872）年を創立年とする日本で最大級の博物館である現東京国立博物館であり，後者は同年に文部省博物館の名で博覧会を公開し，その後何度も移管・改組した現国立科学博物館である。

日本の博物館教育の歴史は，相互に重なり合う①欧米などから博物館学を積極的に学んだ先人による主に博物館学発展の歴史，②社会教育論，生涯学習論における社会教育・生涯学習機関としての博物館研究の歴史，③個々の博物館の事例及び事例研究の蓄積から見えてくる歴史，④近年活発化している，過去の理論と事例を歴史的に再評価する博物館学，社会教育論，生涯教育論などにおける歴史研究の歴史という，概ね四系統によって構成される。歴史研究では，上記のどの資料に当たっているかに注意を払う必要がある。これら博物館教育の歴史の諸要素を網羅的に学ぶことは量的に困難であり，ここでは日本の博物館教育の歴史を概観する一助としたい(2)。

（1）博物館教育の推移

ICOMの1974年の定義に呼応するように，1970年代後半の日本の博物館学において，博物館を教育機関と捉えることの是非が議論された。肯定の立場をとった北海道立近代美術館館長の倉田公裕は，教育を広く「人間形成」と捉え，「収集，保存，研究，教育」という博物館活動を有機的に機能させる統一原理としての教育機能を重視し，「博物館の目的は，収集，保存に基礎を置いた，研究，教育機関であるが，これを大きく包むと，人間形成のための機関，つまり教育機関と思われる」と主張した（1979，pp.5-11）。1988年には，日本の博物館史を編纂してきた椎名仙卓が，博物館の「収集」「整理保管」「調査研究」「教育普及」の四機能のうち，一般公衆と密接に接する分野を「教育普及」とし，その普及する内容によって博物館の価値が問われることが多いと指摘した（p.342）。

こうした中，五島美術館の学芸員だった竹内順一（1985）は，運営の

(2) 日本の博物館の歴史については，吉田憲司「日本における博物館の歴史と現在」，稲村哲也編著『博物館概論』（2019）第5章を参照のこと。

あり方を問い，博物館を「保存」中心の第一世代，「公開」中心の第二世代，入館者の「参加」中心の第三世代の三種に分類した。竹内の博物館三世代論に基づき，1986年に博物館の社会科学的研究者伊藤寿朗は，日本の博物館の推移を人々の「利用形態の質的変化」に着目して「保存志向」の第一世代，「公開志向」の第二世代，「参加志向」の第三世代に分類した（伊藤，1993，pp. 141-154）。

伊藤によると，1960年代末以降，博物館数と来館者数の急激な増加による博物館の大衆化及び博物館の競合化が進行した中で，博物館に対する人びとの多様な期待という社会的な要請が原動力となり，保存重視の第一世代から公開重視の第二世代への脱皮が図られ，「現在」（1980年代後半）を，一過性の利用を軸とする第二世代から参加・体験型の学習と継続的活用を軸とする第三世代への転換期とした（1993，pp. 148-149）。

竹内や伊藤の博物館三世代論は，日本の多種多様な博物館のパラダイムを概観する上で有効である。椎名も，1988年に，当時の博物館の問題意識として，未だに資料を保存する機関であるという誤解が公衆の博物館の認識において根強いことを指摘し，「教育普及に重点をおいた博物館が，博物館の本来の姿であるということを一般公衆に認識させる必要」を説き，教育普及には，「展示」と「集会活動」があるとした（pp. 340-342）。

継続的学習の機会を提供する第三世代の博物館像は，本講座で考察している利用者主体の公共教育機関としての博物館の概念と重なり合う。第三世代の博物館像が，日本の博物館の歴史において1980年代に提言されたことや，個々の事例の歴史とは必ずしも一致しないことを知っておこう。

こうした先人の研究を踏まえ，本書では，さらに，ウェブサイトやコミュニケーションによる，博物館外の学習者を博物館利用者に含むとともに，同じ利用者が，ある時は気晴らしに，別の時は意図的な学習のために博物館を利用することも，教育的（educative）意義のある経験としている。今日の博物館利用は，量的拡大化・質的重層化のみならず，博物館と利用者とのコミュニケーションによる協働が博物館「利用学」の深化を左右するような時代の到来を告げているといえよう。

さらに，前述のように，近年，博物館の社会的役割の強化を要請する国際的議論が活発に展開されている。これまでの日本の博物館が重視してきた個人の成長に資すという次元だけでなく，社会問題に積極的に関与して民主主義社会の維持・発展に貢献していくという博物館の社会的理念に基づく博物館教育の実践が，今日，問われている。

（2）教育の対象集団と学習様式の組合せから考察する歴史

博物館が利用者に教育機会を提供する場合，2章の**表2-2**に例示した対象集団と学習様式をある程度想定する必要があり，博物館教育の歴史はこの組合せの歴史である。ここでは，日本の博物館教育の歴史上，最も初期の体系的な著書の一つ『眼に訴へる教育機関』（1930）の著者棚橋源太郎（1869-1961）の業績から，次の三点を概観する。

① 教育者向けの展示，講演会，レファレンス，出版，研究会など

学校教育と関わる文部省系博物館である現国立科学博物館は何度も改組されてきたが，明治22（1899）年には，東京高等師範学校附属教育博物館になった（椎名，2000，p.70-77）。高等師範学校で博物学を専攻した棚橋は，明治39（1906）年に東京高等師範学校教授兼務で同校附属教育博物館主事に就任し，同館を「教育者の知識を高めることを唯一の目的とすべき」教育関係者向けの専門博物館と位置づけ，国内外の最新の教科書や教材などの「教育品」の陳列を最重視し，展示スペースの拡大，教育図書の閲覧，講演会の実施，展示解説・問い合わせへの応答，年報による事業の報告，地方の教育展覧会，備え付けの教育品の一部貸与，直接的な教育の関係者のみが展示を閲覧できる「特別室」の設置などの改革を行った（矢島，2010，pp157-162）。さらに，棚橋が組織した「教授用具研究会」の活動の成果は，展示や出版物により公表された（佐藤，2009）。今日，学校と博物館との連携には博物館による教員向けの教育機会の提供が重要であると認識されているが，棚橋の網羅的な実践はその先駆けである。

② 一般成人向けの生活密着型の展覧会

明治42（1909）年暮からの２年間の文部省派遣ドイツ留学での教育学・博物館研究とその帰路における米国の博物館視察後，文部省の要請に基づき，棚橋は東京高等師範学校附属教育博物館に「通俗教育」に関する展示・講演のための「通俗教育館」を大正元（1912）年に開設し，一般成人向けの博物館の社会教育機能の拡充に努めた。「通俗教育」は，自由思想の台頭に危機感を募らせた政府による社会教化，思想善導の側面があったが，棚橋は「天産」「重要商品製造順序標品」「理学器機及び器機模型」「天文地理」「衛生」の５部門からなる展示に，一般成人が実生活に密着した知識を理解しやすいように，欧米で見聞した展示法を導入した。欧米の博物館の教育思想や手法を理解して応用した棚橋の「通俗教育」展示は，日本の博物館の展示を一新した（矢島，2010，pp.162-166）。

③ 子どもの主体学習の場（ディスカバリー・ルーム，子ども博物館）

棚橋源太郎は，『眼に訴へる教育機関』（1930）において，休日・放課後の子どもの教育の場として，児童室，児童博物館の必要性を説き，1899年開館の世界初の児童博物館「ブルックリン児童博物館」を始め，幼児・小学生を対象とする自然科学や美術，歴史などの展示や，指導員による展示案内や観察の指導など，米国などの児童博物館の事例を紹介した（1990，pp. 136-155）。

「児童室」は，実験や観察，遊びなどによる問題解決・発見学習（インストラクターを伴う場合ワークショップ）の場であるディスカバリー・ルームの一種である。今日「児童博物館」は子ども博物館などと呼ばれる。1928年の京都の仏教児童博物館が初とされるが，独自の子ども博物館が設立されるようになったのは1990年代以降で，1999年設立のキッズプラザ大阪が初の本格的なものとされる（布谷，吉田，2011，p. 171-177）。同年にはクレマチスの丘のベルナール・ビュフェ美術館（1973年開館・静岡県長泉町）に併設のビュフェこども美術館（**図 3－1**）も開館した。2000年代以降は多様な博物館がディスカバリー・ルームを併設し，例えば，大阪歴史博物館（2001年開館・大阪市）の「なにわ考古研究所」では，外国人を含む老若男女が複製による土器の復元作業などを楽しんできた。

（3）今日の博物館の社会的役割強化の国際的議論に呼応する日本の博物館の取り組み

博物館は社会の課題に取り組み，社会に貢献すべき研究・教育機関であるべきだという国際的な機運の中で，1章でSDGsとの関連で参照したよこはま動物園ズーラシアがそうであるように，日本においても，館種にかかわらず，多様な取り組みがされてきた。

例えば，高知県立文学館（1997年開館・高知市）では「天災は忘れられたる頃来る」と防災の重要性を説いた物理学者・文学者寺田虎彦（1878－1935）の偉業をたどる「寺田虎彦記念室」や「寺田虎彦文庫」を併設するとともに，本人の講義形式に見立てた企画展『虎彦先生に学ぶ天災展』を2018年に実施し，現在にも通じる警句を残した寺田の研究や随筆とともに今日の県内小中学校の防災活動も紹介し，今後の防災を考えるきっかけづくりを試みた（川島，2018）。天災の多い日本では，過去の人々の知恵を再評価して，今日の地球環境保全や防災に活かすことも重要であり，同館の取り組みは時宜にかなっているといえよう。

図３‐１（左），図３‐２（右）　クレマチスの丘のベルナール・ビュフェ美術館に併設のビュフェこども美術館（左）とヴァンジ彫刻庭園美術館（右）

また，クレマチスの丘のヴァンジ彫刻庭園美術館（2002年開館）は同館での滞在制作作品を含む国内外の現代美術作家７名による企画展『センス・オブ・ワンダー　もうひとつの庭へ』を2020年に開催した（**口絵２**）。「センス・オブ・ワンダー（the sense of wonder）」とは，神秘さや不思議さに目を見張る感性であり，環境破壊に警鐘を鳴らして世界に影響を与えてきた海洋生物学者レイチェル・カーソン（1907‐1964）が，その遺作の同名の著書（1965）において子どもの頃からの自然との関わりにおけるこの感性の大切さを説いたことに由来する(3)。

ヴァンジ彫刻庭園美術館は，その使命の一つとして，来館者が豊かな自然や美術作品に出合い対話することを通して，人間にとって大切な能力である「感性」を育む場であることを目指し，カーソンの『センス・オブ・ワンダー』は，同館にも指針を与えてくれるという。また，現代美術作家たちは，澄んだ眼差しと繊細な好奇心をもち，私たちが日常生

(3)　http://clematis-no-oka.co.jp/vangi-museum/exhibitions/1201/　2021年９月30日取得

活で見過ごしてしまっている世界を独自の表現手法により作品として視覚化し，カーソンの『センス・オブ・ワンダー』と共鳴するような世界をつくりだす（ヴァンジ彫刻庭園美術館，2020，p.3）。同展では，カーソンの言葉と各作家の作品が出会うように展示された。

新型コロナウイルス感染が世界的に拡大した中，同展を企画・実施した岡野晃子副館長は，図録で次のように述べている（2020，p.52）。

> 長期間外出できず，自然に触れることができない状況は，私たち人間にとって苦しみであることを知った。そして今，自然を破壊し続けてきた現代文明のあり方について考えることは，科学者だけの問題ではなくなった。レイチェル・カーソンのことばと現代の美術作家たちの作品がつくり出すもうひとつの庭。この小さな庭で，作家たちもまた，私たちが生きる時代における大切な何かを伝えようとしている。人間も他の生きものたちと同じく，この大きな地球で生かされている小さな存在であることを，声高に伝えるのではなく，それぞれの感性で感じてほしいと。

『センス・オブ・ワンダー』展は，ヴァンジ彫刻庭園美術館の広大な庭園（**図3-2**）とも響き合い，自然と美術作品と私たち人間が一体となった，新たな庭での散歩へと，鑑賞者をいざなったといえよう。

館種や規模，立地の違いにかかわらず，博物館が提供する教育機会が，博物館の社会的役割の認識に裏打ちされたものかどうかを，その利用者が見極める時代は到来している。

（4）日本の博物館教育の歴史

本章で検討してきた竹内順一や伊藤寿朗の三世代の博物館像と，対象者と学習様式に着目した理念・実践の歴史を照らし合わせることで浮かび上がる日本の博物館教育の歴史の特質は，①明治以降，留学・視察・

文献研究による博物館の概念と事例の研究が活発に展開され，速やかに摂取した海外の情報を参考にして，日本の博物館の概念が構築されてきた。例えば，鶴田総一郎は，日本の博物館法（1951）の博物館の概念（１章）は，ICOMの同年の定義と照らし合わせ，当時の国際的水準にあったという（1977，p.265）。②歴史上，教育学と博物学に通じ，欧米での博物館研究の成果を明治・大正期いち早く実践に活かした棚橋源太郎の博物館教育への貢献は著しく，その著書に見受けられる先見性，緻密な観察に基づく洞察は，今日なお生彩を放っている。③日本の博物館教育の実践の歴史は，明治から今日に至るまで対象集団とコミュニケーションの媒体（メディア）を広げながら，竹内や伊藤の分類による第一世代から第三世代，さらに利用者の学習様式の多様性や社会への貢献を強く認識する博物館が混在する，多様性の海であるといえよう。今後の事例研究の進展に期待したい。

歴史を概観することでつまびらかになる先人の研究と実践の蓄積は，今日の博物館利用に豊富なヒントを与えるといえよう。「温故知新」の有効性は今日においても変わらない。

引用・参考文献

青木豊，鷹野光行編『博物館学史研究事典』（雄山閣，2017年）
青木豊，矢島國雄編著『博物館学人物史』（上）（雄山閣，2010年）
青木豊，矢島國雄編著『博物館学人物史』（下）（雄山閣，2012年）
伊藤寿朗『市民なかの博物館』（吉川弘文館，1993年）
稲村哲也編著『博物館概論』（放送大学教育振興会，2019年）
岩永雅也『教育と社会』（放送大学教育振興会，2011年）
ヴァンジ彫刻庭園美術館『センス・オブ・ワンダー　もうひとつの庭へ』http://clematis-no-oka.co.jp/vangi-museum/exhibitions/1201/（2021年１月20日取得）
岡野晃子「『センス・オブ・ワンダー』とともに，新しい世界へ」ヴァンジ彫刻庭園美術館編『センス・オブ・ワンダー　もうひとつの庭へ』pp.47-53（2020年）

川島禎子「虎彦先生に学ぶ天災展　天災は忘れられたる頃来る」『高知県立文学館ニュース　藤並の森　82号』p.2.（高知県立文学館，2018年８月31日）
倉田公裕「博物館教育論」倉田公裕編『博物館学講座第８巻　博物館教育と普及』pp.3-41（雄山閣，1979年）
小林文人「序章　社会教育施設をめぐる問題状況」小林文人編『講座・現代社会教育Ⅵ　公民館・図書館・博物館』pp.3-18（亜紀書房，1977年）
小山修三「アメリカの博物館史」樋口秀雄編『博物館学講座第２巻　日本と世界の博物館史』pp.19-34（雄山閣，1981年）
佐藤優香「棚橋源太郎の教育思想と博物館経営」『博物館学雑誌』第34巻第２号（通巻50号）pp.23-42（2009年，４月）
椎名仙卓『日本博物館発達史』（雄山閣，1988年）
椎名仙卓『図解　博物館史』（雄山閣，2000年）
竹下順一「第三世代の博物館」『冬晴春華論叢』第３号 pp.73-88（瀧崎安之助記念館，1985年）
棚橋源太郎（伊藤寿朗監修）『博物館基本文献集第１巻　眼に訴へる教育機関』（大空社，1990年）
鶴田総一郎「博物館理論の到達点」小林文人編『講座・現代社会教育 VI　公民館・図書館・博物館』pp.255-284（亜紀書房，1977年）
寺島洋子，横山佐紀，阿部祐子『国立西洋美術館教育活動の記録　1959-2012』（国立西洋美術館，2015年）
布谷知夫，吉田憲司「博物館における教育Ⅰ―学校教育との連携―」吉田憲司編著『博物館概論』pp.163-178（放送大学教育振興会，2011年）
降旗千賀子編著『目黒区美術館ワークショップ20年の記録1987-2007』（１－５）（目黒区美術館，2008年）
降旗千賀子他（東京パブリッシングハウス，目黒区美術館編集）『フォーラム・連続公開インタビュー記録集　美術館ワークショップの再確認と再考察―草創期を振り返る』（富士ゼロックス，2009年）
矢島國男「棚橋源太郎」青木豊，矢島國雄編『博物館学人物史』（上）pp.157-170（雄山閣，2010年）
吉田憲司「博物館の歴史」吉田憲司編『博物館概論』pp.36-58（放送大学教育振興会，2011年）
Mairesse, F. (2019). “The Definition of the Museum: History of Issues.” *Museum International*. Vol.71 No.281-282. pp.152-159.

4 博物館展示の教育的意義

大髙　幸

《**目標＆ポイント**》 博物館教育において最初に検討すべき普遍的な方法は展示である。展示は，モノやイメージを一定の文脈の中で特定の空間に配置し，それらを語らしめることによって，ある一定の概念や出来事などを鑑賞者に伝えることを目的とする。本章では，展示の本質とその教育的意義について利用者の側と博物館の側双方に触れながら考察する。

《**キーワード**》 コミュニケーションの媒体，エノラ・ゲイ展示，構成主義教育の展示，総合展示，生態的展示，ジオラマ，パノラマ，生息環境展示，民族の表象，野外博物館

1．コミュニケーションの媒体（メディア）としての展示

展示は，博物館に来館する利用者が，資料を鑑賞する機会を享受するための博物館の主要な機能である。英国の博物館教育学者アイリーン・フーパー-グリーンヒルは，『博物館の教育的役割』（1994）において，展示をコミュニケーションの媒体であると指摘する。そうであれば，情報の送り手である博物館は，その受け手である来館者に，媒体としての展示を通して何らかのメッセージを伝えることになる。

（1）展示におけるメッセージと資料の関係

上記の考え方に沿って展示を考察する場合，メッセージと博物館資料との関係はどのようなものであろうか。もし，メッセージが資料と等しいならば，博物館の展示は，資料そのものということになる。

実際には，博物館の展示は，常設展や企画展（特別展）などの展覧会の中で資料を提示する。展覧会には，時系列，テーマ別など，何らかの主題があることから，博物館の伝えるメッセージは，展示資料そのものと等しい訳ではない。博物館は展示により人文科学上の概念や自然科学上の発見・法則，あるいは戦争，貿易，技術革新，流行など，ある社会集団や個人の活動といった過去から今日に至る思想や出来事を，証拠としての資料を統合的に空間に配置して意味づけ（評価）する。つまり，展示はその意味を博物館のメッセージとして鑑賞者と共有することをねらいとするコミュニケーションにおける媒体である。このように，展示は，たとえそれが未来社会を予測するものであろうと，その予測の拠り所である学術研究に裏打ちされた既存の思想や科学技術の蓄積によって意味づけられているという点に変わりはない。

（2）展示について鑑賞者が留意すべきこと

コミュニケーションの媒体としての展示が教育的（educative，1章）であるということは，情報の受け手である鑑賞者にとって，肯定的・否定的両面があることを，博物館利用者はまず認識する必要がある。

肯定的な側面は，ITの進展による豊富な間接的経験の機会に恵まれる一方，多忙でモノを鑑賞するという直接的な経験の機会が相対的に乏しい人々に，博物館の展示が鑑賞経験の機会そのものを提供するということだ。鑑賞の積み重ねにより，鑑賞者の想像力や価値基準，知的判断力が自ずと醸成されていくことは，1章で考察した通りである。

一方，否定的な側面は，上記の展示の特質と深く関わっている。利用者は博物館に赴く際，すでに，モノを鑑賞する心づもりでいる。展示室の床に置き忘れられた清掃作業員の軍手を，来館者が芸術作品と勘違いして鑑賞したといった笑い話があることは，この来館者の真剣な態度と博物館との関係を如実に反映している。もし，同じ軍手が道端に落ちていたら，この人は気にもとめずに通り過ぎるかもしれない。

ここでの問題は，博物館利用者の多くが，コミュニケーションの送り手としての博物館のメッセージは「正しい」という先入観をもつことである。博物館が大学にも似た学術研究・教育機関であるという，利用者の認識がその礎となっているであろう。博物館利用者は，マス・メディアが日々発信する情報も，同様に無批判に受け取りがちである。しかしながら，マス・メディアは，社会の中に存在する限り，様々な利害関係が絡む出来事や思想について，特定の社会集団に好意的な文脈に沿って情報を発信しがちであり，必ずしも中立とはいえない。同様に，社会の内に存在する限り，研究・教育機関である大学や博物館も，中立的な情報の送り手であるとは必ずしもいえない。博物館の展覧会が過去から今日に至る思想や出来事に意味づけをするからには，その鑑賞者は，博物館が資料に付与する意味の妥当性及び証拠としての資料の選択の妥当性を，相互に関連づけて批判的に考察する必要がある。

物議をかもした展示の例で検討してみよう。米国スミソニアン協会国立航空宇宙博物館は，1945年8月6日に広島への原子爆弾投下に使用されたB－29爆撃機「エノラ・ゲイ」を歴史的文脈の中で展示しようと1990年代半ばに計画した。その過程で，機体とともに展示を予定していた写真が原爆のもたらした惨禍の甚大さを表し，原爆投下が第二次世界大戦を終結に導いたという「原爆の正当性」を伝えるのに不適切であるという退役軍人団体などの抗議や圧力を受け，博物館は展示方針の変更を余儀なくされた。1995年に開幕した「エノラ・ゲイ」展では，機体の性能に反映される高い技術力のみに焦点を当てるという文脈の中で，原爆投下に関しては「1945年8月6日，戦闘に使われるものとしては初の核兵器を広島に投下した」という説明文のみが残された（吉田，2011，

p. 230)。さらに，館長はこの一連の騒動の責任を取り辞任した。

「エノラ・ゲイ」展示にまつわる騒動は，社会における博物館の位置だけでなく，博物館の展示とは，博物館がある特定の文脈を案出し，その文脈にふさわしいモノや映像資料，言語情報を取捨選択し，それらを空間内に有機的に組合せ，特定のメッセージを伝える媒体であることを如実に表す。資料は，それに付与される意味如何で，鑑賞者に違った印象を与える。コミュニケーションの媒体としての展示は，このように文脈如何によって，鑑賞者の心の中に異なった意味の構築を引き起こす可能性があるということを，知っておく必要がある。

さらに，コミュニケーションは，情報の送り手にも作用する。フーパー－グリーンヒルは，来館者からのフィードバックが博物館側にとって重要な情報になると指摘する（1994)。「エノラ・ゲイ」展示の方針の変更も，これを物語る一例である。博物館利用者は，学術研究のみならず新聞報道やテレビドラマなどを含むマス・メディアやインターネット上のソーシャル・メディアで人々がどのような視点から情報を発信し，そうした情報が社会の多数派とどう関わっているかを考察することも必要である。博物館の展示は，こうした現実社会の中に存在している。

2．鑑賞者の学習に寄与する展示

今日の博物館は，上述の展示の特質に鑑み，その鑑賞者の学習に貢献すべく，様々な努力をしている。種々の展示資料や展示手法については，主に『博物館展示論』で学ぶためここでは割愛するが，展示に関する博物館側の取り組みの教育的意義について考察を進めよう。

（1）構成主義教育の展示

ジョージ・ハイン（1章）は，鑑賞者の能動的な学習に基づく構成主義教育の展示には，次の５つの特質があるという。

① どこから見はじめてもよく，決められた順路や始まりも終わりもない。

② さまざまな能動的な学習様式を提供する。

③ さまざまな見方を提示する。

④ 来館者の人生経験を活用するようなさまざまな活動や体験を通じて，彼らと資料（および考え方）を結びつける。

⑤ 学校向けプログラムにおいて生徒が実験を行い，推量し，結論を導くような経験と資料を提供する（2010，p.56）。

博物館の展示が構成主義に則しているとは必ずしもいえないが，来館者の展示鑑賞は，上記の５つの機会を享受することにより深まる傾向にあるといえよう。たとえ系統的な展示であっても，来館者の鑑賞法は，ハインの①のように選択的であることが多い。

前述の「エノラ・ゲイ」展示が，原爆による惨禍に関する異なる視点の資料を並列展示していたら，ハインの③のように複数の見方を提示することになり，客観性を増していたであろうし，その結果，鑑賞者がエノラ・ゲイに関するより客観的な意味づけをする可能性が増したであろう。ハインの③の「様々な見方の提示」には，新しい視点からコレクションを再考した企画展も挙げられる。新視点により出来事や概念の再考を促す展覧会は，鑑賞者の想像力に働きかけ，その教育的意義は大きい。

（２）展示における能動的な学習様式

展示がその鑑賞者の内に何らかの変化を引き起こす時，鑑賞者は何かを学習したことになる。博物館の学習は，２章の**表２−２**に例示した対象者と学習様式の組合せで構成される。ハインの②の，展示における

「様々な能動的な学習様式」の要素には，次の三点が挙げられる。

第一は，資料を視覚だけでなく，触覚，聴覚，嗅覚，歩行などの運動機能を活用して鑑賞することである。博物館の資料にはモノとイメージがあるが，展示資料には，実物，標本，複製（土器などのレプリカや絵画の模写・写真・映像など）がある。

博物館は，展示構成上，実物資料（原品）と関連づけて所蔵していない資料の複製を展示することが多い。複製による代替の理由には，実物資料が希少で壊れやすい場合の展示による劣化や，歴史の可視化をねらう通史展示における欠落の回避などがある（木下，2006，p.68）。希少な原品と同じ素材で製造された複製は，触察による鑑賞に適すことも多い。

総合展示では，「実物，複製，模型等の資料はもちろん，グラフィック，映像，照明，音響など様々な展示メディアを表現意図に従って綿密に連携，配置し，展開する」（福島，2010，p.104）。森林や街並みなどの大規模な景観の鑑賞を可能とする展示法には，屋外や展示室内でその中を歩くことが可能な生態的展示である大型のジオラマや，自然や都市を一望できる小型模型であるパノラマなどもある（榛澤，2010，pp.100-103）。

第二に，資料の鑑賞を深める言語情報も，解説パネルなどによる視覚情報やオーディオ・ガイドなどによる聴覚情報，映像を伴う視聴覚情報，点字による触覚情報として提供するなどの選択肢がある（5章）。解説パネルでは，文字のみならず，図や表，記号なども併用される。

第三に，展示による鑑賞者の個人学習または集団学習（共同の問題解決学習や討議など）の促進の有無があり，ハインの④，⑤とも関連する。

例えば，3章でも学んだディスカバリー・ルームや子ども博物館は，多種多様であるが，基本的には，来館者の働きかけが作用する相互作用（interactive）展示における民具の使用，ゲーム遊び，実験器具を用いる科学実験・観察といった来館者の主体学習（生活経験学習，問題解決学習，発見学習など）の場であり，ハインの指摘⑤に呼応する。

今日，博物館は様々な資料や言語情報を認知されやすいような物理的環境の中で組合せて展示し，鑑賞者の想像力を喚起するような能動的な学習様式を提供するとともに，関連プログラムなどを含む様々な能動的な学習様式も視野に入れ，総合的に展示を設計している。

図4-1（左），図4-2（右） 東京都江戸東京博物館の江戸時代の日本橋と中村座などを再現した屋内大型展示（左）とボストン子ども博物館の「京の町屋」展示（右）

（3）未知の世界と既知の世界をつなぐ工夫例

展示などの媒体を介した経験の共有であるコミュニケーションは，メッセージの送り手と受け手との間の約束事（code）に基づく。例えば，ある概念や出来事について，経済学，あるいは心理学の視点から言及するといった約束事である。しかし，送り手が設定した（encode）約束事が，受け手にとっては未知であるなどの理由で，受け手がメッセージを解読（decode）できないことがある。受け手である展示の鑑賞者は，展示空間において未知の概念や出来事について体験を通して学ぶ。人は，未知の事象に遭遇する際，それを理解しようと想像力を働かせ，既知の事象と照らし合わせ，何らかの接点を見出そうとする。ハインの④の主張のように，そのためには，未知の世界と既知の世界を繋ぐ工夫が必要である。もし，鑑賞者が展示と自分の世界観との間に共通点を見出せない場合，その人が自己の内に意味を構築することは難しい。下記の表は，工夫を例示したものである。

表４－１　来館者の未知の世界と既知の世界を繋ぐ展示の工夫例

未知の世界	博物館例	既知の世界と未知の世界を繋ぐ工夫
過去の生活文化	東京都江戸東京博物館（墨田区）（図４－１）	江戸時代から昭和にいたる過去の街並みを再現するジオラマの中などで，来館者が散策したり，民具を使ったり，芸能を鑑賞したりして，過去の生活文化を学べる。
	ロゥワー・イースト・サイド・テナメント・ミュージアム（ニューヨーク市）	現存する移民のアパートでの20世紀初頭の生活状況を再現した室内で，当時14歳の実在の少女に扮したエデュケーターなどと話し合いながら，来館者が過去と現在の移民の生活について考察できる。
異文化・異民族の文化	九州国立博物館（大宰府市）の「あじっぱ」（５章・ディスカバリー・ルーム）	アジア諸国などの様々なゲームや楽器，人形などを使って遊びながら，来館者，とりわけ子どもがそれら国々の文化を学ぶことができる。
	ボストン子ども博物館の「京の町屋」（ディスカバリー・ルーム）（図４－２）	移設された京の町屋の再現展示の中で，来館者が町屋内での生活に触れ，疑問点などを常駐エデュケーターと話し合いながら学ぶことができる。
地球環境	海遊館（大阪市）	山の清流から海底までの自然を再現する，建物の複数階に及ぶ巨大な水槽の内部の生物を，来館者が様々な場所からガラス越しに観察し，地球上の海が繋がっていることや生物の生態を学ぶことができる。

	よこはま動物園ズーラシア（1章）や天王寺動物園（大阪市）の生息環境展示	来館者から見えないように工夫された柵の中の動物を来館者がガラス越しなどで観察し，動物の生態とその環境を相互に関連づけて学ぶことができる。
博物館の仕事場	ブルックリン美術館の見える収蔵庫／研究室や滋賀県立安土城考古博物館（近江八幡市）の見える資料整理調査室	博物館の「見える保管庫」「中に入れる保管庫」や「見える調査研究室」を見学し，来館者が資料のみならず，博物館の保管・調査研究の仕事を学ぶことができる。

このように，今日の博物館は，個々の資料を特定の文脈や環境の中で来館者が鑑賞することができるような工夫をしている。動物の生息地での生活を展示する動物園の生息環境展示はその一例で，米国において1980年代頃から広がった。若生謙二は次のように述べている。

生息環境展示は，それまでの展示にみられた観客と展示の隔絶感をとりのぞき，動物の生息環境との一体感をかもしだす景観を造りだしたものであり，そのための空間構成の方法やその背景となる概念が構築された，高度な手法を用いた生態的展示である（2010，p.199）。

図4-3（左），図4-4（右）　ブルックリン美術館の「見える収蔵庫／研究室」（Luce Center of American Art. Visible Storage/Study Center）（左）と滋賀県立安土城考古博物館の「見える」資料整理調査室（右）

歴史的に蓄積されてきた学術研究，高度な技術，学習に関する知見の総和が，今日の高度な総合展示の実現に寄与している。

3．博物館の社会的役割と展示

（1）今日の生活文化をどう展示するか：民族の表象

博物館の社会的役割を考える上で，「博物館は誰のものか」という根本的な問いと「誰のための研究・展示か」という問いが，国際的に議論されてきた。「エノラ・ゲイ」展示も，この問いを投げかけた事例といえよう。この問題は，人々の生活文化を研究し，展示する文化人類学や民族学などの分野においても提起されてきた。例えば，様々な学者がアイヌ民族の民具などの物質文化を研究してきた反面，その成果を調査対象者に伝えず，還元してこなかったことへの疑念や憤りが，調査対象者である当事者から表明され，研究者と調査される側とのミス・コミュニケーションが問題視されるに至っている（出利葉，2015）。

人々の生活文化を創造しているのは，私たち一般市民の日々の暮らしである。その展示で留意すべき点は，展示が誰の声を反映した文脈を案出しているかということと，鑑賞者が展示を過去の遺物と見なしやすいということである。民族の表象では，過去のみならず，現代の人々の生活文化を示し，紋切り型（ステレオ・タイプ）の過去のイメージの打破を目指す必要がある。例えば，米国の国立アメリカ・インディアン博物館（ワシントンDCおよびニューヨーク市）では，映画などで繰り返し表象されてきた紋切り型のネイティブ・アメリカンのイメージの打破と，ネイティブ・アメリカン自身の声を反映した，今日の彼らの仕事や余暇を含む生活文化を表象する展示をしてきた（大高，2012，pp.59-60）。

国内の例として，2020年開館の国立アイヌ民族博物館（北海道白老町）の常設展示を参照しよう。同館は，８館目の国立博物館であり東北以北で初の国立博物館というだけでなく，先住民族を主題とした初の国立博物館として，同時に開設されたウポポイ民族共生象徴空間（以下「ウポポイ」の一角に位置する。ウポポイは，同館のほか，国立民族共生公園（アイヌ伝統芸能公演を視聴できる「体験交流ホール」，各種のアイヌ文化体験の場「体験学習館」，木彫や刺繍の実演を見学・体験できる「工房」，復元したチセ（アイヌ語で「家」）などがある「伝統的コタン」（集落）で構成），慰霊施設などからなるアイヌ文化振興・創造のためのナショナル・センターである。

ウポポイ開設の契機は，先住民の権利を尊重する世界的潮流の中での2007年の国連総会における「先住民族の権利に関する国際連合宣言」の採択や，翌2008年の衆参両院国会での「アイヌ民族を先住民族とすることを求める決議」の可決，アイヌ民族を先住民族と規定した2019年制定の「アイヌ施策促進法」（アイヌ文化の振興並びにアイヌの伝統等に関する知識の普及及び啓発に関する法律）であった。

国立アイヌ民族博物館は，「先住民族であるアイヌの尊厳を尊重し，国内外のアイヌの歴史・文化に対する正しい認識と理解を促進するとともに，新たなアイヌ文化の創造及び発展に寄与する」ことを目的とする（佐々木，2020）[(1)]。同館では，アイヌの人々の視点からその文化を「私たち」の文化として紹介すべく，カタカナ表記のアイヌ語，日本語，英語により，館内の案内や展示資料などの説明がされている。

常設展示にあたる基本展示室では，口承文芸などの映像をやはり映像の囲炉裏端（いろりばた）に座って楽しみながらアイヌ語に親しむ「私たちのことば」を中心として平面図上大小の円環状に「私たちの世界」「私たちの暮らし」「私たちの歴史」「私たちのしごと」「私たちの交流」という六つのテーマに沿って，実物資料，写真や映像，集落のパノラマなどが展示され，来館者が様々な角度から展示物を観察・考察・再考し，アイヌ文化

(1)　「館長からのご挨拶」（2020年７月）　https://nam.go.jp/about/　2021年６月３日取得

に触れる機会を提供している（**図４－５**）。展示室はどこから見始めてもよい構造であるが，一番外側の壁面ケースの展示は，入口から出口の方へ時計回りに緩やかな時系列となっている。また，テーマに沿って，展示資料と関連した探究展示コーナー（５章）が設けられ，基本展示室内にディスカバリー・ルームを併設する形式を採っている。

図４－５　国立アイヌ民族博物館の基本展示室

アイヌ民族を展示する多くの博物館が，伝統的な家「チセ」や民具などアイヌ民族の伝統文化や歴史に焦点を当てた資料を展示してきたこともあり，国立アイヌ民族博物館の来館者の大半は，アイヌ民族の今日の文化の様相を想像できずに基本展示室を訪れる。では，アイヌ民族の今日の生活文化は，どのように展示することができるだろうか。

基本展示室の「私たちのしごと」の「現代のしごと」コーナーには，国内外に実在の老若男女９人の職業人の等身大シルエットのパネルが並び，その合間を行きかい一人ひとりに出会いながら，各人の職業観やアイヌ民族としての思いなどを知ることにより，今日のアイヌの生活文化の多様性に触れることができる。９人には林業従事者，農家，測量技師，アイヌ料理人やサラリーマンも含まれ，パネルの裏側に回ると，各人のプライバシーに配慮しながらその職業観や仕事中の映像，実物の仕事道具などとともにアイヌ民族としての思いが紹介されている。

図4－6　「現代のしごと」コーナー

この展示は，国立民族学博物館（吹田市）の人々の等身大のパネルによるアフリカ展示の「働く」コーナーの展示と同様の形式を採り，同時代人へ親近感を醸成する。その奥の壁面展示の木彫，染織，プロダクト・デザインなどの5人の現代作家の一番右側の「音楽」のコーナーでは，国際的に活躍をしてきた「アーティスト」OKIさんを，トンコリを演奏している本人の写真，エレクトリック・サウンドを取り入れた本人制作のトンコリ，彼が率いるOKI DUB AINU BANDの「Japan Tour ‘07」のポスターとともに，パネルで次のように紹介している。

> 1993年に樺太アイヌの弦楽器トンコリに出会い，演奏と楽器製作を学び始める。アイヌの伝統を軸足に斬新なサウンド作りで独自の音楽スタイルを切り開く。アイヌの伝承者でありウポポの歌い手であった

安東ウメ子やマレウレウのアルバム制作も手がける。OKI DUB AINU BAND はアフリカ，ヨーロッパ，アジアなどで開催される海外音楽フェスにも多数出演している。

このコーナーを担当した立石信一学芸員は，OKI さんと対話を重ねて展示を設計した（立石，2020）(2)。展示予定だった OKI さん制作のトンコリを「歴代のものすごいアイヌの作品の仲間入りをするので緊張します」と，本人の希望で展示直前に別のものに変更したこともある。「博物館は誰のためのものなのか」という問いを改めて投げかけられているように感じ，この協働の過程を経て，立石は，博物館の展示のあり方について次のように提言する（2020）。

> 調査研究するものとされるもの，見るものと見られるもの，展示するものとされるものといった一方的な図式ではなく，また，資料や作品を収集するだけでもなく，アーティストや工芸家，あるいはその他の文化の担い手と協働し，「今」の文化を展示する。そしてそのプロセスを記録することによってバックデータとすることが，現在を伝え，残すために重要な意義を持つのではないだろうか。
>
> 歴史的に博物館の成り立ちを考えると，権力や財力を示すことや，国家や国民意識の形成に働きかけてきた側面もある。そのような博物館が，先住民族であるアイヌの人たちの「私たち」から語り起こすことや，展示を協働することは，博物館のあり方，そして博物館の主体は誰なのかということを問い直していくきっかけになり得るのではないだろうか。

立石は OKI さんの世界観や哲学を伝える展示を目指し，博物館にはそれらを来館者に伝えていく役目が課せられ協働は続いていくと考える（2020）。博物館の社会的役割を考える上で重要な提言である。このように，多様な人々の生活文化の展示は，一人ひとりの生き方をそれぞれの

---

(2) 「国立アイヌ民族博物館2020―開館を目前に控えて」（2020年 4 月15日）
https://artscape.jp/report/curator/10161225_1634.html　2021年 6 月 3 日取得
立石からの引用元は以下同じ。

視点から丁寧に表すことによって可能となる。展示される人々を含む博物館利用者は，博物館のメッセージを伝える媒体である展示を読み解くことで，その博物館の哲学を知り得るといえよう。

図4-7　ウポポイの「伝統的コタン」では，チセ（家屋）内の囲炉裏端でアイヌの口承文芸も実演される

国立アイヌ民族博物館では，特別展においても様々な角度からアイヌ文化を紹介するだけでなく，併設のシアターやライブラリ（図書室）でもアイヌを始めとする民族の多様性について学ぶ機会を提供している。さらに，同館の展示はウポポイの他の施設（**図4-7**）で上演や実演され体験可能なアイヌの伝統文化とも一体として作用し合う。

（2）今日の生活文化をどう展示するか：塩の使われ方

次に，今日の社会における塩の使われ方をどう展示できるか考えてみよう。たばこと塩の博物館は，テーマ展示（特別展）及び実験イベントで構成する『夏休み塩の学習室』を，開館以来ほぼ毎年趣向を変えて実施してきた（2章)。第37回の『買い物ゲームで塩さがし！2016』は，展示室をスーパーマーケットに見立て，子どもたちがそこに並ぶ商品の中から製造過程で塩が使われる品物を探すという，過去にも好評だった展示を復活させて実施し（**口絵3**，**図4-8**），会期中，20,279人が入館した（高梨，2017)。5点の商品を選んでかごに入れ，レジ（解説パソコン）で，バーコードを読み取ると，各品物の得点と，塩の使われ方の解説が表示されるというゲーム形式で，石鹸など，製造過程で塩が使われていることが意外な商品ほど，得点が高い。担当の高梨浩樹主任学芸

図4-8　レジに見立てた解説装置でバーコードを当て，その品物での塩の使われ方を読む子どもたち

員によると，塩が食品だけでなく，姿を変えていろいろな工業製品にも使われていることを，子どもたちにゲームを通じて知ってもらえるよう，随所に工夫を凝らしたという（高梨，2017）。例えば，2,000点以上獲得すると，各品物と塩の関わりを解説したレシートが出力される。また，会場出口の『まとめ展示「塩が使えなくなったら？」』コーナーでは，一般工業やソーダ工業での塩の使われ方や，塩に関わる日用品を解説パネルで紹介し，日常的な行為である買い物（ゲーム）によって興味をもった塩の使われ方を，大人も子どももさらに学び，展示室で学んだことを振り返るとともに実生活へと繋げる機会を設けた。

これらは，今日の博物館が，多様な利用者の主体学習を支援する機能の一つである展示を，博物館内外の教育資源と有機的に組み合わせている例でもある。

こうした博物館の取り組みは，研究者の近年の博物館観と符合する。例えば，ドイツの博物館教育学者ミヒャエル・パーモンテイエは，博物館を民主的で歴史と将来を意識し議論する公衆の場「アゴラ」と位置づけ，博物館の展示は学問的質を追求しつつこれまで誰も問題にしなかった問題を提示する場であるべきであるとし，社会の動向に迅速に対応する「変転やまない常設展」と利用者が必要に応じて容易に見学できる「研究コレクション」の必要性を主張する。さらに，市民がコレクションの方向性やテーマ選択，展覧会企画に少なくとも部分的には参加する仕組みが存在するような，博物館の最大限の民主主義化の促進を強調する（2012，pp. 196-199）。社会への寄与を目指す博物館とその展示のあり方への博物館教育の貢献の度合いは，今後増大していくと考えられる。

（３）展示の課題と展望

未知の世界を想像することが難しい場合も多々ある。観光客や学校団体などに人気の高い**表４－１**中のロッウワー・イースト・サイド・テナメント・ミュージアム（ニューヨーク市）の現存する建物の復元された室内の鑑賞は，そこでのエデュケーターとの会話を組み込んでいる。モノではなくテナメント（アパート）での移民の生活に焦点を当てているからである。この展示法は民族衣装を着たスタッフを配するスカンセン野外博物館などの北欧の野外博物館をモデルとしている。落合和子は野外博物館には次のような利点があるという。

> ほとんどの博物館では，来館者はその時代の眼鏡や柵を通して，あるいは描写されたものを通して現在という空間で展示物を見出す。しかし，野外博物館においては過去に踏み込むことが可能で，庭の入口を通って歩き，玄関の中に踏み込めば，現在という空間から非日常空間への移動が可能なのである。すべての情報が来館者に時の柵を越えて，過ぎ去りし日々にタイムスリップさせ昔を体験させるのである。来館者の五感を刺激することによって，野外博物館は情報の効果的利

用が期待できるのである（2009，p. 116）。

ロゥワー・イースト・サイド・テナメント・ミュージアムの20世紀初頭の移民のアパートの室内では，当時の移民に扮したエデュケーターなどとの会話（6章）により，来館者が当時の移民の貧しい生活を理解するだけでなく，今日の米国内の多くの貧困にあえぐ移民などの生活に想いを馳せるきっかけもつくっている。

また，ボストン子ども博物館の「京の町屋」展示（**図4－2**）では，1979年に京都市から寄贈・移築された町屋内での生活に触れることができる。玄関で靴を脱いだり，畳の上に布団を敷いて寝たりという，日本の生活様式を全く想像できない来館者も多い。そこで，疑問点などを町屋内に常駐のエデュケーターと話し合うことで，来館者の異文化理解に役立てている。

これらは，展示の限界に対応し，過去と未来，既知と未知，鑑賞者と「他者」とを繋ぐ効果的な例であり，人的相互作用を展示に組み込んでいる。人的相互作用，すなわち，人と人とのコミュニケーションを組み込んだ展示は，その過程において，コミュニケーションの約束事をメッセージの送り手と受け手の双方が確認でき，情報の送り手・受け手の立場も絶えず入れ替わることが可能であるため，来館者の関心に基づく主体的で柔軟な学習を促進する重要な教育方法である。このように，今日，博物館の展示は，社会に関わる学際的な主題において，今日に至るまでの経験への意味づけを鑑賞者とのコミュニケーションにより共有化し，鑑賞者を他者と繋ぎ，未来創造に共に貢献することを目指しているといえよう。

引用・参考文献

大髙幸「博物館展示の教育的意義」寺島洋子・大髙幸編著『博物館教育論』pp. 47-62（放送大学教育振興会，2012年）

落合知子『野外博物館の研究』（雄山閣，2009年）

木下直之「博物館とレプリカ―視覚偏重の世界をつくる」住友和子編集室，村松寿満子編『レプリカ―真似るは学ぶ―』pp. 65-69（INAX 出版，2006年）

佐々木史郎「館長からのご挨拶」『博物館について』（2020年７月）
https://nam.go.jp/about/（2021年６月３日取得）

高梨浩樹「第37回夏休み塩の学習室『買い物ゲームで塩さがし！2016』」『2016年度たばこと塩の博物館　年報（32号）』（たばこと塩の博物館，2017年７月１日）

立石信一「国立アイヌ民族博物館2020―開館を目前に控えて」『キュレーターズノート』（artscape，2020年４月15日）https://artscape.jp/report/curator/10161225_1634.html（2021年６月３日取得）

出利葉浩司「アイヌ物質文化はどのような視点から研究されてきただろうか―民族学研究と考古学研究のはざま―」岸上伸啓編『環太平洋地域の先住民文化』（国立民族学博物館調査報告132）pp. 235-258（国立民族学博物館，2015年）

パーモンティエ，ミヒャエル（眞壁宏幹訳）『ミュージアム・エデュケーション』（慶應義塾大学出版会，2012年）

ハイン，ジョージ（鷹野光行監訳）『博物館で学ぶ』（同成社，2010年）

榛澤吉輝「特殊造形―ジオラマ・パノラマ・人形―」日本展示学会出版事業委員会編『展示論―博物館の展示をつくる―』pp. 100-103（雄山閣，2010年）

福島正和「複合演出―情景再現と音・光の演出―」日本展示学会出版事業委員会編『展示論―博物館の展示をつくる―』pp. 104-107（雄山閣，2010年）

吉田憲司『改訂新版博物館概論』（放送大学教育振興会，2011年）

若生謙二「動物園」日本展示学会出版事業委員会編『展示論―博物館の展示をつくる―』pp. 198-199（雄山閣，2010年）

Hooper-Greenhill, E. (1994). *The Educational Role of the Museum,* London : Routledge.

5　展示と来館者を繋ぐ補助教材

寺島洋子

《目標＆ポイント》 博物館は，教育活動の基本となる展示を通して鑑賞者に様々な情報やメッセージを伝えている。展示は資料（映像や生物を含むモノ）を核として，そこに言語や映像という二次資料を介在させた複合的なメディアとして構成される。本章では，メッセージの伝達媒体である二次資料を，モノの鑑賞を軸とする学習を補助する教材として取り上げ，具体的な事例も紹介しながら考察する。

《キーワード》 補助教材，学習の文脈モデル，教材の評価基準，印刷教材，音声・映像教材，ツール，素材，資料コーナー

1．博物館における展示補助教材の役割

国立民族学博物館の初代館長梅棹忠夫は，展示は実物や実体験に言語情報，映像情報を介在させた複合的な情報伝達を行うメディアで，情報の受け手は自ら体を運び，五感を通して体験的理解を得ると述べている（1996，pp. 6-7）。1章で学んだように，五感を通した資料との直接的な体験は，博物館での学習の中心にくるものである。本章でいう補助教材とは，展示室で鑑賞者とモノを仲介し，鑑賞者の直接的な体験を必要に応じて支援し，能動的な学習を促す役割をもつもので，作品ラベル，解説パネル，セルフガイドなどの印刷物，音声・映像ガイド，主に子どもや親子などで使う道具（ツール），素材などの実物資料，多様な教材を集めた資料コーナーなどである。これらは，4章の構成主義教育の展

示でいうところの「様々な能動的な学習様式」を提供する。

博物館は，展示に合わせて様々な教材を用意するが，個々の教材を取り上げる前に，まずそれを利用する鑑賞者，そして有効な教材の基準となる要素について考えてみよう。

（１）来館者の学習体験

米国の博物館教育学者のジョン・H・フォークとリン・D・ディアーキングは，博物館における学習を研究するために，膨大な来館者調査のデータを基にして，博物館での体験を来館者の視点から整理した。1992年の著書『博物館体験』で，その体験を人が博物館の訪問を思い立った瞬間から，訪問を終え何年も後になって思い出す記憶までを含む全体的な体験として捉え，それを理解するための概念的な枠組みとなる「相互作用の体験モデル（Interactive Experience Model）」を提案した（1996, pp. 9-15）。三つのコンテクストから成るこのモデルは，後に時間という要素を含めた「学習の文脈モデル（Contextual Model of Learning）」（**図５－１**）へと発展した（2000, pp. 10-13）[(1)]。また，改訂されたモデルと一緒に，それぞれのコンテクストにおいて鑑賞者の学習に影響を及ぼすと考えられる８つの要素が抽出されている（2000,

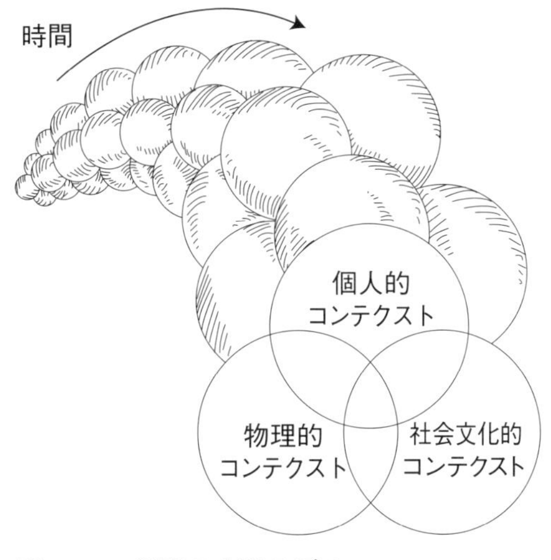

図５－１　学習の文脈モデル

（出典：Falk & Dierking，2000，p. 12）

---

(1)　このとき社会的コンテクストは，社会文化的コンテクストへ変更された。

表5-1 「学習の文脈モデル」における学習に影響を及ぼす諸要素

コンテクスト	学習に影響を及ぼす諸要素
個人的コンテクスト	・動機と期待 ・事前の知識，関心，信念 ・自由な選択とコントロール
社会文化的コンテクスト	・グループ内での社会文化的仲介 ・他者によって促進される仲介
物理的コンテクスト	・事前統合（advance organizer）とオリエンテーション ・デザイン ・学習を補強する館外での出来事や経験

pp. 136-140)。それをまとめたのが**表5-1**である。

博物館での学習体験をこのモデルに則してみると，まずそれらは博物館という建物と，そこに展示された資料の中で起きる（物理的コンテクスト）。建物の大きさ，館内の温湿度，照明，案内や解説パネルの読みやすさ，混み具合，匂いなども物理的コンテクストの諸要素となる。そこには，自分自身の知覚を通して作品を鑑賞する来館者がいて，彼らはそれぞれ異なる訪問の動機や関心，知識をもっている（個人的コンテクスト）。彼らの体験を共有するのは，友人，他の来館者，博物館職員など様々な人々である（社会文化的コンテクスト）。来館者の学習は，絶えず変化するこれら三つのコンテクストの間の相互作用として捉えることができ，この相互作用を時間の経過とともにみていくことによって，その複雑な体験がよく理解されるであろうということを，**図5-1**のモデルは示している。

博物館は，用意した解説パネルが読まれないとき，それは文字のサイズや，照明の強弱といった物理的コンテクストによる原因だけを考えがちである。しかし，来館者の学習を，前述のモデルが示すような全体として捉えてみると，そこには，来館者の過去の経験に基づく個人的な知識や動機，そして一緒にいる友人や家族の影響もあるのだということがわかってくる。博物館は，解説パネルなどの教材を用意するときに，それを利用する来館者の学習体験の全体像を考慮に入れることが大切である。

（２）補助教材に共通する教材の有効性の尺度

ここからは，メッセージの送り手としての博物館の視点で，様々な教材に共通する，教材の有効性の評価基準となる要素を確認する。**表５-２**にまとめた要素以外にも考慮すべきものはあるが，これはその主要なもので，本章では，まず，基本的な要素を理解しよう。

表５-２　基本となる教材の評価基準

目　　標	博物館の方針・目標がすべての教材の目標となるが，各教材には，それを達成するために，個別のより具体的な目標が必要。大きな目標と合わせて，個々の目標を明確にしておくことが重要。
対 象 者	年齢，性別，国籍，障害の有無，初心者あるいは専門家など。また，使用する人数も考慮すべき事項。
内　　容	目標と対象者に適応した知識・情報。展示全体のテーマから個々のモノの情報など，また，具体的な事実から抽象的な概念まで。それらを，対象に即した文体（語彙，語法，修辞）で表現。
デザイン	印刷物であれば，形状，サイズ，色彩，文字（フォント，サイズ，色，レイアウト），イラスト，写真など。ツール（道具）のような立体的な教材であれば，重量や材質などの要素も重要。資料コーナーの場合は，それが設置される空間全体のデザインも必要。
場　　所	教材の設置，配布，貸与の場所。利用者のアクセスや実際に使用する場所との関連性を考慮して，適切な設置場所が必要。

博物館が新しい教材の開発，あるいは既存の教材を練り直す際，上記の基準となる要素を，「学習の文脈モデル」と対応させながら検討することで，来館者の学習に有効な教材の姿が見えてくるだろう。

以上の基本項目と照らし合わせながら，具体的な事例も交え，教材を紹介していこう。

2．印刷教材

印刷された文字情報は，展示全体のコンセプトや個々の作品，そして資料を理解する上で欠くことのできないものである。博物館における学習は，展示と人を仲介する印刷教材に左右されるといっても過言ではない。展示には，展覧会タイトルを始めとして，展示構成に沿って導入のあいさつパネル，各セクションの説明パネル，各作品にラベルや解説パネルが掲示される。また，目的や対象者に即して能動的な学習を促進するセルフガイドやワークシートなどが配布される。

（1）作品ラベル／解説パネル

作品ラベルは，博物館の利用者が展示資料を見たときに抱く「これは何？」という素朴な疑問に簡潔に答える，資料の名称や制作年代，作家，材質，用途などを記すものである。解説パネルはそれより長く，資料に関するより詳しい物理的な知識や，社会的な文脈などの情報，解釈などを記す。

来館者にメッセージが伝わりやすくなるように，個人的コンテクストや物理的コンテクストに即して，ラベルや解説パネルの内容や書き方，さらには設置場所に工夫を施すことがある。例えば，よこはま動物園ズーラシアでは，近隣の小学校と行った連携授業で，子ども達が書いた象のシュリーちゃんのパネルを園内に掲示（2011年１月～３月）して活用した。パネルには，象の出生地，性格などの紹介に続いて，「おきゃくさまにおねがい　インドぞうがへっているからたいせつにしてください!!　おねがいします（ママ）」というメッセージが書かれていた。子どもらしい手書きと相まって，通常のパネルにはない優しいメッセージ効果を生んでいた。この解説パネルには，動物園と小学校が連携した取り組みへの理解を促すとともに，絶滅危惧種の動物の環境保全に対する，来園者の参画を求める動物園の最終目標が込められていると考えられる。

図5－2　絵画作品の下に設置されたラベルと解説

また，デンマークのコペンハーゲン郊外にあるオードロップゴー美術館では，絵画作品のラベルや解説を作品の下に配置（図5－2）することで，鑑賞者が作品に集中しやすくなるよう配慮している。

一方，作品ラベルは展示には欠くことのできない基本的な情報だが，美術作品のように鑑賞者の個人的な解釈を重視して，あえてそれをつけないこともある。DIC川村記念美術館，豊田市美術館，水戸芸術館の三館が，ニューヨーク近代美術館前教育担当のアメリア・アレナスと共同企画した巡回展「なぜ，これがアートなの？」（1998-1999）では，ラベルを付けずに作品を展示し，その後，今度は作品リストを持って鑑賞できるようにし，帰宅してから読むための無料印刷ガイドも用意した（逢坂，1999）。作品ラベルを外したことで，鑑賞者は作品を自由に解釈することの面白さと，その後に補完された文字情報によって起きる解釈の変容を経験することで，想像力と思考が刺激される深い鑑賞体験が可能となった。

(2) セルフガイド／ワークシート

セルフガイドは，従来の情報伝達を主たる目的とする解説とは異なり，問いかけなどによって鑑賞者の興味を喚起し，能動的な観察や発見によって深い思考と理解を促すことを目的とする印刷物である。同様に，ワークシートと呼ばれるシート状の印刷物もある。こちらはその名が示すように，スケッチをしたり，答えを書いたりといったより具体的な活動を多く含むところに特徴がある。最近では，ワークシートという名称のほうが一般的ではあるが，鑑賞者の主体性を補助するという意味で，ここではセルフガイドで統一する。

日本では1980年代以降，セルフガイドが盛んに制作されるようになった。東京ステーションギャラリーの「キュビスムってなんだろう？」(1988) は美術館では草分け的なセルフガイドである。これは，ピカソに代表されるキュビスムにおける形態の捉え方の過程を，簡単な問いかけとイラストレーションで追体験できるように作られたガイドだった。その後，丹青総合研究所が翻訳出版した英国テート・ギャラリーのワークシート集「TATE TRAILS」(1991) や欧米の事例に学んで，様々なガイドが制作された。現在では殆どの博物館で何かしらのセルフガイドが用意されていて，そのバリエーションも豊富である。

セルフガイドは，展示に固定されたパネルと異なり，利用者が携帯でき，興味のある展示の選択と移動という機動性が確保できると同時に，持ち帰って継続的な学習に活用できるという物理的コンテクストや時間における利点がある。また，個人的コンテクストに即して子ども向け，大人向けといった対象ごとに，それぞれの知識や理解力に応じた内容とデザインで作られている。特に，子ども向けのセルフガイドには，事実に即したものから解釈や判断を求めるものまで，多様なレベルの質問がある。さらに，展示の中から特定のモノを探し出す，スケッチをすると

図５－３　国立西洋美術館のジュニア・パスポート

いった身体的な活動によって，注意深く観察することを促し，想像を膨らませ，考えることへつなげるものが多い。例えば，国立西洋美術館のジュニア・パスポート（図５－３）には，作品ごとに異なる活動が用意されている。ロダンの彫刻作品≪オルフェウス≫（左ページ）では，主人公オルフェウスの物語を知ることで彫刻が現わしているのは物語のどの場面かを想像して自分なりの考えを書く，≪地獄の門≫（右ページ）では同じ形の像が３回使われている箇所を探すなど，作品の特徴に即した活動を通して楽しみながら作品を鑑賞することができる。

しかし，こうした活動についてよく指摘される問題は，○×で答えるような単純な活動ばかりを多用すると，単純な活動それ自体が目的化してしまい，質問や活動の意図が不明瞭となって鑑賞者の学習に繋がらないことである。セルフガイドの作成では，目的に適う質問や活動を選択して，思考を促すことが大切である。

3．音声・映像教材

音声・映像のメディアを利用した教材には，特定の場所に固定して利用するパソコンやビデオからモバイル機器を用いたものまである。最近は，この携帯可能な，映像と音声を一体化したモバイル機器による鑑賞ガイドに注目が集まっている。これは，セルフガイドなどの印刷媒体と同様に，利用者個人の要望やペースといった個人的コンテクストに即して活用するのに適しているだけでなく，高解像度の画像・動画，音声などの大量のデジタル情報を搭載することが可能である。

オーストラリアのホバートにあるミュージアム・オブ・オールド・アンド・ニューアート美術館（以下，MONA）では，来館者全員に複数の機能を搭載したモバイル機器（**図5－4**）が渡される。展示室に入ると，位置測位の機能によって自身の周囲にある4，5点の作品が自動的に画面に表示され，作品画面にタッチすることで作品ラベル，解説などの情報を得ることができる。展示作品にはラベルやパネルを一切掲示していないので，このモバイル機器がそれらの役割を担っている。また，人数を限定して鑑賞する作品の予約とそのお知らせ，さらに，アンケートといった美術館の運営に関わる機能も備えている。

モバイル機器は，従来の固定式に比べ物理的制約を受けることもなく，コンテンツの制作・編集も容易で，展示替えによる情報のアップデートにも適している。MONAでは，2020年の新型コロナウイルス感染症対策として個人のスマートフォンにデジタル情報をダウンロードして利用できるようにしている(2)。新しいデジタル機器に馴染みがなく，そうした機器の操作を敬遠しがちな高齢者など，制約を受ける人々もいるが，鑑賞者の能動的な選択による学習を一層促進する，インタラクティブで創造的な構成主義教育の教材として，さらなる発展の可能性を秘めている。

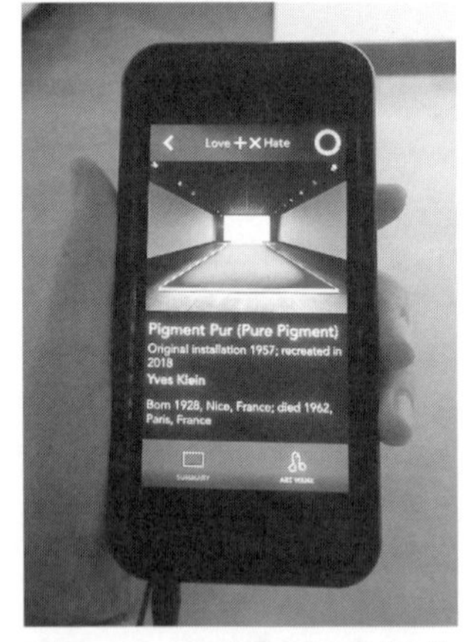

図5－4　MONAの多目的モバイル機器

(2)　https://mona.net.au/visit　2021年9月30日取得

4．多様なメディアによる教材

ここでは，鑑賞用の道具（ツール），作品の素材や技法に関連する実物教材，書籍・ビデオ・レプリカ・コンピューターなど複数のメディアによって構成される資料コーナーなどを取り上げる。

これらは，手で触れることのできるモノを含むという点で，他の教材とは異なる利点をもっている。重さや質感の伴う実体験は，視覚や聴覚にも増して強い刺激となって利用者の感情や思考に働きかけ，意義深い学びを誘発することが期待できる。

（1）ツール

2020年7月に開館した国立アイヌ民族博物館の基本展示室（4章）には，「探究展示 テンパテンパ（アイヌ語で「さわってね」という意味）」（以下，「探究展示」）と呼ばれる体験を通してアイヌ文化に触れることのできるエリアが三ヶ所に設けられている。一つは，展示室の入口に近いガラスで仕切られた三角形のスペースで，靴を脱いで座って本を読む，モノを作るなどの体験ができる。残りの二つは展示室の中にあり，基本展示の6つのテーマに関連した多様なツールで構成された8種類の体験ユニットとアイヌ民族の昔のコタン（集落）を再現したジオラマ形式のユニット1点を載せたL字型の什器が，二つのエリアにそれぞれ一台ずつ置かれている。合計18種類の体験ユニットには，「手しごと：文様」「むかしの家」「家と方角」「季節と料理」「シカの利用」「タマサイ」「交易」など，アイヌ文化の特徴ともいえる様々な要素が取り上げられている。「探究展示」は，周囲にある展示の実物資料と体験ユニットを行き来しながら，アイヌ文化への理解を深めることを目的とした，展示室内の行動起点，「基地」として設計されている（笹木，2021，pp. 106-108）。

女性が儀式の時に身につけるタマサイ（首飾り）のユニットには，タマサイの解説とタマサイ作りのツールがセットになっている。様々な色とサイズの中から選んだ半球のパーツを，見本の資料写真を参考にしながら透明なアクリル板に磁石でつけて自分だけのタマサイを作り，アクリル板ごと胸に当てることで試着したイメージ（**図5-5**）を写真に撮って持ち帰ることができるようになっている。各ユニットのツールには，様々なデザインや質感，見た目の楽しさだけでなく，遊びを通して学ぶ工夫が数多く盛り込まれている。また，基本展示に近いだけでなく，各ユニットは什器から外して別室で使用することも可能という点で，物理的コンテクストの利点があるツールといえよう。

図5-5　「タマサイ」のユニットで作った自分だけの「タマサイ」を試着している様子

（2）実物教材

目黒区美術館の「画材と素材の引き出し博物館」は，美術表現と切り離せない画材や素材の実物資料を，機能的な引き出し状のケースに整理収納した，それ自体が博物館のような魅力的な教材である。この教材の目的は，作家と表現を結ぶ大事な要素となる素材を視覚的に示すことで，モノを見ることの楽しみを提供し，多様で新しい視点からモノを体験できるようにすることである（降旗，1995，pp.90-95）。8年かけて美術館の活動と関連させながら制作された「引き出し博物館」は，(1)画材，(2)素材―木，(3)素材―紙，(4)素材―金属の４つのボックスがある。各ボックスは，多様な素材やその素材でできたモノの入った引き出しで構成されている。そこには希少な素材も含まれていて，教材でありながらそれ自体が一次資料ともいえるものである。

図５－６　「素材―木」の引き出しを展示として活用している様子

「引き出し博物館」は，展覧会ごとに作品に適したボックスを展示の横に置いて使うようにできているが，引き出しとなっているケースそのものを壁面に展示することもできる（**図５－６**）。素材は，絵画，版画，彫刻，工芸などのあらゆる分野の作品を見るときの視点となりうることから，汎用性が高く，物理的コンテクストの要素となる。引き出しという魅力的で機能的なデザインと素材の多様性と美しさが，利用者の興味と関心を引き起こす教材である。

（３）資料コーナー

博物館には，書籍やパソコンなど情報メディアを閲覧できる資料コーナーをエントランスホールや休憩スペースなどに設置しているところが多い。九州国立博物館にも大変ユニークな体験型展示室「あじっぱ」がエントランスホールにある。「アジアの原っぱ」を略した「あじっぱ」という名称には，多くの人がここに集い気軽に楽しみ，子どもたちに親しまれるものになって欲しいという博物館の願いが込められている（池内，2016，p. 134)。色とりどりの布で装飾された外観と奥の展示品が透けて見える全面ガラス張りのデザインは，来館者を惹きつける魅力に満ちている。内部は，大きく【広場】と【あじぎゃら】に区分されている。開放的な【広場】には，日本と古くから交流のあるアジア・ヨーロッパ諸国の生活や伝統文化を代表する品々を展示する「屋台」(図 5-7)，東屋風のゆったりとした「あじ庵」，映像や音響体験ができる「たなだ」，展示資料に関連する工作やパズル，ゲームなどを入れた「BOX キット」がある。【広場】に置かれた品々を直接手に取る，キットで遊ぶなどの体験を通して日本とアジアやヨーロッパの繋がりを感じ，理解することを促している。一方，「あじっぱ」の奥に位置する【あじぎゃら】は，展示をゆっくり鑑賞するギャラリーの機能と，「なりきり学芸員体験」のようなプログラムを行うスペースとしての機能を備えている。

展示室と分離したスペースを確保したことで実現された，様々な要素を含んだ「あじっぱ」の楽しい空間は，子どもにとって有効なオリエンテーションになっていると思われる。また，そこで接客するボランティアやスタッフと利用者の，あるいは利用者同士のコミュニケーションの

図 5-7 「あじっぱ」の「屋台」に展示されているアジア・ヨーロッパ諸国の品々を手に取ってみる来館者

場でもある。このように多様な機能を有しているという点で，「あじっぱ」は個人的，社会文化的，そして物理的という三つのコンテクスト全てに働きかける力があるといえるだろう。

5. まとめ

フォークとディアーキングは，展示の企画においては，どんな知識を提供するかということからではなく，提供する知識を受け手がどう利用するかを考えることから始めることが重要であると指摘する（1996, p. 163）。同様に，展示のための補助資料や教材も，それらを鑑賞者がどのように利用するかを考えて用意することが肝要である。そして，それらが，鑑賞者に適した方法で提供されることで，初めて有効な学習効果を生み出すことができるのである。

利用者は多様な要望をもっているので，一つの展示補助教材で要望のすべてに応えることは不可能である。そこで，博物館は教材のシリーズ化や，人を介したプログラムの提供で対応することもある。博物館は，本当に必要とされている教材は何かを探り出し，それらを展示と有機的に結びつけながら，鑑賞者の意味ある学習体験を支援していくことが大切である。その一環として，補助教材は，博物館が提供する多様な教育機会の体系の中の一要素として位置づけることが重要だと考える。

引用・参考文献

池内一誠「体験型展示室『あじっぱ』」『九州国立博物館史：開館10周年記念』pp. 134-140（九州国立博物館，2016年）

梅棹忠夫「展示の意義と展開」日本展示学会「展示学事典」編集委員会『展示学事典』pp. 6-7（ぎょうせい，1996年）

逢坂理恵子「メイキング・オヴ『なぜ，これがアートなの？』」逢坂理恵子編『なぜ，これがアートなの？　水戸芸術館現代美術センター展覧会資料第39号』pp. 5-78（水戸芸術館現代美術センター，1999年）

笹木一義「多民族共生に向けて博物館ができること」小川義和・五月女賢司編著『発信する博物館　持続可能な社会に向けて』pp. 98-120（株式会社ジダイ社，2021年）

フォーク，ジョン＆ディアーキング，リン（高橋順一訳）『博物館体験』（雄山閣，1996年）

降旗千賀子「《見る》ことから《視る》ことへ…『画材と素材の引き出し博物館』の制作」目黒区美術館編『画材と素材の引き出し博物館』pp. 90-95（中央公論美術出版，1995年）

Falk, H. John & Dierking, D. Lynn (2000). *Learning from Museums : Visitor Experience and the Making of Meaning*. California : Altamira Press.

ミュージアム・オブ・オールド・アンド・ニューアート美術館のモバイル機器の情報ダウンロード案内　https://mona.net.au/visit（2021年 9 月30日取得）

6 ワークショップ
：その理念と人文科学系博物館における実践

大髙　幸

《**目標＆ポイント**》 本章から8章までの各章は博物館のプログラムについて考察していくが，最初に，参加者の主体学習・相互学習を中心に据えるワークショップについて考えてみよう。ワークショップの概念は多様であり，唯一の正しい手法がある訳ではない。本章では人文科学系博物館の事例を参照して考察を進めるが，本章で学ぶワークショップの目的や手法は，多種多様な博物館に通底する。そこで，これまで学んできた博物館教育の特質を統合して再確認した上，そこから導き出されるワークショップの目的や基本的な手法を概観しよう。
《**キーワード**》 ギャラリー・トーク，会話，論理的推論，批判，共感，想像力，探究型学習（inquiry-based learning），事前統合，振り返り，スケッチ，ロール・プレイ，物語創造，学習共同体，アートプロジェクト，アクション・リサーチ

1．博物館教育の特質

1章や2章で触れたワークショップをより深く考察する前に，博物館においてなぜワークショップが重要な意義をもつのかを検討するために，これまでに学んできた博物館教育の特質を統合して再確認し，その礎となる学習理論を参照しよう。

（1）博物館教育の特質

1章で学んだように，今日の博物館は，公共教育機関として利用者の①余暇におけるくつろぎ，②知的冒険，③他者との意見交換の場という三機能を併せもつ。博物館教育は博物館内外での多様な利用者の活動が実り多い経験すなわち学習へと発展する機会を共につくり，共に社会に貢献することを目指すが，本人が学んでいることを自覚していない非意図的学習を多分に含み，したがって，本人が自己の成長に気づいていないことも多々ある。博物館教育では教育をこのように広く捉える。

博物館教育の中核は来館者が展示を鑑賞することである（1章）が，鑑賞力を涵養するには，経験の積み重ねが必要である。また，展示には鑑賞者の疑問に対応できない部分があるという限界もある（4章)。そこで，多くの博物館は展示室内で展覧会や展示資料の解説を行うギャラリー・トークを実施してきた。この最も普遍的なプログラムの利点は，展示室での解説が来館者の鑑賞に直結し，鑑賞を深め得ることである。「観ることは知ることを促す」と言われるが，その逆もしかりで，「知ることは観ることを促す」。

このことに関連して，国立歴史民俗博物館が企画展「中世寺院の姿とくらし」に関して行った展示資料15点の観客の「理解度」調査結果によると，ギャラリー・トークを聴いた人と聴いていない人で，キーワード選択における正解率に差があるものがあった。例えば，展示室に説明が掲示されていなかった展示資料について，ギャラリー・トークを聴いていない人は「わからない」という答えが多かったのに対し，ギャラリー・トークを聴いた人は，正解率が高かったという。また，企画展全体の感想では，ギャラリー・トークを聴かなかった人では，「大変良い」と答えた人の割合が16%だったのに対し，聴いた人では34%と向上し，「大変良い」・「良い」を合わると9割を占め，ギャラリー・トークが観客に影響したことが判明した（竹内，2003，pp. 150-151）。

この調査は，ギャラリー・トークの成果のうち，博物館側が期待する来館者の展示資料の理解度と来館者による企画展の評価に焦点を当てた例であり，来館者が自身の経験や関心に基づいて展覧会や展示資料をどう意味づけたか，すなわち構成主義教育が重視する構成した意味（知識）に関する質的差異の有無を探究している訳ではない。しかし，少なくとも，展示の限界を補うものとして，ギャラリー・トークが一定の成果を上げていることを明らかにしているといえよう。

解説者の一方的な講義形式のギャラリー・トークが見受けられる一方，近年，欧米では解説者と来館者との会話形式によるギャラリー・トークが重視されるようになってきた。会話はその参加者の主体学習の基本的な手法の一例である。会話によるワークショップ形式のギャラリー・トークはなぜ重視されるのだろう。主体学習・相互学習を中心に据えるワークショップの理解に役立つ主な学習理論をまず概観してみよう。

（２）博物館教育の礎となる主な学習理論の概要

万人を対象とする博物館教育においては，利用者は①その目的（余暇か研究かなど），②学習内容，③学習様式（展示鑑賞，文献資料検索，講演会受講など），④学習の成果（経験の意味づけ）の全てにおいて多様である。さらに，訪問時の特定の状況の中で，目的や意図と関連のないことも非意図的に学習し認知している（１章）。

これらに関連して，多元的知能論者ハワード・ガードナーは，人には言語的知能，論理・数学的知能，音楽的知能，空間的知能，身体・運動的知能，人間関係的知能，内省的知能といった，様々な知能があり，その学習様式も多様であると指摘する（2003，pp. 22-35）。ガードナーの理論は，構成主義教育とも共鳴し合う。

多様な学習様式を提供する博物館のプログラムは，参加者の潜在的な知能を引き出し，学習能力自体を高め得る。一方，参加者は，自分の学習様式にあったプログラムを選ぶこともできる（寺島，2012）。

また，デューイの経験論や状況認知論に関連した，博物館における経験の「相互作用モデル」，「学習の文脈モデル」（5章）の提唱者の一人，ジョン・フォークは，学習の文脈において，来館者がどのような文化・社会に属し，どのような社会的役割などを担っているかといった，各人のアイデンティティが重要な要因であると主張する（Falk，2009）。さらに，幼児の発達を研究したロシアの心理学者レフ・ヴィゴツキーは，幼児が他者の支援を受けてできる課題が数年後には1人でできるようになることから，このような発達の領域を「最近接発達の領域」（「次に続く発達の領域」）と定義した（中村，2004，pp.9-11）。

これらの主な学習理論は，多様な利用者を対象とする博物館教育において，個人・集団学習の過程を見極めながら複数の学習様式を効果的に組合せるのに最適な学習機会が，人と人との相互作用・参加者の主体学習を中心に据える，ワークショップであることを示唆する。

2．博物館におけるワークショップの基本：その理念と実践

様々な博物館に通底するワークショップの基本について，その理念を学び，人文科学系博物館の事例を参照して考察を進めよう。

（1）ワークショップの目的・手法・構成

① 目的

博物館におけるワークショップの目的は，万人を対象とする公共教育機関である博物館の目的そのものである。すなわち，上記の博物館教育の特質を効果的に高める学習機会を参加者と共に創出し，共に考えるこ

とである。さらに，博物館は民主主義社会の発展を究極的な目的とする（３章）。したがって，ワークショップは，その提供者と参加者が民主的な学習共同体を一緒に創造し，参加者の現実社会における関心事や課題への主体的・民主的な考察・解決に共に取り組むことを目的とする。

このような目的を達成するために，博物館のワークショップでは，その参加者の鑑賞力（心から含味する力）（１章）の向上を図り，そのために，次の２種類の能力の涵養を目指す。

ア　観察・論理的推論・批判・感動に根差した発見力

五感を活用して鑑賞資料を吟味・観察することにより，知覚できる様々な質を発見し，その過程で各人の経験や知識に基づく論理的推論を展開して資料や展覧会を読み解き，その価値を評価する力であり，観察に基づく批判力といえる。論理的推論は，鑑賞物に関して知覚できる性質と，鑑賞物にまつわる知覚できない文脈（出来事や概念，法則など）に関する推測や参加者への心理的影響（感想など）との筋道立った関係性を検証・構築する過程である。批判には肯定的評価と・否定的評価の両面がある。資料から受ける感動は発見力の重要な要素である。

イ　共感力

身近な他者だけでなく，時間的・地理的に遠く離れた他者の関心事・問題・努力や苦楽を，想像力を働かせて自分のこととして考え，他者と共に未来を創造する一翼を担う力といえる。多様な人々が自他の尊厳を保ち，調和的に生きていくことを旨とする民主主義社会の存続・発展には，その構成員である各人に必要不可欠な能力である。また，他者には人間以外の生物や事物も含まれる。

このように，博物館のワークショップは参加者の発見力・共感力に裏打ちされた鑑賞力を涵養することを目指す。涵養とは時間をかけて能力を育むことを意味する。それは１度のワークショップ参加で成し遂げられるようなことではない。しかし，少なくとも，この目的達成を目指す様々な博物館のワークショップに参加することは，その累積により，参加者が他者と学び合いながら，生涯を通して自己の学習を意図的に設計し統合していく習慣の醸成，すなわち自己教育に寄与すると考えられる。このように，利用者の長期に亘る自己教育・他者との相互教育の場の一つである博物館教育において，人的相互作用を核とするワークショップは重要な役割を担う。

② **手法**

博物館のワークショップの目的を達成するための手法は様々であるが，最も基本的には，ワークショップが参加者にとって非定型教育（2章）の場であるということである。これは，インストラクターにとっては，無計画で良いということではない。その逆に，緻密な計画と入念な準備を要するが，学習の過程で，参加者の関心や疑問に柔軟に対応していくことになる。今日の博物館のワークショップで広く用いられている手法は，参加者の関心・疑問に基づく探究をインストラクターが支援する探究型学習（inquiry-based learning）である（**表6－1**参照）。

参加者の主体的な探究学習では，その過程で①参加者の関心，疑問，感動に柔軟に対応する個人学習・集団学習の機会と，民主的な学習共同体を形成する力量と，②集団学習において参加者の様々な反応に対応して自然な形で鑑賞資料に関連する的確な文脈情報を提供し得る知識が，インストラクターに求められる。

ワークショップにおける集団学習の普遍的な手法である会話では，参加者は同じ鑑賞物の知覚できる性質について他の参加者の意見を聴くことで多様な感じ方・考え方を学ぶ。参加者の意見の中には鑑賞物や他者の話から想起される自己の経験や記憶に関する物語も含まれる。筆者が実施してきたワークショップでも「他者との話し合いで自分だけでは気

表６－１　探究型学習の要素

カリキュラム (何を学ぶか)	カリキュラムは固定的ではなく，学習の過程で参加者の関心や疑問，感動などを反映して柔軟に変更する。
教授法 (どのように学ぶか)	一方的な講義ではなく，個人学習と討議などによる集団学習のバランスを図り，鑑賞対象（資料・展覧会など）に関する参加者の発見（観察・論理的推論・批判・感動）・共感の機会となる主体学習の活動を統合的に盛り込み，民主的な学習経験の機会を参加者と共に形成する。
インストラクターと参加者の関係	教師と生徒という上下関係ではなく，民主的な意見交換による相互尊敬・相互教育の関係にあり，参加者の学習支援者・協働学習者であるインストラクターは参加者から学ぶ。

づかないことを発見できて楽しかった」という感想が老若男女を問わず頻繁に寄せられる。他者を知ることは自己を知る好機である。インストラクターは，参加者の疑問や関心，考察や感動に一参加者として傾聴し，民主的な意見交換による相互学習の機会を共に創造していく。

資料に関する知覚できない情報である文脈情報（資料の歴史的・社会的・科学的価値を含む）は，講義形式では講演者が予め設計した話の流れの中で提供することができるが，参加者の発見力を重視するワークショップでは，文脈情報の提供のタイミングは参加者の反応次第で，質・量共に変化する。ただし，参加者の発見のみに終始し，文脈への考察を欠く場合，探究型学習としては不十分と言わざるを得ない。博物館は，学芸員の研究成果に基づき資料の文脈である概念や法則，出来事，社会現象などを万人が学び得る稀有な研究・教育機関である。

最後に，博物館のワークショップは，民主的な学習共同体形成の場であり，その過程そのものが民主的でなければならない。カリキュラム（何を）だけでなく教授法（どのように）が重要である。参加者は，インストラクターの語る内容だけでなく，その態度からより多くのことを非意図的に学んでいる可能性が高いことに細心の注意を払う必要がある。

③　構成

初めて出会う人々が参加する博物館のワークショップの効果を高めるためには，次の3要素がその構成に含まれることが望ましい。

ア　事前統合（advance organizer）

知的好奇心を刺激して，各人がテーマを自分のこととして考え，初めて出会う多様な参加者間のコミュニケーションを円滑にすることで，個人・集団学習双方の効果を高めるための，学習共同体形成への序となる緩やかな枠組みの形成である（大高，2020）。事前統合ではワークショップの目的と全体の流れを始め，参加者の来館歴・プログラム参加歴やテーマに関連する関心事などを相互に確認し合う。事前統合の成否がワークショップの効果の鍵を握るといっても過言ではない。

イ　有機的に組合せた個人・集団の主体学習（2章表2-2）

この二種の探究活動では，参加者の発達段階にもよるが，まず自分で考える個人学習から始めることが望ましい。個人探究には，ワークシートを用いた観察・スケッチ・試行や制作などを組合せる。鑑賞物のスケッチが資料観察に大きな効果があることは，海外の博物館では広く知られているようだ（岩城，2003）。スケッチは，人文科学系・自然科学系を問わず，幅広い学問分野において，資料の注意深い観察・発見を促す効果的な記録法かつ学習法である。

集団による協働探究活動では，個人学習での観察・考察・感動などを参加者が話し合う会話が重要である。会話は，発見したことを単に確認するに留まらず，互いの意見を傾聴し合い，一緒に考えることで新たな発見を導く，集団による主体学習の場であり，ワークショップの醍醐味といえよう。各人が知覚した鑑賞物の特質に依拠した資料の文脈への論理的推論や他者の多様な意見の傾聴による自己の気づきを促すためには，民主的な会話の過程の充実が必要である。初めて出会う人々との会話において発言をしない参加者が，その学習様式（傾聴・思考）により会話に参加することも，尊重される。

ウ　振り返り（reflection）

事前統合で確認したワークショップの目的や参加者の期待などを再確認し，感想を話し合う集団学習と個人の振り返りをアンケートなどに記録する個人学習で構成される。個人の振り返りの記録は，各人が自己の経験を意味づける好機であるだけでなく，インストラクターが各人の学びの内実を知る手掛かりとして，自身の実践を省察するための重要な資源である。また，参加者がワークショップでの経験と実生活との関連を見出せるように，インストラクターは何らかの提案で締めくくる。実生活における継続的な探究・考察を促すには，複数回によるシリーズ化したワークショップが効果的である。各地の歴史民俗系博物館における「郷土史研究」や「古文書研究」の継続的・主体的学習サークル活動などは，シリーズ化したワークショップの例といえよう。次に，具体例を参照し，これまで学んできた事項がどう関わっているか考えてみよう。

（2）人文科学系博物館の事例から学ぶ

①　ロゥワー・イースト・サイド・テナメント・ミュージアムの『ヴィクトリア・コンフィーノ』

この歴史博物館の展示に組み込まれたプログラム（4章）は，現存するアパート内に20世紀初頭に実在した移民家族の生活を学ぶワークショップである。人気の高いこのプログラムは，14歳のヴィクトリアのアパートを，祖国での困窮生活に終止符を打つべく米国に到着したばかりの不安で一杯の1916年当時の移民の一家に即席で扮する小グループの来館者が訪問し，エデュケーター扮するヴィクトリアから米国で生き抜く術についての指南を請う，ロール・プレイ（役割演技）という手法による想像上の問題解決に取り組む家族プログラムの一種といえる。ロール・プレイは身体・空間を活用した物語創造の過程で，身近な他者や時間・空間的に隔たりのある他者のアイデンティティを考え，演じることで，他者の共感的理解を促す，構成主義教育では普遍的手法の一つであり，演技者間に学習共同体が形成される。

その事前統合では，初めて出会う数人の来館者を仮想の家族に変容させ，その枠組みの中で各自が移民で賑わう約100年前のこのアパート界隈に思い馳せ，これから訪問するヴィクトリアに何を尋ねたいかなどを考える機会を創出する。外国人観光客を含む老若男女８名の来館者がイタリア系移民に扮することになった折，筆者はその一家の「16歳の娘」になったことがある。

事前統合のインストラクターに連れられて好奇心を募らせ階段を上がりヴィクトリアを訪ねると，待ち受けた彼女が台所を含め３室のみの狭いアパートを親切に案内してくれ，電気もガスも浴室もない自宅での，遠い親戚も含む一家のひしめき合う暮らしぶりが会話の中で解き明かされていく。室内の何か分からないモノや，子供の仕事（新聞売りやお針子）や遊びについての質問にヴィクトリアが答えるとともに，私たち家族についてヴィクトリアからも質問され，一緒に物語を創造していく。例えば，16歳の私にヴィクトリアは「女の子は15歳を過ぎたら父親が選ぶ人と結婚するのが普通ね」とあどけなく助言してくれた。このロール・プレイは，再現住居内の観察や見知らぬ道具使用による家事の試行（個人探究）や会話（集団探究）による参加者の関心や疑問に基づく主体学習を，研究に基づいた文脈情報を巧みに交え，物語創造の過程に組み込んでいる（大髙，2012）。

終盤には，過去を現在と切り離して捉えるのではなく，過去の他者に

図6－1　実在したコンフィーノ家の再現された居間

ついて当事者の身になって考察して発見したことが，互いに支え合う未来社会創造に役立つことを促すよう，今日の社会における移民などの困窮者の存在へも話題が及び，ロール・プレイの参加者によるその経験の意味づけ（感想）が振り返りとして共有される。

②　ウポポイ民族共生象徴空間の「伝統的コタン」での『コタンの語り』

ウポポイ（4章）の「伝統的コタン」のチセ（家）の囲炉裏端（いろりばた）などで行われるプログラム『コタンの語り』ではアイヌの伝統衣装を身にまとったファシリテーターが身近に見聞できるアイヌ語を問うクイズがある。北海道に多い地名の「ベツ」（登別（のぼりべつ）など）は川，雑誌名にもある「ノンノ」は花だそうだ。また，子守歌などのアイヌの伝統的口承文芸

図6－2　梁につるしたゆりかご（シンタ）の赤ちゃんにアイヌの伝統的子守歌を聞かせる実演

も実演される。クイズ（問題解決の手法）や実演は，上記の『コンフィーノ』同様，再現されたアイヌの伝統的生活の文脈の中での会話による相互学習（人的相互作用）により，博物館の展示では見過ごしてしまうかもしれない，アイヌの伝統文化の心髄に共感的に触れる主体学習の機会を提供している。

③　つなぎ美術館の『アートプロジェクト』

つなぎ美術館（2001年開館・熊本県津奈木町）がアーティストを招へいし住民と意見交換しながら制作活動をしてきた『住民参画型アートプロジェクト』（2008年開始）は長期的シリーズのワークショップである。

2019～21年の3カ年の『柳幸典つなぎプロジェクト』では，柳と実行委員を務める地域住民とが対話を重ね，豊穣の世界を描く石牟礼道子の文学作品に着想を得て地域資源を活用したプロジェクトを展開した。水俣病の被害を被った一地域でもある津奈木町では，石牟礼の作品によって水俣病が知れ渡り風評被害が広がったと考える人も少なくない（楠本，2020）。同プロジェクトの成果展『Monologue and Dialogue』（2020年）では，柳と実行委員会との対話により，地域内外の無数のMonologue（独白）が柳と作品によってDialogue（対話）へと導かれる過程を，柳の素描や実行委員会の活動を伝える写真，模型などで紹介した。プロジェクトの一つは，不知火海に面する廃校になった津奈木町立赤崎小学校（**図6－3**）のプールとその付随設備を宿泊施設としてリノベーションするという，石牟礼の詩「入魂」を引用した＜入魂の宿＞（**図6－4**）

図6－3（左），図6－4（右）　旧赤崎小学校（左）と＜入魂の宿＞の模型（右）

で，「『海に魂が入る』と石牟礼が表現するところの，海と天が結び合う瞬間を描いた美しい詩の世界を，地域資源の再生によって造形できればと願っている。」という柳の言葉も展示された。

2013～15年の３カ年のアートプロジェクト『赤崎水曜日郵便局』も，この海辺の廃校を拠点として，４人の局員（アーティストなど：遠山昇司，五十嵐靖晃，加藤笑平，玉井夕海），６人の実行委員（住民）と美術館職員の企画・運営により展開された。「水曜日の物語」をしたため全国からこの仮想郵便局に郵送された匿名の手紙の複写を，無作為にほかの差出人に赤崎水曜日郵便局のオリジナル消印付きで転送し，物語を交換し合うというもので，9,301通の手紙には，老若男女の悲しみ，喜び，驚き，平凡な日常の出来事など，様々な物語が素直に綴られていた。受け取った文面に自分の悩みに対する回答を見出し，励まされたという手紙も珍しくなく，このプロジェクトが多くの人々の心の支えになっているということを真摯に受け止めた楠本智郎学芸員は，この物語の集積を「現代の万葉集」に例えるならば，第一級の文学史料としての価値を見いだすこともできるかもしれないと指摘する（2016，p.251）。津奈木町の10代の複数の人からも手紙が寄せられた。楠本は，様々なアイデアが錯綜する常に可変的なこの過程を共有したことは，地域にとっても大きな財産になったはずだと考える（2016，p.252）。

つなぎ美術館のアートプロジェクトは，地域住民参画型の長期的な意見交換のワークショップとして，個人や人々の多様な価値観の民主的対話の場を美術館や地域内に限定せずに創造し，その過程を通して，多くの人々の間に新しい価値観を，住民の間には地域の誇りを，時間をかけて形成してきたといえよう。プロジェクトはそうした芸術でもある。

『赤崎水曜日郵便局』プロジェクトは，一般図書『赤崎水曜日郵便局』（2016年）でもその全容と一部の手紙を紹介している。また，2021

年には，館の収蔵品となった実物の手紙の一部とこの書籍の小池アミイゴの挿画・挿絵を『赤崎水曜日郵便局　水曜日の消息』展で展示した。ソーシャル・メディアなどの瞬時に届く短いメッセージに比べ，時間をかけて綴られ，届けられた肉筆の便りの温かさは，直接的な対話の機会が制限され，「当たり前」の恩恵と不確かさを知るきっかけともなった2020年のコロナ禍以後一層心に響き，慌ただしい今日の生活を問い直し続けているかのようだ。

このように，つなぎ美術館は，展覧会やアートプロジェクトを一体として提供し，その記録を出版物や館のウェブサイト上で丁寧に公表してきた。ワークショップの実践では，その過程の記録を残し，意義を問い続けることも重要である。こうした記録は様々な博物館の今後のワークショップへの貴重な資源となっていく。

3．内容・教授法に関する専門職の業務と求められる職能

（1）事前・事後の業務

館の規模によって多様ではあるが，ワークショップの効果を高めるためのインストラクターの基本的業務は，5章の展示補助教材の基本的評価基準（**表5－2**）と同じ事項をワークショップにも援用し，館全体で組織として①事前に計画・準備し，②事後に振り返り，③記録の共有・活用を図り，継続的な改善・発展を展開する，経営サイクル（Plan⇒Do⇒Check⇒Action（=Plan））による業務の計画的・組織的な推進を含む。

事前業務では，資料の研究に基づき，常設展や企画展の趣旨を反映するテーマとハイライトとなる鑑賞資料を選択することに始まり，目的・対象者・教授法・人数・ワークシートなどの補助教材・展示室レイアウトと動線・混み具合・時期・対象者別時間帯（週末か平日の夜かな

ど）・申し込み方法・担当業務の役割分担・参加者の振り返り法・記録法などについて，館の役職員（展覧会企画者・広報担当者・管理部門など）や外部の協力者・連携者・協働実施者（学校教師・他の機関担当者・外部講師など）と相談を密にしながら，展覧会企画と同時進行で計画することが望ましい。

事後は，参加者の振り返りアンケートの結果を基に，プログラムの効果的な点・改善点を関係者が省察し，記録を共有化して今後に役立てる。実践に基づく事例研究（アクション・リサーチ）を継続的に行うことは，インストラクターの重要な仕事である。学会などでの研究発表の積み重ねが，博物館教育の実践の向上と理論の発展の糧となるといえよう。

（2）インストラクターの職能の全体像

ワークショップのインストラクターには，①鑑賞物あるいはその可能性のある資料，展覧会，博物館の人的・物的資源に精通した，資料・博物館学に関する専門知識及び②参加者の個人学習・相互学習を設計・調整して民主的な学習共同体をその一員として形成し得る専門職能，すなわち，教育学・心理学の基礎理論に基づく柔軟で省察的な実践の積み重ねによる卓越した教授法の修得が求められる。

博物館のワークショップのインストラクターの役割は，茶の湯において鑑賞物に精通し，客の心を理解してこそ成立する茶会という民主的な鑑賞の場の会主である亭主に通ずる（大高，2013；Otaka，2014）。千利休が追求した茶会の真髄は，「和敬清寂」の精神に基づき亭主が客をもてなすことであった。茶会は，日常の雑事から離れた「和」やかで「相互尊敬」に満ちた時空間の中で，茶会のテーマを表す床の間の掛け軸を始め，ほのかな香（こう）の香り，かすかな釜鳴りの音，茶碗の肌合いや重さ，茶の味などを，五感を研ぎ澄まして各自鑑賞して心を「清」め，一同がその感想などを語り合う，静かで省察的な機会（「寂」）である。「敬」の精神には，亭主が「一期一会」の茶会のために選りすぐった鑑賞物に敬意を表し丁寧に味わうことや，それらの源である自然への敬意も含まれる。

近代の装置である博物館が日本に誕生する前から，日本には「鑑賞」と「会話」の豊かな伝統があったが，茶会はその一例であり，多忙を極める今日の様々な博物館利用者を対象とするワークショップ及びそのインストラクターにとって示唆に富む。「和」の精神は，皆が同じということを意味するわけではない。初めて出会う多様な人々との会話においても，各自が自身の意見を発言しやすい和やかで民主的な雰囲気を皆が協力して創造することを意味する。

海外の博物館で導入されているエデュケーター（教育学芸員）は，日本の博物館が真剣に教育活動に乗り出すならば不可欠な人員であると考えられる（岩城，2003）。とはいえ，インストラクターの力量が最も問われるワークショップは，資料と教授法に精通する教育担当学芸員が実施することが望ましいといえよう（大高，2013）。小規模館では展示企画学芸員がインストラクターを兼務することが多い。卓越したインストラクターのワークショップでは，自己教育と相互教育が巧みに展開され，参加者は「偉い人から教わった」と思うことなく，民主的な学習共同体の**一員になり**，多くのことを主体的・共感的に学ぶ。

さらに，今日の博物館ワークショップのインストラクターは，社会問題など博物館利用者が実生活で直面する様々な課題について，自身も一参加者として多角的な考察の機会を創出し得る教養も必要である。利用者の様々な課題を共に考えるべく，博物館の資料・展覧会・建物・庭園などの資源を有機的に活用することは，研究者・教育者としての学芸員の重要な仕事といえよう。

引用・参考文献

岩城卓二「歴史教育と博物館」国立歴史民俗博物館編『歴史展示とは何か』pp. 155-192（アム・プロモーション，2003年）

大髙幸「ニューヨークのミュージアムでの視覚障害者の学びとエデュケーターの役割」広瀬浩二郎編著『さわって楽しむ博物館』pp. 184-196（青弓社，2012年）

大髙幸「人と人をつなぐミュージアム・エデュケーターの職能と博物館組織の可能性」日本ミュージアム・マネージメント学会会報68号（2013年12月）

大髙幸「会話による美術鑑賞プログラムへの視座：英語によるプログラム「Let's Talk Art!」」東京国立近代美術館『現代の眼』634号 pp. 10-11（東京国立近代美術館，2020年1月1日）

ガードナー，ハワード（黒上晴夫監訳）『多元的知能の世界―MI 理論の活用と可能性』（日本文教育出版，2003年）

楠本智郎「水曜日の消息」楠本智郎編著『赤崎水曜日郵便局』pp. 250-253（KADOKAWA，2016年）

楠本智郎「Monologue and Dialogue」つなぎ美術館編『柳幸典つなぎプロジェクト』［記録集］p. 3（編者，2020年）

竹内有理「観客から見た歴博」国立歴史民俗博物館編『歴史展示とは何か』pp. 135-154（アム・プロモーション，2003年）

寺島洋子「人文科学系博物館のプログラム：博物館のプログラムにおける学習の特徴」寺島洋子・大髙幸編著『博物館教育論』pp. 78-81（放送大学教育振興会，2012年）

中村和夫『ヴィゴツキー心理学　完全読本』（新読書社，2004年）

Falk, J. (2009). *Identity and the Museum Visitor Experience. Walmnut Creek*. CA, Left Coast Press.

Otaka, M. (2014). *Museum Family Programs : A Pedagogy on the Principles of the Art of Tea in Japan and Implications for the Development of Democratic Communities*. Paper presented at the International Society for Education through Art World Congress 2014, Melbourne.

7 美術館におけるプログラム

酒井敦子

《目標＆ポイント》 美術館でも様々な教育プログラムが実施されている。展覧会や作品についての解説，講演会やシンポジウムなども大きな需要があり，参加者の学びの場となっている。こうした情報伝達を主としたものを含む多種多様なプログラムの中で，本章では，ワークショップ，ギャラリー・トークを中心に事例を紹介する。この二つについては第6章で述べられた通りだが，美術館でのプログラムは，美術館が扱う「美術」という概念，そして作品の中でも，社会との関係性においても，絶えず問われてきた「美術館」のあり方とも関連している。ここでは1970年以降の日本における美術館教育の流れを追いながら，美術館におけるプログラムの事例を見ていく。
《キーワード》 ワークショップ，ギャラリー・トーク，主体学習，鑑賞教育，社会的包摂

1．拡張する「美術」と変化する「美術館」のあり方

美術館でのプログラムを考える前提として，美術館が扱う「美術」について触れておきたい。美術（芸術）とは，人が作り出した美的な価値をもつものを表すのに用いられるが，それは地域，文化，そして時代によっても異なる（ライデッカー，1993，p.9）。20世紀以降においては，既存の美術，芸術の概念を問う作品が生まれた。美術はいまや，視覚にとどまらず，様々な感覚に訴えかけ，空間的，そして時間的な広がりをもみせている。絵や彫刻のような物質に留まらず，例えば，空間をも含むインスタレーション，作家の身体が作品を構成するパフォーマンス，

そしてその「場」や「人との関係性」などをも含むリレーショナル・アートと呼ばれる作品，その延長線上で，コミュニティーへの参加や共同作業，対話を通じて社会変革を求めるソーシャリー・エンゲイジド・アートと呼ばれる作品群なども生まれている。美術は，「固定された閉じた対象領域ではない（長田，2011）」のである。

次に博物館の一つとして，「美術館」について考えてみると，現在においては博物館は決まった価値を啓蒙する場ではなく，来館者が参加し，意見を述べ，多様な見方が交差する場であるという考えが主流となっている。例えば，ダンカン・キャメロンは従来の美術館を価値が定まったものを崇拝する「神殿」と表し，それと並んで議論がなされる「フォーラム」としての機能の必要性を提示した（Cameron，1971）。また，1977年に開館したパリのポンピドゥ・センターは展示会場だけではなく，図書館や，造形活動のできるアトリエなどを含む複合的な文化施設として，「開かれた美術館」を提唱した。日本においても，竹内順一の考えを発展させる形で，伊藤寿朗によって，博物館の役割は「保存」中心の第一世代から，「公開」中心の第二世代を経て，市民の「参加」中心の第三世代への転換が論じられている（伊藤，1993；3章）。美術館もしかりである。

2. ワークショップ

ワークショップとは，「作業場，仕事場」のほか，「研修集会」などの意味をもつ英単語だが，教育，ビジネスの現場でも用いられ，説明が一方的な講義と対比して，参加者が主体的に参加する学びの場，その手法の呼称として定着している。美術館では，1980年代にワークショップという言葉の使用がみられるようになった。この頃は，理念，定義が確立していた訳ではないが，展示以外の面で美術館の「可能性を示す活動」

（降旗，2008，p.15）であった。技法の習得を目的とする実技講座などの制作だけでなく，展示作品理解への様々なアプローチを含むと同時に，美術そのものの本質を問う，ひいては美術を通じて参加者自身や日常生活に新たな視点で向き合う活動が含まれ，様々な試みがなされてきた。

（1）1970年代以降の美術館建設ブームと教育活動の新しい機運

日本の美術館における教育活動において，1970年代～1980年代の建設ブーム時は一つの転換期といえる。兵庫県立近代美術館（1970年），千葉県立美術館（1974年），群馬県立近代美術館（1974年），東京都美術館（1975年に新館開館），山梨県立美術館（1978年）など，60年代からの高度経済成長を背景に県立美術館が次々に建設された。さらに，1980年代にかけて市区町村立を含む美術館が次々と設立される。板橋区立美術館（1979年），宮城県美術館（1981年），世田谷美術館（1986年），目黒区美術館（1987年），横浜美術館（1989年）などである。

これらの美術館は，建築の構造上の特徴が，当時の美術館のあろうとする姿を物語る。大きなエントランスホール，多様な美術展に対応できる均質な展示空間，そして図書館，喫茶室などの共有空間のほかに，講堂，実技室などの教育活動に使われる空間を有し，市民が活用することを目指す，物理的に開かれた場となっている。

1970年代から80年代にかけて，教育普及活動に可能性を見出し，積極的に関わる学芸員が現れた。美術の今をどう伝えるのか，そしてより多くの人をどう取り込んでいくのかを模索する中，日本の美術館教育普及活動が動き始めたのである。

例えば，1975年の新館開館を契機に「文化事業」に力を入れた東京都美術館では，作家による実演と学芸員による説明を組合せた「公開制作」や，技術を教えるのではなく，色，形といった「造形の基礎」を扱うことを特徴とした「造形講座」など先駆的な活動が行われた(1)。板橋区立美術館では，「夏休み子供アトリエ」，「アート・ナウ」などが実施され，前者においては，大学生をアシスタントとし，年齢の近い子供とコミュニケーションをとりながら「教える／教えられる」ではなく一緒に楽しむ関係性の中で，時間をかけてダイナミックに素材と戯れる場を創出し，後者においては，アーティストを登場させ，レクチャーのみならず，パフォーマンス，インスタレーション，演奏など，表現活動を披露した（大月，2009，pp. 26-33）。

（２）1980年代以降　ワークショップという呼称の登場

1980年代に開館した宮城県美術館，目黒区美術館，世田谷美術館，横浜美術館などでは，1970年代の流れを受け，実技系を専攻した学芸員たちによる，ユニークな教育普及活動が生まれた。ワークショップという言葉も使われ始め，その内容も言語化され始める。その例として宮城県美術館と目黒区美術館について紹介する。

1981年に開館した宮城県美術館は，美術館の構想段階より，観者の参加を求め，日常的な生活と結びつこうとする当時の美術の傾向を考え合わせ，市民による創作活動の参加が想定されていた（宮城県美術館，1986）(2)。美術館建設の協議の場に教育普及担当者も含む学芸員が加わったその建物は，二つの創作室を有する。そこには各種の道具や機器が揃い，「オープンアトリエ」として，開室時にはいつでも個人で使用でき，教育普及部スタッフに，作品を見た時の疑問，創作の際の表現方法や技法などの質問をすることができる。また，開館当初より「見るこ

---

(1)　『開館90周年記念アーカイブ資料展示「造形講座と東京都美術館」』リーフレット，東京都美術館，2016年　https://www.tobikan.jp/media/pdf/2017/archives_90th.pdf　2021年９月28日取得

(2)　1974年に作成された「宮城県美術館（仮称）建設に対する基本的要望について」の中に含まれる，三井滉による「美術について考える」に記載されている。

とと同様の感覚で創ることを通して美術の基本について考える場（宮城県美術館，1986）」としての「ワークショップ」と呼ばれる様々な活動が展開された。同館の教育普及活動生成の理念について調査した瀧端真理子，大嶋貴明は，普及部学芸員として専門に教育普及活動の組み立てを担当することになった齋正弘のワークショップに対する考えについて，「美術を“心の自由さの問題”と捉え，各個人が手持ちの資源を組み立て直し，本質的な自由を手に入れる方法（瀧端，大嶋，2005，p. 109）」だと整理している。

1987年に開館した目黒区美術館には，エントランスホールを入ってすぐのところに，ワークショップや展示など多目的に使えるガラス張りのスペースが設けられている。そこでの活動を積極的に公開していくことが建築段階に美術館側の要望として盛り込まれた（降旗，2008，p. 20）。

同館では，展覧会担当者が併せて関連プログラムを実施するという分担がなされており，展示と密接に連動した教育活動が展開されてきた。「手と目」を動かすことによる感覚機能を総動員する美術体験に着目した降旗千賀子元学芸員は，展示と関連プログラム（作家と共に制作するなどのワークショップ）を含む全体の活動を「ワークショップ・手と目の冒険広場」という呼称とし（ここでは展示も含む活動全体を指す言葉としても「ワークショップ」という言葉が使われている），木，金属，紙などの「素材のふれあい」シリーズを展開した。そのほか，色材に着目した「色の博物誌」シリーズ，素描などの線に関する「線の迷宮」シリーズなどに加え，身体性を取り入れたワークショップも数多く実施された。降旗は，ワークショップの目的は作ることではなく，「自分がいかに能動的になれるか」だという。その「能動的な視線の獲得」は生きていく上で大切な力であり，美術の力の有効性が成り立つものだ，とその重要性を説いている（降旗，2011，p. 73）。これまでの積み重ねから，目黒区美術館では現在，同館のワークショップについて，「さまざまな人たちと，テーマ，時間，場を共有して，美術に取り組み，新しい“自分”を楽しく発見する創造活動」であり「“作品のなりたち”や“画材として使われる素材・技法”をとことん追求し，年齢を超えてすべての人が楽しむことができる」活動だと定義している(3)。

（３）近年の事例：宮城県美術館　ワークショップ「絵画の実験　誠実なまなざしへ」

具体例として，2020年に筆者が参加者として体験した宮城県美術館での「絵画の実験　誠実なまなざしへ」というワークショップ(4)を紹介したい。19世紀に活躍し，後世の美術に多大な影響を与えたフランスの画家，ポール・セザンヌの晩年にみられる描き方で，水彩画・スケッチをする本ワークショップでは，その目的は「上手」といわれる絵を描くための技術習得でも，自分の表現を全うすることでもない。「絵画の実験」というタイトルの通り，様々な試みを通じて探求するその過程が，主な活動である。

参加者は創作室に到着するなり，イーゼルを前にして水彩画の画像を，水彩絵具で模写する。絵具の扱いに慣れてきたところで，その画像はセザンヌのスケッチ画《In the Woods》（1900）であることが明かされる。その後，２日間にわたるワークショップで取り組むテーマが発表される。それは，目の前にある物を「物ではなく，関係を描くこと」。そのためには，「視線が止まったところだけを誠実に描く，輪郭線の外側から描く，描かれる諸点は手前，奥との比較によって，つまり関係性をみて決定する」という「描き方」というよりも「見方」の指示を含んだ禅問答ともとれる課題だ。部屋の中央には石膏像，陶器，ガラス瓶，鞄，布などのオブジェが積み置かれており（**図７－１**），それを見ながら

(3)　目黒区美術館　https://mmat-wifi.jp/workshop-s2　2020年12月９日アクセス
(4)　宮城県美術館　https://www.pref.miyagi.jp/site/mmoa/education-education-08-2020-12-19.html　2021年７月１日取得

描く。途中，セザンヌの物の見方，技法，表現方法について，自身も美術作品の制作に携わる大嶋貴明学芸員（当時）の洞察が紹介される。その際，参加者は学芸員に質問をしたり，アドバイスを求めたりしながら課題の意味を考え，紙に向かって筆をおいていく。描くことと情報を得て考えることの往来，そしてほかの参加者との対話の中で，試行錯誤が繰り返される。最後は，それぞれ手がけた水彩画を皆で見ながら個々の参加者に対して今後も描き続けることを促すような学芸員からのコメントで締めくくられた。

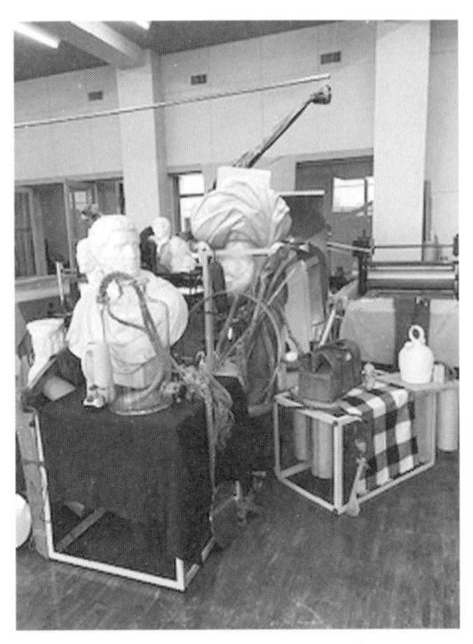

図7-1　宮城県美術館「絵画の実験室　誠実なまなざし」の創作室の様子

参加者による水彩画が様々であるように，このワークショップで行き着いた到達点も異なるのであろう。水彩絵具が出す表情を存分に味わった参加者もいるだろうし，セザンヌの作品について理解を深めた者もいるだろう。そして，問題提起ともいえる見方，描き方を試行錯誤することで，自身の世界に対する視点，固定観念への気づきを得る者もいるに違いない。作品の理解を超えて，参加者自身の内省，物事への見方の変容が喚起されるワークショップであった。

3．会話形式のギャラリー・トーク

作品の前で行われるギャラリー・トークも，多くの美術館で開催されているプログラムの一つである。担当学芸員などが展覧会，作品の見所を説明しながら展示室を回る解説型のギャラリー・トークに並び，双方向のコミュニケーションが重視される会話形式のギャラリー・トークも，盛んに行われている。担当者は，一方的に知識を提供することはせず，問いを投げかけ，参加者が作品を自身の目でよく見て，考えを言葉にすることで主体的に作品に向き合うことを促す。ワークショップの一形態ともいえる会話形式のギャラリー・トークについて掘り下げたい。

(1) ヴィジュアル・シンキング・ストラテジーズ（VTS）

会話形式のギャラリー・トークは，ニューヨーク近代美術館（MoMA）で開発されたヴィジュアル・シンキング・ストラテジーズ（ＶＴＳ）が日本に紹介されたことに端を発し，日本国内の美術館で広く取り入れられるようになった。

1991年，MoMA で始まった VTS は，近隣の教師たちの協力を経て実現した指導方法である。教師は「ファシリテーター」として，「作品をよく見る」，「観察した物事について発言する」，「意見の根拠を示す」，「他の人の意見をよく聴いて考える」，「話し合い，さまざまな解釈の可能性について考える」ことを促していく。これらを達成するのに，「この作品の中で，どんな出来事が起きているでしょうか？」「作品のどこからそう思いましたか？」「もっと発見はありますか？」の３つの問いかけを軸に参加者から言葉を引き出す。そして参加者の発言に応えることも重要で，参加者の発言を的確に言い換え（パラフレーズ），発言同士を繋げること（リンク）がファシリテーターに求められる。その間，ファシリテーターは情報を与えることも，発言を訂正することもしない。この手法は当初から学校教育の現場で用いられてきたが，元ニューヨーク近代美術館教育部長のフィリップ・ヤノウィンによれば，直接教授法と呼ばれる学校で広く行われる通常の授業とは補完的に作用する。

VTSで主体的な学びを得て自らの能力に自信をもった生徒は，そのほかの授業においても複雑な課題をこなすことができるのだという（ヤノウィン，2015，pp. 10-59）。

（2）主体的な探求，解釈を目指して

対話を介して，参加者を主体的に作品に向かわせ，自身の目で観察し，それらを根拠に解釈し，他者の意見に触れることで自身の考えを再検討及び深化させるという目的は共有されるものの，その方法はVTSだけではなく多様である。例えば，現在のニューヨーク近代美術館のホームページには，「作品を使った授業のための5つのコツ」という動画で，「はい，いいえでは答えられない開かれた質問（Open-ended questions）をすること」「情報は生徒の反応を見ながら小出しにすること（Layer Information）」「書くこと，描くこと，もしくはポーズをとるなどの身体性を伴う活動を取り入れること（Incorporate Activities）」「作品と参加者の個人的な経験，情報などと関連性をもたせること（Make Connections）」「振り返り（Reflect）」と紹介されている(5)。また，同じくニューヨークを拠点に，教員，美術館でのエデュケーターとしてもキャリアを積んできたニコラ・ジャルディーナは，作品の解釈に向けて，まずは観察，次に根拠に根差した推論，そしてそれらを統合していく作業の中で，適度な情報を提供することを提唱している（Giardina, 2018）。米国の美術館における鑑賞教育について調査を行った一條彰子，寺島洋子によると，実際に，ニューヨークの複数の美術館で実践されている学校団体への会話形式のギャラリー・トークでは，多様な質問を用いて学習者主体で進められるものの，適宜，作品情報を与えているという（一條・寺島，2014，pp. 1-12）。

会話形式のギャラリー・トークは現在，日本でも多くの美術館で実施

---

(5) "5 Tips for Teaching with Works of Art" MoMA Learning　ページ内で配信
https://www.moma.org/learn/moma_learning/　2021年12月12日取得

されている。その背景には学習指導要領に美術館の活用が組み込まれ，学校との連携や鑑賞教育への関心の高まりが挙げられる（10章）。また，美術館は美術についての一つの価値を押し付けるのではなく，意見を交わす場であるという考えが浸透したことにも相関する。上述したのは，学校の授業を想定した取り組みだが，美術館では幅広い対象に向け，様々な活動と組み合せて実施されている。

（３）国立西洋美術館のファミリー・プログラム「どようびじゅつ」

1959年に開館した国立西洋美術館は，ル・コルビュジエによって設計された本館が2016年に世界文化遺産に登録され，絵画，彫刻などのコレクションと並び，建築も重要なリソースとして様々なプログラムを展開している。一方，制作するためのスペースは元々なく，別の用途に使われていた小さな部屋をワークショップ室として利用している。教育普及専門の職員が採用されたのも1994年であり，既に述べた公立館での新しい動きを参考にしながらも，自館のリソースを活かして教育活動を展開してきた（寺島・横山・阿部，2015）。

2004年以降，継続的に行われてきた「どようびじゅつ」は，６歳から９歳の子どもとその保護者を対象にしたプログラムで，ファシリテーター役のボランティアの案内のもと，参加者は展示室の作品を鑑賞したり，ゲームや創作などの様々な体験を通して作品との関わりを深める。様々なテーマでプログラムが組まれるが，その中から2019年に実施された「ボン・ボヤージュ！」を取り上げる。

事前統合として，「良い旅を！」というタイトルを示しながら，テーマは旅であること，そしてスケジュールが伝えられる。ボランティアがファシリテーターとなってギャラリー・トークを行い，子どもと保護者がいっしょに作品を見る。そのうちの一点，ジャン=フランソワ・ミレーの《春（ダフニスとクロエ)》の前では，例えば，「どんなものが描かれている？」「この人物は何をしているのかな？」「ここはどんな場所？」と観察を促す質問に続き，「季節はいつ？」「どんな音が聞こえると思う？においは？」「それはどうして？」と推論を促し，根拠を問う。そして「あなただったら，ここでどんなことをしてみたいと思う？」と想像を促し，自分なりの考えを引き出す（**口絵6**）。

次に，自分が中に入ってみたい作品を選び，そこで何をしたいかを家族で話し合った後，ワークショップ室へ移動する。用意された紙箱をトランクケースに見立て，行きたい場所として選んだ作品の画像を貼り，見た時の印象や，自身が想像したこと，してみたいと思ったことなどをコラージュにする。例えば，ギュスターヴ・クールベの《罠にかかった狐》を選び，その場に行って狐を助けてあげたいと考えた8歳女児は，狐への励ましを込めてカラフルな色紙で装飾し，描かれたモチーフに対する自身の思いを形にした。最後に，参加者全員で制作物を見せ合い，それぞれが制作するにあたって考えたことを述べ，終了となる。保護者も，子どもの付き添いではなく参加をするのが本プログラムの特徴で，作品について教え込まれることはなく，見たものを根拠に自由な解釈が許され，能動的に作品に関わることが促される。

4．眼差しの共有，気づき，そして新たな価値の創出

美術館でのプログラムにおいては，作家の存在も大きな要素である。制作過程を共にしながら，その作家と視点を共有し，作品との関係をより深める，共に新しい美術の形を模索する，または，参加者自身の日常の中に新たな視点を獲得する，といった多種多様なプログラムが行われている。

近年，美術を完成された物としての作品だけではなく，その制作過程

やそこで起こる出来事も含む捉え方は，社会的包摂に繋がる芸術活動を考える際の「芸術のモノとしての側面」ではなく，「コトとしての側面を強調する」捉え方（文化庁×九州大学共同研究チーム，2021）とも重なる。社会的包摂とは，「障害，高齢，貧困など，社会的に弱い立場の人を孤立させることなく，違いのある人たちを，違いを尊重したまま受け入れる社会を目指し，共生していこう」という考えで，2017年に制定された「文化芸術基本法（「文化芸術振興基本法」改正）」第2条第3項にも「国民がその年齢，障害の有無，経済的な状況又は居住する地域にかかわらず等しく，文化芸術を鑑賞し，これに参加し，又はこれを創造することができるような環境の整備が図られなければならない。」と謳われている。

本章の最後に，美術館（もしくは美術館学芸員）が作家と制作段階から関わることで，障害者やマイノリティと呼ばれることの多い人々との間に，「助ける側」と「助けられる側」という関係性を超えた包摂のあり方を模索した茅ヶ崎市美術館での『美術館まで（から）つづく道』展を紹介する。

2019年に開催された本展では，事前に行われたインクルーシブ・デザインの手法を活用したフィールドワークに参加した作家達が，車椅子ユーザー，視覚障害者，小さな子を持つベビーカーユーザーといった「感覚特性者（本プロジェクトでは障害として捉えるのではなく，個々の感覚に焦点を当てることからこのように呼ぶ)」と一緒に美術館周辺を歩いた経験を基に作品を制作し，それらが発表された。

インクルーシブ・デザインとは，何を作るかを先に決めるのではなく，企画設計の段階からユーザーが参加し，共に活動するところから作るものを考える手法である。障害者や高齢者，子どもといった割合的に少ない人たちに向けて一緒に考えていくことで，健常者を含むより多くの人にも使いやすい商品を生み出す方法として近年使われている(6)。藤川悠学芸員は，弱視の人に，駅から茅ヶ崎市美術館までの複雑な道のりが「迷路のようで面白かった」と言われたことをきっかけに，多角的な視点や個々の感覚で物事を捉えることの重要性についての着想を得て，本プロジェクトは始まった。作家と「感覚特性者」が共に茅ヶ崎市美術館までの道を歩くフィールドワークを経て，そこでの気づきを感情マップに落とし込み，粘土や絵具，楽器などを使った創作活動を通して，整理していく。この過程を経て，互いの違いを認め合い，誰もが一人ひとり異なる感覚をもつ「感覚特性者」であるという気づきにたどりつき，それがインスピレーションとなって，作家は様々な

図7-2　茅ヶ崎市美術館「美術館まで（から）つづく道」展 MATHRAX〔久世祥三＋坂本茉里子〕《うつしおみ》制作協力：小倉慶子，リルハ　香料開発：稲場香織　作家及び香りの研究者が，盲導犬ユーザーと盲導犬と共に茅ヶ崎を歩くフィールドワークを行い，そこでの気づきを整理するワークショップを経てつくられた作品。木の台にそって，その上にある様々な形のオブジェをさわりながら歩いて回ると，そのさわり方に呼応して光が変わり，音がする。そして，各所で異なる香りが空間に放たれる。

---

(6)　マルパ・ワークショップ　茅ヶ崎市美術館　「美術館までつづく道」レポート（その2）―講演会「インクルーシブデザイン×デザイン思考を美術に活用する方法」―『茅ヶ崎市美術館スタッフブログ』2018年5月22日，http://www.chigasaki-museum.jp/blog/?p=1402　2020年12月28日取得

(7)　「美術館まで（から）つづく道」リーフレット。
https://www.chigasaki-museum.jp/cms/wp-content/uploads/2021/06/tsuzuku_leaflet.pdf　2021年9月7日取得
「美術館まで（から）つづく道」展覧会ドキュメント〔記録集〕
https://www.chigasaki-museum.jp/cms/wp-content/uploads/2021/06/tsuzuku_document.pdf　2021年9月7日取得

観点，感覚を内包する新たな表現を生み出す。作家は表現者として，「感覚特性者」は制作協力者として共に作り手側として関わる。こうして生まれたその作品は，視覚，聴覚，触覚，嗅覚とあらゆる感覚に訴える(7)（図7－2）。

5．まとめ

1970年代以降の日本における美術館のあり方の変化と教育活動の潮流を追いながら，美術が固定されない概念であるがゆえの，参加者との有機的な関係に着目し，いくつかの事例をみてきた。参加者の主体性，能動性を促し，制作などの体験や，そこに居合わせる人との間の対話による相互作用を通じて，物事の見方を広げ，新しい考えを引き出す実践が多くの美術館で行われている。マイノリティとされる人たちも含む多様な立場の人が，それぞれの違いを認め合い，普段の立ち位置や既存の関係性を超えた新たな価値の創造に繋がる取り組みも生まれている。こうした事例は，今日の美術館の社会的役割が一層重視されてきたことの表れといえよう。

引用・参考文献

一條彰子，寺島洋子「米国の美術館における鑑賞教育—所蔵作品を活かしたスクールプログラムの調査結果に基づく一考察」『日本美術教育研究論集』2014　No.47　pp/1-12（2014年3月）

伊藤寿朗『市民のなかの博物館』（吉川弘文館，1993年）

大月ヒロ子　インタビュー 目黒区美術館編『フォーラム・連続公開インタビュー　美術館ワークショップの再確認と再考察—草創期を振り返る』pp.26-33（富士ゼロックス，2009年）

河合晴生　インタビュー 目黒区美術館編『フォーラム・連続公開インタビュー美術館ワークショップの再確認と再考察―草創期を振り返る』pp. 10-17（富士ゼロックス，2009年）

齋正弘「ファシリテーションの実際」高橋陽一編『造形ワークショップの広がり』pp. 35-50（武蔵野美術大学出版局，2011年）

瀧端真理子，大嶋貴明「宮城県美術館における教育普及活動生成の理念と背景」『博物館学雑誌』第30巻第2号　pp. 91-115，2005年3月

瀧端真理子「宮城県美術館普及部における教育普及活動の展開」『博物館学雑誌』第31巻第2号　pp. 101-130，2006年4月

寺島洋子，横山佐紀，阿部（藁谷）祐子『国立西洋美術館教育活動の記録　1959-2012』（国立西洋美術館，2015年）

長田謙一「視ること／語ること／伝え合うこと―視覚文化社会に〈生きる〉ちからと〈アート〉」『平成22年度　美術館を活用した鑑賞教育の充実のための指導者研修』pp. 108-121（独立行政法人国立美術館，2011年）

降旗千賀子『ワークショップ―日本の美術館における教育普及活動』（富士ゼロックス，2008年）

降旗千賀子「ワークショップで育まれた“人の関係”―目黒区美術館の蓄積」高橋陽一編『造形ワークショップの広がり』pp. 67-81（武蔵野美術大学出版局，2011年）

文化庁×九州大学　共同研究チーム（研究代表者　中村美亜）編『文化事業の評価ハンドブック―新たな価値を社会にひらく』（水曜社，2021年）

宮城県美術館『普及活動の記録 1981-1985』（宮城県美術館，1986年）

ヤノウィン，フィリップ（京都造形芸術大学アート・コミュニケーション研究センター訳）『どこからそう思う？　学力をのばす美術鑑賞　ヴィジュアル・シンキング・ストラテジーズ』（淡交社，2015年）

ライデッカー，ケント「アメリカにおける美術館教育の現状」，『美術館教育普及国際シンポジウム1992　報告書』pp. 8-24（美術館教育普及国際シンポジウム実行委員会，1993年）

Cameron, Duncan (1971) "The Museum : a Temple or the Forum," *Curator*, vol.14, pp.11-24

Nicola Giardina (2018), *The More We Look, The Deeper It Gets : Transforming the Curriculum through Art*, Lanham, Boulder, New York, London, Rowman & Littlefield.

8　自然科学系博物館におけるプログラム

島　絵里子

《目標＆ポイント》 自然科学系博物館で実施されているプログラムについて，博物館の実物資料を用いて実施する学校団体向けプログラムや子ども向けワークショップ，フィールドに出て活動する自然観察会などや，より主体的に博物館を使っていく制度など，事例を紹介しながら考察する。
《キーワード》 実物資料，学校団体，子ども向けワークショップ，自然史博物館，自然観察会，友の会，はしかけ，フィールドレポーター

1．自然科学系博物館とは

自然科学系博物館には，自然史博物館や，科学館，理工博物館，動物園や水族館，昆虫館，植物園などがある。自然科学は，主として自然現象に関わる現象や発見を扱う。身近なドングリやタンポポ，アリなどの生き物の不思議から，天文や物理現象，電磁気学，そして，それらを応用したロボットやロケットなどの科学技術や宇宙など，対象は幅広い。平塚市博物館の浜口哲一元館長は，長年に亘って自然観察会を開いてきたが，自然観察から続く道の一つに，自然科学を挙げる一方で，それ以外にも，自然の中での多様な動植物の姿とふれることは，ものの見方や発想の多様さにつながると述べている（浜口，2006，pp.12-16）。自然科学というと遠い世界のような響きがするかもしれないが，それは自分の足元にも，自分の体の中にも，目を向ければ身近なあちらこちらに，自然の不思議，道具や機械などの仕組みの不思議が広がっている。自然

科学系博物館では，観察や，自分自身の体を動かして確かめることなど，様々なプログラムが企画・実施されている。本章ではそのねらいや内容を詳しくみていきたい。

どの博物館においても，プログラムは，その館・園の使命や理念を土台にして企画・実施されている。そこで，初めに，本章及び13章で紹介する館・園の使命や理念を概観したい（**表８－１**）。

表８－１　自然科学系分野を扱う各博物館の使命や基本理念（下線は筆者による）

国立科学博物館 （1877（明治10）年創立(1)）	＜使命＞(2) 自然史及び科学技術史の中核的研究機関として，また我が国の主導的な博物館として調査・研究，標本・資料の収集・保管・活用，展示・学習支援活動を通じ，人々が，地球規模課題を含む地球や生命，科学技術に対する認識を深め，地球と人類の望ましい関係について考察することに貢献する
滋賀県立琵琶湖博物館 （1996（平成８）年開館）	＜基本理念＞(3) １．テーマをもった博物館 「湖と人間」というテーマにそって，博物館が本来もっている研究調査機能を柱として，自然と人の両面から，琵琶湖とその他の湖沼についての知識・情報を集積し，それらが展示や交流活動に反映できるような博物館をめざす ２．フィールドへの誘いとなる博物館 「魅力的な発見や創造は，フィールドから生まれる」という理念のもと，地域での研究活動や交流活動の入口となるような各種のプログラムを企画し，実践できる場となる。そしてこのような働きかけの中で，人びとの関心が自己の生活の場や地域に向かうきっかけとなるような博物館をめざす ３．交流の場としての博物館 あらゆる人びとが展示や交流・サービス活動，研究・調査活動などの博物館活動にかかわり，楽しみながら学び考え，出会いの場となるような，またそのことが博物館の成長，発展につながるような，人，物，情報が交流する場をめざす

(1)　1877（明治10）年創立，名称は「教育博物館」。1949（昭和24）年文部省設置法により「国立科学博物館」設置。
(2)　独立行政法人　国立科学博物館　概要　2021
(3)　滋賀県立琵琶湖博物館　要覧　第11版，2016年９月発行

大阪市立自然史博物館（1950（昭和25）年，大阪市立自然科学博物館開館，1974（昭和49）年に移転し大阪市立自然史博物館に改称(4)）	＜使命＞(5) ・大阪の「自然の情報拠点」として自然史博物館の機能を発展させていく ・社会教育施設として，人々の知的好奇心を刺激し，見つめる学習の援助を行う ・地域との連携を促進してより広範な市民との交流に努める 博物館活動のパートナーとなるNPOやアマチュアを大切にし，自然愛好家の層を厚くしていく ・他の機関との連携を進め，ノウハウの交流に努める 広域のネットワークや学術連携，協働でのプロモーションにより，より高度な博物館活動を目指す ・魅力ある効率的な博物館づくりをめざす
多摩六都科学館（1994（平成６）年開館）	＜５つの基本理念＞(6) １．科学と人間の調和を目指す ２．文化としての科学を追求する ３．専門性とエンジョイメントの両立を図る ４．地域コミュニティーの生涯学習拠点となる ５．徹底した利用者中心を追求する ＜ミッションステートメント＞ 地域の皆さんをはじめとする様々な方々とともに，誰もが科学を楽しみ，自分たちの世界をもっと知りたいと思える，多様な「学びの場」をつくりあげていく。そして，活動の幅を拡げ，皆さんをつなぎ，「地域づくり」に貢献することをめざす
東京動物園協会（恩賜上野動物園，多摩動物公園，葛西臨海水族園，井の頭自然文化園）	＜使命＞(7) １．動物園及び水族園事業の発展振興を図ること ２．動物とその生息環境について知識を広め，人と動物の共存に貢献すること

(4)　http://www.mus-nh.city.osaka.jp/2about/history.html　2021年９月30日取得

(5)　http://www.mus-nh.city.osaka.jp/2about/mission.html　2021年９月30日取得

(6)　https://www.tamarokuto.or.jp/aboutus/　2021年９月30日取得

(7)　公益財団法人　東京動物園協会　令和３年度　事業概要，2021年６月発行

表8-1から，誰もが自然や科学に対する親しみや理解を深めることができるよう貢献することを目指すという，自然科学系分野を扱う博物館の共通の使命や基本理念がみえてくる。その上で，滋賀県立琵琶湖博物館は，「あらゆる人びとが展示や交流・サービス活動，研究・調査活動などの博物館活動にかかわり，楽しみながら学び考え，出会いの場となるような，またそのことが博物館の成長，発展につながるような，人，物，情報が交流する場をめざす」と明記しており，人々の学びや出会いがあって博物館は成長していくというメッセージが力強い。また，多摩六都科学館においても，「誰もが科学を楽しみ，自分たちの世界をもっと知りたいと思える，多様な『学びの場』をつくりあげていく」こと，「活動の幅を拡げ，皆さんをつなぎ，『地域づくり』に貢献することをめざす」ことをミッションとしており，乳幼児を始め子どもや，育児中の人々や，日本語を母語としない人々，障害のある人々など，地域に暮らす多様な人々と繋がる最初の扉としての様々なプログラムを企画・実施している。

次に，各館・園でこれらの使命や理念を土台として企画・実施されているプログラムを，具体的にみていきたい。

2．国立科学博物館におけるプログラム

国立科学博物館（以下，科博）は，日本で最も歴史のある博物館の一つであり，自然史・科学技術史に関する国立の唯一の総合科学博物館である。1931（昭和６）年に上野公園内に竣工した日本館（重要文化財指定）と，それに隣接して建設され，2004（平成16）年にグランドオープンした地球館，また，筑波地区の実験植物園や研究施設（非公開），さらに港区白金台の附属自然教育園（天然記念物および史跡指定）の主に三地区があり，いずれにおいても，人々の科学リテラシーの向上を目指

した展示・学習支援事業を行っている（国立科学博物館，2021）。各地区で実施されているプログラムを紹介する。

（1）上野本館（東京都台東区）におけるプログラム

上野本館の常設展示は，メインメッセージである「人類と自然の共存をめざして」を体系的に分かりやすく伝えられるよう，フロアごとに展示テーマを設けた展示構成となっており，「生き物たちが暮らす地球の環境を守り，人類と自然が共存可能な未来を築くために，どうすればよいのか」を人々と共に考えていく（国立科学博物館，2021）こととしている。その上で，科学リテラシーの涵養を図るため，多様なプログラムが企画・実施されている。それらのプログラムのいくつかについて，対象や概要などをまとめた（**表８－２**）。

表８－２

プログラム名	対象	概　　要
かはくのモノ語りワゴン	誰でも	ボランティアが来館者に直接語りかけることで，展示室内でのサイエンスコミュニケーションを促進する(8)。
ディスカバリートーク	誰でも	科博の研究者が来館者に展示や研究内容などについて解説を行う(8)。
かはくスクールプログラム	小・中・高・特別支援学校の児童生徒	『かはくたんけん！ドキドキを見つけよう』：ワークシート「ミュージアムカード」を使って展示を見学(9)。
		『骨ほねウォッチング』：バラバラになった人体骨格模型を組み立てながら，人の体のつくりについて楽しく学ぶ(10)。

(8)　独立行政法人　国立科学博物館　概要　2021

(9)　https://www.kahaku.go.jp/learning/learningtool/material/tanken.html
2021年９月30日取得

(10)　https://www.kahaku.go.jp/learning/learningtool/material/honehone.html
2021年９月30日取得

<table>
<tr><td rowspan="3">かはくスクールプログラム</td><td rowspan="3">小・中・高・特別支援学校の児童生徒</td><td>『鳥のくちばしのひみつ』：鳥類の頭骨標本を観察し，くちばしのつくりやはたらき，食べ物や生息している環境などを身近な道具を使って推理する⑾。</td></tr>
<tr><td>『お仕事インタビュー』：博物館の仕事について，学校連携担当職員が子どもたちの質問に答える⑿。</td></tr>
<tr><td>（いずれも要事前申込）</td></tr>
<tr><td>教員のための博物館の日</td><td>教員</td><td>教員が博物館を楽しみ，博物館活用について理解を深める機会。全国の博物館と連携して開催⑻。</td></tr>
<tr><td>自然史セミナー，大学生のための科学技術史講座，大学生のための自然史講座</td><td>大学生，一般</td><td>専門性の高い講座⑻（要事前申込）</td></tr>
<tr><td>サイエンスコミュニケータ養成実践講座</td><td>大学院生，博物館職員等</td><td>サイエンスコミュニケーションの考え方を学び，様々な人々と科学について語り合うコミュニケーション能力の向上等をねらいとした講座。「つながる知の創造」を目指した理論と実践による対話型カリキュラム。全ての講座を修了すると「国立科学博物館認定サイエンスコミュニケータ」として認定される⑻（要事前申込）。</td></tr>
</table>

⑾　https://www.kahaku.go.jp/learning/learningtool/material/kuchibashi_himitsu.html　2021年９月30日取得

⑿　https://www.kahaku.go.jp/learning/learningtool/material/interview.html　2021年９月30日取得

実施中いつでも誰でも気軽に参加できるプログラムから，事前申込制の学校団体向けプログラム，長期間に亘って同じメンバーと共に学ぶ専門的なプログラムまである。博物館側は多様なプログラムを用意することで，人々の興味関心に応じて選んで参加してもらえるよう，利用の扉を開いている。

科博では，**表8-2**のプログラム以外にも，視覚と聴覚に障害のある盲ろうの方々（島ほか，2018）や，視覚に障害のある方々や盲学校，視覚特別支援学校教諭に協力を仰ぎ（島・岩崎，2020），さわる展示を活用した『ミュージアム・タイムトラベル—太古の地球さがし—』というプログラムを開発・試行してきた（島・岩崎，2020）。アンモナイトやティラノサウルスの歯，ステゴサウルスとスコロサウルスの尾など，館内の「さわる展示」をさわって観察（触察）することで，太古の生き物の存在を感じ，過去の生物から現存の生物へのつながりに思いを馳せることをねらいとしており，参加した盲学校高等部の生徒からは，「アンモナイトは今まで私がさわったことのある中で1番大きかったです。自分の顔よりも大きなものをさわったのは，初めてでした。また，うずまき状になっているまわりの筋の部分がかぼちゃのような感じがしたのも新しい発見でした。（博物館スタッフから）恐竜の骨の化石は，ワニのものと違い，骨盤の部分に穴が開いているという特徴を聞きました。このことも今まで知らなかったため，勉強になりました。また，大きな恐竜の化石はあまりさわったことがなかったため，さわることができてうれしかったです。盲学校の理科見学では行けませんが，個人的に行きたいです。まだ見れていないものを見たいです。」などの感想が寄せられた（島・岩崎，2020）。また，さわる展示や館の全体像を紹介する点字冊子を作成し，全国の盲学校，視覚特別支援学校等に配布したほか，館内入口の総合案内で常時貸し出し可能となっている（島ほか，

2021)。博物館の情報が届きにくい方々に，博物館へようこそ，ぜひいらしてくださいというメッセージを継続して積極的に発信していくことや，また，博物館に来館することが難しい状況にある方々には，博物館がいかに姿・形を変えて人々のところに飛び込んでいけるかが重要である（13章)。本書を通して述べられていることであるが，博物館は，社会の多様な構成員の中で特定の集団を排除することのないよう，不断の努力をする必要がある（大高，2016，p. 207)。

次に，筆者が科博在職時に担当していた「かはくスクールプログラム」の一つである『骨ほねウォッチング』を紹介しよう。

自分たちの体の中にある骨。骨の形はいったいどんなで，骨同士はどのように繋がっているのだろう。骨は体の中にいくつあるのだろうか。普段，何気なく動かくしている自分たちの体に欠かせない骨や，体のつくりと運動について，実物大の骨のレプリカを用いて，パズルのようにバラバラの骨を組み立てながら学んでいく。１体分の全身の骨格を，１グループ４人から８人で協力して試行錯誤しながら組み立てる中で，自分の体の骨をたしかめたり，体を動かしたり，お互いの考えを述べ合う様子が自然とみられる。プログラム実施後には必ず関連する展示室を自由に見学する時間を１時間以上とってもらっている。実験実習室や講義室などの特別な部屋内だけで完結するのではなく，プログラム体験を通して生まれた興味関心や疑問を，さらに展示室で深められるよう，声がけをしている。例えば，「私たちの首には，骨は何個あるのだろう」と質問して，目の前のヒトの骨格模型で数を数えてもらう。そして，「では，とても首の長いキリンの，首の骨の数はいくつかな？　首が短く見えるゾウは，どうかな？」とたずね，両方の骨格展示が並んでいる地球館１階の展示を紹介する。また，頭骨の後ろに開いた穴（大後頭孔（だいこうとうこう））を見てさわって位置を確認してもらい，チンパンジーやゴリラなどではどうだろうとたずね，地球館地下２階の霊長類の展示を紹介する。このように，プログラムが，子どもと展示を繋ぐきっかけ（フック）になることが，プログラムのねらいの一つである。他のかはくスクールプログラムにおいても，子どもと展示・資料を繋ぐよう企画・実施されており，学校と博物館を繋ぐ役割を果たし，学校による博物館利用の入り口の一つになっている（島ほか，2016）。

（２）筑波実験植物園（茨城県つくば市）におけるプログラム

筑波実験植物園では，生きた多様な植物を収集・保全し，絶滅危惧種を中心とした植物多様性保全研究を推進している。また，収集保全している植物をもとに，日本および世界の様々な植生環境を再現し，植物の形態や生態の多様性を体験的に学習できるよう展示植栽を行っている（国立科学博物館，2021）。

2010（平成22）年から2013（平成25）年にかけては，植物を五感で体験しながら誰にでも楽しんでもらえる植物園を目指したプロジェクトに取り組んできた。特別支援学校との連携，五感で楽しめる企画展，手話や触察で楽しむガイドツアーなどである（大村ほか，2013）。その後も，特別支援学校との連携，『手話で楽しむ植物園』や『手話通訳付き案内』などを継続している。

『手話で楽しむ植物園』では，手話通訳付きの案内を交え，季節の見ごろを迎える植物を観察しながら，園内を散策する。植物と，植物に関する手話も学びながら，植物を観察し，お互いに気づいたことを紹介し合っていく。自分と違う視点を知る楽しみ，五感をフルに使って体験する楽しみがあるといった感想が，参加者から寄せられている。また，遠方で来られない方などの声を受けて，2020（令和２）年度からは『植物園と植物の手話解説つき動画』制作に取り組んだ。動画のシナリオや内容については，筑波実験植物園に隣接する筑波技術大学聴覚部に通う聴覚に障害のある学生らや手話通訳士から助言を受けて制作し(13)，2021（令和３）年３月には，YouTube【国立科学博物館公式】かはくチャンネルにて，筑波実験植物園手話解説つき紹介動画（**図８－１**）を公開した(14)。動画オンライン公開は，コロナ禍の2020（令和２）年７月に開始された「おうちで“かはく”を楽しもう！」自宅で楽しめるコンテンツ提供(15)の一環である。動画には，草，木，植物，花などの手話表現が紹介されているが，中でも「受粉」という表現から，手話表現を学ぶと植物の理解が深まることを筆者は感じた。おしべの花粉がめしべにつくという仕組みが，手話表現（視覚）と音声（聴覚）から伝わってきて，筆者自身も頭の中にイメージを描きやすく，印象に残った。植物に関する手話表現を学ぶことで，植物に関する興味関心がさらに膨らみ，同時に，視覚言語である手話にも興味がわく。博物館での多様な学びが展開されている。

図８－１　筑波実験植物園　手話解説付き動画①　YouTube【国立科学博物館公式】かはくチャンネル上で2021年３月に公開された。ほかに動画②，③がある。

---

(13)　文化庁の助成事業『地域と共働した博物館創造活動支援事業』にて2020年度に採択された『植物園の多言語情報化と遠隔通信技術を活用した地域連携モデル創出事業』の一つとして実施された。

(14)　https://www.youtube.com/watch?v=j6nf9p7hIwU　2021年９月30日取得

(15)　https://www.kahaku.go.jp/news/2020/COVID-19/stayhome.html　2021年９月30日取得

（3）附属自然教育園（東京都港区）におけるプログラム

園内には暖温帯の原生的な森林である常緑広葉樹林，武蔵野の草原や雑木林，谷の湿地などが保存されており，多くの動植物を観察し生態系の仕組みを学ぶことができる。入園者を対象とした日曜観察会，自然史セミナー，子ども自然教室，指導者層を対象とした自然観察指導者研修など，自然教育園の自然を活かした学習支援活動を行っているほか，自然園ボランティアの活動により，児童・生徒・学生の校外学習にも利用されている（国立科学博物館，2021）。ここでは，学校団体や，親子を対象とした『飛ぶたねのふしぎ』を紹介する。

子どもたちに，動物に比べて動きの少ない植物に興味をもってもらうにはどうしたらいいのか…植物の動きを実際に目で確かめることができる，翼を持った「飛ぶたね」に注目し，開発されたプログラムだ。小学校３年「身近な自然の観察」，４年「季節と生物」，５年「植物の発芽，成長，結実」，６年「生物と環境」といった理科の単元で活用できる。プログラムのねらいは，植物の種子散布様式の動的な特性を学ぶことによって，植物やその周りの環境に対する子どもの興味・関心を高めることである。①導入：たねが運ばれる仕組みについて，実物標本や模型を用いて演示しながら紹介する，②活動：たねの模型を作成し，たねの落下実験及び観察を行う，という流れで展開する。

導入時には天気に応じてカサを開閉するマツボックリを使用する。湿ってカサが閉じた状態でフラスコに入れておくと乾いた後カサが広がるので，子どもたちには，「この入口の狭いフラスコに，この大きなマツボックリをどうやって入れたのかな？」とクイズを出すと，子どもたちはあれこれと考え出す。その後，マツのたねを飛ばしたり，また，マジックテープ開発のヒントになったといわれるゴボウのたねなどを実際に見せ，ゴボウのたねを洋服につけたりなどの演示を通して，子どもたちの興味をぐっと惹きつけていく。

活動では，主に国立科学博物館附属自然教育園のオリジナル教材『たねの模型キット』を使う(16)。様々な形状の翼が備わったラワン，マツ，ニワウルシ，アルソミトラ・マクロカルパの４種類があり，のりだけで簡単にたねの模型を作ることができる。折ったり貼ったりしながら自分で模型を組み立てることで，たねの多様な形に気づくことができる。なにより，それをケヤキの木の高さ12ｍにつるしたケースから飛ばして落下する様子を観察できる（**図８－２**）のがとても楽しい。「飛ぶ」動きに違いがあることにも気づく。翼をもち空間を回転しながらゆっくりと落下するマツやラワンのようなたねや，空をグライダーのように滑空するアルソミトラ・マクロカルパのたねなどがある。模型開発者の一人，萩原信介元国立科学博物館研究員は，多様な種子散布の方法を「自然が作った設計の微妙さ」（萩原信介，1992）と表現しているが，その一端をまさに体感できるだろう。さらに，たねの模型のつくりをヒントにして，身近な植物のたね模型を制作することをおすすめしたい。身近な植物に興味をもち，日常的な観察に繋がるきっかけになるだろう。

図８－２　附属自然教育園におけるプログラム『飛ぶたねのふしぎ』

本プログラムでは，楽しい模型作りで終わりにせず，たねの散布が植物の側からなぜ必要なのかということを子どもたちに考えてもらうことも大切だろう。例えば，「クロマツでは１本の木に数万個のたねがつき

(16)　2021年９月30日時点では，『たねの模型キット』の販売は休止中。

ます。もしもこのたねが全てその木の足元に落ちてしまったらどうなるだろう。数万の兄弟が，親木の日陰で，みんな元気に成長できるかな。風にのって，親木から遠いところへばらばらに運ばれたら，どんないいことがあるのかな。」…そんな話を子どもたちに投げかけることで，植物の生き残り戦略に思いを馳せることができるだろう（島，2011）。

3．大阪市立自然史博物館におけるプログラム

「自然史」とは何だろうか。日本で最初に「自然史」という名称を冠したのは大阪市立自然史博物館であり，「自然史に関する資料の収集，保管及び展示並びにその調査研究及び普及活動を行うと共に，市民の生涯にわたる学習活動を支援することにより，市民の文化と教養の向上及び学術の発展に寄与すること」を目的として設立された(17)。館のウェブサイトには，1986（昭和61）年当時，館の学芸員だった日浦勇の文章が掲載されている。それによると，「自然史」は英語のNatural Historyの直訳で，明治時代には博物学と訳されており，広く自然界にある，おびただしい事物に関する知識を集積する学問，という意味だったという。しかし，よりよい未来を築くために，市民の一人一人に，自然界の構造や諸関係についての幅広い知識が要求されること，とりわけ，人間の生活が自然と強く結びついていること，その結びつきは人間の歴史とともに変わってきたこと，人間そのものが自然の進化の中で生まれてきたことをよく知る必要があるとし，「広く自然に関する知識を集めるだけの学問だったナチュラル・ヒストリィを，現代の人類に重要な学問——人間の自然との関わりを発達史的見地から理解する学問——として再建しよう，そういう意志のもとに自然史と表現した」と書かれている(18)。

---

(17) 大阪市立自然史博物館の運営に携わる者の行動規範，平成28（2016）年４月１日制定。
http://www.mus-nh.city.osaka.jp/2about/code/koudoukihan2016.pdf 2021年９月30日取得

(18) http://www.mus-nh.city.osaka.jp/intro-j.html 2021年９月30日取得

気軽に参加できる多様なプログラムの実施によって「学ぶ」機会を提供するだけでなく，その次のステップとして，「学ぶ」から「探求」へとステップを進めるために，友の会が重要な役目を果たしている。そこで，普及行事などの教育プログラムに続いて，友の会や，大阪自然史フェスティバルを紹介していく。

(1)「やさしい自然観察会」,「子ども向けワークショップ」など

「市民が自然をより深く理解するためには，展示を見るだけでなく，野外で実物の自然に触れることも重要である」という観点から，多様な博物館利用者とその要望に応えるため，様々な普及行事を行っている。例えば，自然史博物館の行事に参加したことのない人を主な対象に，自然の面白さを野外で直接体験してもらい，自然に親しむ糸口をつかんでもらうことをねらいとしている「やさしい自然観察会」や，大阪周辺の地域を歩き，その地域の自然を様々な分野の観点から観察し，自然の特徴とそこを利用する人との関わりについて総合的に考えることを目的としている「地域自然誌シリーズ」，未就学児や小学生，親子連れの来館者にも，楽しみながら展示の中に自らの「発見」を見出し理解してもらうことが目的である「子ども向けワークショップ」，化石や岩石，鉱物，地層などについて，展示解説，簡単な実験，顕微鏡観察などの方法により体験学習してもらう「ジオラボ」などが開催されている。例えば，2018（平成30）年度には特別展『恐竜の卵～恐竜誕生に秘められた謎～』展と関連させて子ども向けワークショップ『いろいろたまご』（大阪市立自然市博物館，2019，p. 39）が常設展で開催され，筆者の子どもも参加した。最初に，魚類や鳥類などの色々なたまごの話を写真も交えてスタッフから教えてもらった子どもたちは，ワークシートを持って，さらに色々なたまごを探しに常設展示室を巡った。カメやハト，恐竜のトラ

コドンのたまごなど，色も模様も大きさも異なる様々なたまごを，それを産む成体とともに，自分のペースでじっくり観察してその絵を描くことができた（図8－3）。恐竜だけでなく，現在に生きる鳥類や爬虫類など身近な生き物（親）とたまごを結びつけて観察する体験につながった。このようなワークショップ等に参加することで，博物館の「好き」な展示が生まれたり，仲良しの学芸員やスタッフができたり…そのような体験が積み重なって，博物館が好き，自然観察が好きという人々が育っていくこともある。次のステップとして「友の会」を見てみよう。

図8－3　大阪市立自然史博物館　子ども向けワークショップ『いろいろたまご』

（2）友の会

自然史博物館友の会は，博物館を積極的に利用して，自然に親しみ，学習しようとする人たちの会である。博物館とは独立した組織として運営されており，2001（平成13）年からは特定非営利活動法人　大阪自然史センターの事業として運営され，その活動の輪を広げている（大阪市立自然史博物館・大阪自然史センター，2009；大阪市立自然史博物館，2020，pp.45-46）。

大阪市立自然史博物館の佐久間大輔学芸員によると，大阪市立自然史博物館においては，友の会は古くから博物館を活用した学習組織として，また，場合によっては博物館を支援する市民のグループとして組織され，現在では，友の会を基礎とした博物館コミュニティーは博物館の活性化や地域との連携の上で，重要な機能を担っているという（佐久間，2018)。友の会は2015（平成27）年に創設60年目を迎え，多くの自然科学愛好者を育成してきた。そして友の会は，大阪市立自然史博物館のパートナー（佐久間，2018）として活躍を続けている（12章)。

（3）大阪自然史フェスティバル

2003（平成15）年から毎年，「自然史科学の文化祭」をテーマとして，大阪市立自然史博物館，認定特定非営利活動法人大阪自然史センター，関西自然保護機構の3団体の主催で，『大阪自然史フェスティバル』を開催している。大阪市立自然史博物館には伝統的に多くの研究サークルが多数養成されており，また，周辺の自然保護団体とも関係が蓄積されていることもあり，出展の呼びかけに多数の団体が呼応する状況が続いていること，また，多くのサークルや研究団体，保護団体などには「友の会育ち」が多く関与しており，大阪自然史センターが中核になることで，博物館と地域の自然保護団体の良好な関係が築かれている（佐久間，2015)。2019（令和元）年11月16日・17日には，自然科学系の研究サークルやアマチュア団体など計131団体の出展があり，来場者数は2日間合計で26,000名であった。友の会も出展し，観察会『ビオトープの生きものを探そう』の実施などとともに入会の案内も行った（大阪市立自然史博物館，2020)。

4．滋賀県立琵琶湖博物館のプログラム

館のテーマは，「湖と人間」。湖の生い立ち，人々の歴史，自然と私たちの暮らしの展示のほか，湖の生き物の生きた姿を見ることのできる水族展示もある。また，来館者や地域の方々が「使う」ための博物館とし

て，多様な標本を手にとって観察ができるおとなのディスカバリーや，地域の人々による展示コーナーなどを設置している(19)。そして，展示を見る，プログラムに参加するだけではなく，自分自身が調査をしたり，新しい活動を提案して自ら展開したりできる。博物館が2003（平成15）年に制定した中長期基本計画の核心は「地域だれでも・どこでも博物館」であり，2021（令和３）年から始動した第三期中長期計画では「湖と共に生きる暮らしの中に，いつもある博物館」が掲げられた（滋賀県立琵琶湖博物館，2021)。博物館を通じて同じような思いや趣味をもった人々と「集い」，より主体的に博物館を使っていくことができるように，「はしかけ制度」や「フィールドレポーター制度」に登録して活動することができる（滋賀県立琵琶湖博物館，2020)。本章では特に，「はしかけ制度」と「フィールドレポーター制度」について詳しく紹介したい。

（１）はしかけ制度

「はしかけ制度」は，琵琶湖博物館の理念に共感し，博物館活動を共に創っていこうとする利用者のための登録制度として，2000年８月に発足した。「はしかけ」という名称は，様々な活動を通して博物館と地域との橋渡し役となってもらうことを希望してつけられた。はしかけ制度に登録すると，博物館の様々な事業・研究に関わることができ，さらに新しい活動を提案して自らグループを作ることも可能である（滋賀県立琵琶湖博物館，2020，p.64)。2021（令和３）年６月には『うおの会』，『温故写新』，『ちっちゃなこどもの自然あそび「ちこあそ」』など，計25グループでの活動が展開されている（金尾，2021)。

例えば，『温故写新』は，写真やカメラが好きで，撮影を楽しむ人たちのはしかけグループである。主に滋賀県内における風景，生命の活

(19)　https://www.biwahaku.jp/　2021年９月30日取得

動，人の生活や自然の移りゆく様を記録に残し，写真を通じて博物館活動に貢献することを主旨としている。メンバーの撮影した写真は博物館の展示や出版物に活用されたり，館内のイベント時における写真記録係として，イベントの様子を撮影したりしているほか，博物館の映像資料の活用に向けた整理活動も積極的に行っており（滋賀県立琵琶湖博物館，2020，pp. 68-69），その一部は博物館ウェブサイト内にある映像資料データベース(20)で公開されている。

（２）フィールドレポーター制度

フィールドレポーター制度とは，滋賀県内の自然とくらし・文化について，地域の方々が身の回りの調査を行い，得られた情報を博物館の展示，交流，研究活動に活かす「地域学芸員」のような制度であり，博物館に登録を申請すれば誰でも参加できる（滋賀県立琵琶湖博物館，2020，p. 63）。2021（令和３）年８月の登録者数は182名である。フィールドレポーターの主な活動は，１年に２回程度の調査の企画・実施である。近年の調査としては，2021（令和３）年２月から５月にかけて実施した『えっ!?こんなところにもヌートリア』(21)があり，滋賀県内で分布を広げている南米原産の特定外来生物ヌートリアの目撃情報を集めることを目的とした参加型調査である。ヌートリアは大きさ70cm にもなる大きなネズミで，見かけたら目立つ上に，国内では他に見間違いがない種であり，期間内に150件以上の情報が寄せられ，滋賀県内における今後の外来生物対策の貴重な資料となった（金尾，私信）という。このような調査の成果は，調査結果をまとめた報告書「フィールドレポーターだより」(22)として公表され，さらに館内の展示や交流イベントにも利用さ

---

(20)　「びわ博リサーチアーカイブス」（https://www.biwahaku.jp/research/　2021年９月30日取得）では，「収蔵品データベース」（https://www.biwahaku.jp/research/collection.html　2021年９月30日取得）を公開しており，その中の「歴史・民俗データベース」内にある「画像」が対象である。

(21)　https://www.biwahaku.jp/2021/02/20202.html　2021年９月30日取得

(22)　https://www.biwahaku.jp/news/cat28/cat39/　2021年９月30日取得

れており，また，このような調査やフィールドレポーターだよりの編集・印刷・発行，館内の展示および更新，自由な意見交換の場である掲示板発行や館内外で開催される交流会の企画，館外イベントなどへの参加などはフィールドレポーターの有志であるフィールドレポータースタッフが学芸員と共に担っている（滋賀県立琵琶湖博物館，2020，p. 63）。

5．まとめ

博物館は，全ての人々に開かれている（ICOM，2017）。博物館は，多様なプログラムを用意することで，様々な人々と博物館の出会いの場と，人々と博物館が共に学び合うきっかけをつくり出している。気軽に参加したプログラムで，博物館の学芸員やエデュケーターと出会い交流したことがきっかけとなり，そのほかのプログラムに参加したり，博物館のリピーターになったり，友の会や，例えば「はしかけ」や「フィールドレポーター」活動に参加したり，ボランティアをしたりすることで，利用者側だった自分自身がプログラム企画側にまわったり，学芸員に助言をもらいながら自分の調査研究を進めていくというような展開もある。

自然や科学の不思議は，自分のすぐそば，身近なところにある。そして，その身近な不思議を見過ごさず，観察や調査を通して見つめていく多様な博物館プログラムがある。ぜひ，読者の皆さんにも，自然科学系博物館のプログラムを探して，自分の興味をもったものに参加してみてほしい。そこでは，どんな学びが起きているのか。どんな出会いや発展があるのか，ご自身でも体験し見つめていただけたら幸いである。

引用・参考文献

大阪市立自然史博物館・大阪自然史センター『「自然史博物館」を変えていく』（高陵社書店，2009年）

大阪市立自然史博物館『大阪市立自然史博物館館報』44号（大阪市立自然史博物館，2019年）

大阪市立自然史博物館『大阪市立自然史博物館館報』45号（大阪市立自然史博物館，2020年）

大髙幸「アクセス可能な博物館教育：その理念と実践」大髙幸・端山聡子編著『博物館教育論』pp. 207-225（放送大学教育振興会，2016年）

大村嘉人，堤千絵，山本薫，永田美保，植村仁美，小林弘美，二階堂太郎「五感で楽しめるユニバーサル植物園を目指して」『日本植物園協会誌』第48号 pp. 27-32（日本植物園協会，2013年）

金尾滋史「滋賀県立琵琶湖博物館」『ワイルドライフ・フォーラム』26巻１号 pp. 20-21（「野生生物と社会」学会，2021年）

国立科学博物館『独立行政法人　国立科学博物館　概要2021』（国立科学博物館，2021年）

佐久間大輔「博物館の市民協働における「友の会コミュニティ」の基盤としての重要性―ボランティア・地域連携との関連から―」『日本の博物館総合調査研究：平成26年度報告書』pp. 178-191（日本学術振興会（JSPS）科学研究費補助金研究成果報告書，2015年）

佐久間大輔「共生の時代のアウトリーチとアドボカシー：生態学コミュニケーターの担うもの」『日本生態学会誌』68　pp. 223-232（日本生態学会，2018年）

滋賀県立琵琶湖博物館『琵琶湖博物館　年報』第24号（滋賀県立琵琶湖博物館，2020年）

滋賀県立琵琶湖博物館『琵琶湖博物館第三次中長期計画』（滋賀県立琵琶湖博物館，2021年）

島 絵里子「博物館を活用して，身近な自然を観察しよう！（連載　小学校と博物館の連携を考える⑥）」『初等理科教育』第45巻第９号　pp. 36-37（農山漁村文化協会，2011年）

島 絵里子，鈴木真紀，岩崎誠司「学校と博物館をつなぐ人・プログラム―国立科学博物館「かはくスクールプログラム」5年間の実施からみえてきたこと―.」『日本ミュージアム・マネジメント学会会報』78　別冊 web 版 pp. 39-40（日本ミュージアム・マネジメント学会，2016年）

島 絵里子，岩崎誠司，小林由佳，濵野哲也「東京都盲ろう者支援センターとの連携：標本に「さわる・感じる・思いを馳せる」博物館での学習プログラム（特集　地域の身近な科学館・博物館）」『金属』88(7)　pp. 536-544（アグネ技術センター，2018年）

島 絵里子・岩崎誠司「盲学校・視覚特別支援学校と連携した学習プログラムの開発・検討―『ミュージアム・タイムトラベル―太古の地球さがし―』の事例から―」『日本ミュージアム・マネージメント学会研究紀要』第24号　pp. 29-37（日本ミュージアム・マネージメント学会，2020年）

島 絵里子，土屋順子，佐々木とき子「科学博物館における「さわる展示」を紹介する点字冊子の作成と課題―視覚障害者へ開かれた博物館への取り組み―」『日本ミュージアム・マネージメント学会研究紀要』第25号　pp. 39-47（日本ミュージアム・マネージメント学会，2021年）

萩原信介「アルソミトラ　マクロカルパの種子の模型製作」『自然教育園報告』第23号　pp. 11-20（国立科学博物館，1992年）

浜口哲一『自然観察会の進め方』（HSK，2006年）

ICOM. 2017. Code of Ethics for Museums. International Council of Museums, Paris.

9　アクセス可能な博物館教育 ：その理念と実践

大髙　幸

《目標＆ポイント》 博物館が提供する教育機会を万人が享受するために博物館は何を為すべきかということが，近年，博物館教育の重要な課題になっている。アクセス可能で利用しやすい博物館を目指す取り組みは，博物館の社会的な役割の認識と不可分である。例えば，障害のある人のニーズに対応する博物館教育は，鑑賞の前提となる知覚や学習法などの知見を必要とし，このことは，あらゆる人向けの教育にも通じる。本章では，アクセス可能な博物館教育への先進的な取り組み事例とその社会的な文脈，理論的な根拠について考察する。
《キーワード》 民主主義，インクルーシブ教育，アクセス権，障害，差別，障害をもつアメリカ人法（ADA），障害のある人の権利条約，合理的配慮，触覚による知覚，触図，LGBTQ

1．博物館教育へのアクセス権 ―米国の社会的文脈と国際的な広がり

博物館教育の機会を万人が享受できるようにする（アクセス可能にする）取り組みについて考察するにあたり，まず，その先進事例に富む米国における社会的文脈と培われてきた理念について概観しておこう。

（1）民主主義とインクルーシブ教育

博物館教育を含む米国における教育に通底する理念は，ジョン・

デューイの哲学（1章）であろう。デューイは，『民主主義と教育』（1916）において，民主主義を単なる政治形態ではなく共同生活・連帯的な共同経験の一様式とし，①共有化された関心の範囲の拡大と②多様な個人的能力の解放をその要件とした。さらに，これらが達成された社会が，階層化し，支配階級の教育のみに専心することのないように，「そういう社会は，すべての人が平等で，しかも手軽な条件で知的機会を得ることができるように気をつけていなければならない」と警告した（1975，p.143）。

民主主義社会がある階級の関心のみに注意を払い，それ以外の構成員の社会的排除を引き起こしてしまうようになることは，民主主義の危機を意味する。教育は，成員相互の共有化された関心の拡大と各成員の個性化という，デューイが挙げる民主主義の二要件を維持・拡充するために重要な役割を果たす。民主主義社会における民族，ジェンダー，障害の有無，社会階層（social stratum/strata）などによる格差や不平等が，依然として世界各地の社会問題と目される今日，全ての人が平等かつ手軽な条件で教育を享受する権利（教育へのアクセス権）を社会が保障しなければならないという，デューイの100年以上前の警鐘は，一層現実味を帯びているといえよう。

社会的な包摂（social inclusion）は，社会的な排除（social exclusion）に対立し，多様な成員の共同体である民主主義社会の根幹を成す。この理念を反映したインクルーシブ教育（inclusive education）は，社会の中で排除されるおそれのある個々人のアイデンティティやニーズを尊重し，多数派に同化させることなく様々な教育機会へのアクセス権を平等に保障することを旨とし，1990年代以降，障害のある人の教育に関する国際的な議論の展開の中で重要な理念とされてきた。インクルーシブ教育は社会包摂の原則と表裏一体をなす社会参加の原則の具現化でもある

(川島，2009，p. 6)。インクルーシブ教育の実現には，学習者主導・学習者と教育者の相互作用・学習過程を重視する柔軟なカリキュラムと教授法のみならず，この文化を共有する共同体の醸成が必要である(Nind，2005)。

(2) 障害のある人の博物館教育へのアクセス権の保障

障害問題の検討には，まず，障害と差別をどう捉えるかということが重要となる。障害（disability）の捉え方には，「医学モデル」と「社会モデル」という対立する視座がある。「医学モデル」は，障害を個人の機能障害に起因する個人の問題として捉え，その治癒を主たる課題とする。これを批判し1960年代末に出現した「社会モデル」は，障害を，活動や参加に様々な制約を引き起こす，主に社会の側の問題として捉える。東俊裕は，「社会モデル」の出現について「障害のある人が経験する制約をもたらす社会的障壁に視点を据えることによって，障害問題をいわゆる福祉の問題から人権の問題へとその領域を拡大させることになった」と指摘する（東，2008，pp. 38-39)。

米国における人権に関する重要な法律である公民権法は，激しい人種差別への反対運動を受けて1964年に成立し，いわゆる人種や肌の色，信仰，性別，出身国による差別を非合法とした。基本的人権を保障するこの差別禁止法は，その後の米国社会に大きな影響を与え，1973年のリハビリテーション法（Rehabilitation Act of 1973）第504条では，公民権法に基づく機会均等（equal opportunity）の原則により，世界で初めて，障害を理由とした雇用・教育などにおける差別を禁止した。

障害のある人の社会参加を阻む主な障壁は彼らへの差別的態度，公共政策，物理的環境であるという認識に基づく第504条の立法化は，米国の障害問題に関する公共政策が，「慈恵（チャリティー)」(医学モデル)

から「均等な権利」（社会モデル）に基づくアプローチへと移行することを意味した（スコッチ，2000，p.5）。無償の適切な教育実現のために，連邦政府の指針で，「理にかなった条件整備」（合理的配慮 reasonable accommodation）が義務づけられ，学校などにおいて教室環境の調整，学習面での変更，試験での修正，補助機器の配備などが課せられた（清水，2004，pp.17-18）。

1990年制定の障害をもつアメリカ人法（Americans with Disabilities Act of 1990 以下 ADA）は，リハビリテーション法を拡充する公民権法として，雇用・教育などにおいて障害を理由にした差別を禁止した。ADA は，リハビリテーション法504条の差別禁止の適用対象（連邦・連邦の資金を受ける機関）を民間にも広げ，差別を概念化したことで，世界中に影響を与えた（東，2008，pp.43-44）。すなわち，障害のある人に対して，雇用における「合理的配慮」や，教育を含む公共サービスにおける「合理的変更」，「補助機器・サービス」などの提供をしないことは，差別であるとしたのである。

米国の博物館は様々な観点から多様性の拡大を図ってきた。インクルーシブ教育の理念や実践については，学校教育に関する議論の展開にやや遅れ，近年，博物館教育に関する議論が活発化している。まず，ADA の翌年の1991年に米国博物館協会（以下 AAM）理事会が採択した報告書『卓越と均等—教育と博物館の公共性』は，民主主義社会における公共教育機関である博物館は，最も広範囲の社会に奉仕すべく，均等性（equity）実現のために包摂性（inclusiveness）の拡大を責務とし，博物館の運営のあらゆる面において，米国社会の多様性を反映しなければならないと明言した。さらに，実現に向けた行動計画の中で「博物館は，年齢，能力，教育，社会階級，人種，民族的な出自にかかわらず，全ての人々をもっと歓迎する場所であるべき」であり，こうして，「包摂的な共同体感覚」(sense of inclusive community) を涵養し得ると主張した (AAM, 1992, pp. 15-16)。この報告書もデューイの思想を反映している。報告書は,「インクルーシブ教育」という語を用いてはいないが, 万人を包摂する教育の実現を博物館の使命とすることを米国の博物館に勧告し, その重要な規範になった。

障害のある利用者のアクセス権については, 博物館は, ADA に基づき施設・教育面でのアクセス確保を推進してきた。前述の AAM の報告書も, 博物館の取るべき姿勢を勧告している。すなわち, 館種や規模にかかわらず, 各博物館は, 博物館としての使命を果たすべく「幅広い利用者にとってアクセス可能」でなければならないことや「わずかな意図をもってさえも, そして意図せずとも, だれも排除してはならない」と謳っている (AAM, 1992, p. 10)。ここに, 博物館の責務が集約されているが, ADA の規定は曖昧で, 博物館の個別の事情が勘案されており, 2008年により具体的な指針 (Department of Justice, 2008) が出されたものの, 各館の対応の難しさが課題とされてきた (大髙, 2010)。

(3) 障害のある人の権利に関する国際的な議論の広がりと日本

障害のある人の人権問題は, 国連においても長年議論され, 1981年の国際障害者年, 国連障害者の十年 (1983-1992年) を経て, 障害のある人の権利条約 (Convention on the Rights of Persons with Disabilities：2006年12月採択, 2008年5月発効) で, 障害を理由とした差別が禁止されるに至った。条約は, 前文(e)で, 障害の概念が形成途上であるとし, 障害を, 機能障害 (医学モデル) と環境の障壁 (社会モデル) の相互作用とする,「相互作用モデル」の立場を採った (佐藤, 2010, p. 42)。また, 第2条で,「合理的配慮」の欠如は差別であるとした。

教育に関する第24条では, 締結国は, 障害のある人の教育に関する権利を認め，あらゆる段階におけるインクルーシブ教育の機会と生涯学習へのアクセス権を確保し，そのために「合理的配慮」の提供を確保することを規定している。また，文化的生活，余暇活動などへの参加に関する第30条では，締結国は，障害のある人が「文化的な活動」への参加，「博物館」を含む施設や「文化的作品」などへのアクセスを享受するために，「適切な措置」を講ずるとしている。

日本政府は，2007年 9 月28日に条約に署名し，2013年制定の障害を理由とした差別の解消の推進に関する法律（障害者差別解消法：2016年 4 月施行）などの国内法の整備を進め，2014年 1 月20日に世界で141番目に条約を批准した。障害者差別解消法は，公的機関における合理的配慮を義務化し，一歩前進したといえ，今後の展開が待たれる（関根，2014）。いずれにせよ，障害問題が，未だに人権問題として十分認識されず，地域間格差が存在する日本においては，条約の意義は大きい。障害のある人の教育・文化的な生活へのアクセス権は，条約によって新たに生じたものではなく，既存の人権であり，これまでの格差の是正に主眼があり（東，2009，p. 37），その保障は，世界中の博物館の責務である。その実践について，次に検討しよう。

2. 障害のある人にもアクセス可能な博物館教育

米国の博物館は，前述のような文脈の中で，障害のある人の博物館教育へのアクセス権を保障するための様々な取り組みをしてきた。ニューヨーク市にあるメトロポリタン美術館（Met）は，その先進性と卓越性で2003年に AAM の「アクセシビリティー・アワード」を受賞している。そこで，Met での取り組みを概観しよう。

(1) メトロポリタン美術館での取り組み

Metの教育部内のセクション，アクセス・コーディネーションは，視覚障害，聴覚障害，運動機能障害，発達障害，認知症など，障害のある様々な利用者のニーズに対応する無料の教育機会を，美術館の内外（病院など）で提供してきた。例えば，全盲や弱視などの視覚に障害のある利用者がアクセス可能な教育機会は，主に**表9-1**の6種類である。

表9-1　メトロポリタン美術館における視覚に障害のある利用者のニーズに対応する教育機会

アクセス可能な教育機会	内　容
1．アクセス可能な展示空間・展示情報などを活用した鑑賞・自己探究の機会	安全な展示空間において，点字や読みやすい大きな文字の標識，展示解説パネル・ラベルなどを活用して，視覚に障害のある来館者が，エデュケーターの随伴なしで展示作品や展覧会の鑑賞をする。
2．子ども向けの収蔵品紹介書『芸術とアルファベット』(市販)による自宅などでの学習・芸術鑑賞の機会	視覚に障害のある子どもが，所蔵品とアルファベット文字の形を，触図（後述）や点字，短い解説文などで学び，鑑賞する。
3．視覚に障害のある来館者向けセルフ・ガイドを用いた，常設のさわれる展示作品の鑑賞・自己探究の機会	視覚に障害のある来館者が受付で受け取る小冊子の館内地図や展示解説を同伴者と活用して，さわれる展示作品（視覚に障害のある来館者に限る）を鑑賞する。
4．予約による自由な鑑賞の機会	関心のある常設展や企画展，収蔵庫内のさわれるコレクションの作品の案内を申し込み，エデュケーターの解説付きで鑑賞する。
5．定例の鑑賞プログラム(月1回　90分)	インストラクターと共に参加者（介助者を含む）が，毎月異なるテーマに沿って所蔵品を鑑賞し，関連するスケッチなどの小作品を，各自制作する。
6．定例の鑑賞を含む素描プログラム(月1回　90分)	インストラクターとともに参加者（介助者を含む）が，毎月異なるテーマに沿って所蔵品を鑑賞し，関連する素描やコラージュなどを各自制作する。

（2）複数の感覚を組合せた主体学習の重要性

私たちの実生活は複数の感覚器を複合的に活用する感性的・知的経験で満ち溢れている。博物館の資料の鑑賞は，その知覚が前提となる（1章・4章)。障害のある人にもアクセス可能な教育機会の提供において，Met は認知心理学や神経科学の研究成果に基づき，複数の感覚を組合せて活用する主体学習を重視してきた（マックギニス，2007)。

視覚に障害のある人の学習においては，口頭解説や触読できる点字解説の提供とともに，実物資料や複製，模型などを触覚で感知できるように，これらにさわる機会を提供することが重要である。

表9-1中のMetの定例の二種類のワークショップ（5と6）は，鑑賞と制作の両方の機会を提供し，人気が高い。美術制作もまた，鑑賞を単なる再認にしないだけでなく，制作自体が触覚と想像力を駆使して表現することを学ぶ重要な教育機会である。Metの素描プログラムでは，視覚に障害のある参加者が，制作過程や成果を理解しやすい，触感の豊かな素材を選ぶことを重視している。木炭やパステルを用いた素描に限らず，表面に凹凸を生じさせる絵の具による絵画や，毛糸，布，レース，紙テープ，ボタンなどの材料を使ったコラージュ，版画，ちぎり絵，粘土による彫塑などの作品が，鑑賞される古今東西の美術に関連して制作され，制作作品の展覧会も定期的に実施される（**図9-1**）。

また，Metでは，展示室内の常設のさわれる作品に加え，美術作品や複製，素材などの資料を，さわれるコレクションとして収集・保管し，予約による案内や，定例のワークショップにおいて活用している。

言語による分かりやすい解説は，全てのプログラムにおいて重要であるが，視覚に障害のある人には，展示空間や作品についての客観的な口頭説明が必要である。米国では，障害について本人に尋ねることは禁じられている。プライバシーに留意しつつ，来館者の要望を汲み取りなが

図９−１　視覚・聴覚障害のある19歳の男性がMetの素描プログラムで制作した作品（60.8×45.7cm）

図９−２　Metのインストラクターが作成した触図例

ら，来館者のペースに合った説明をすることは，万人向けの解説の要諦であり，Metでは，エデュケーターの専門職教育を常時実施している。

（３）視覚による知覚と触覚による知覚

視覚と触覚は，いずれも，立体や空間の知覚に重要な役割を果たす（鳥居，1995，p.36）。視覚による観察は，短時間で全体像，全体と部分の関係の把握を可能とする。また，意図せずとも「みえる」ことや「まねる」（模倣）こともあることから，非意図的偶発的学習の可能性も大きい。触覚による観察は，細部の理解に有効である一方，接触した部分の情報しか得られないので，部分と部分の位置関係や全体と部分との構造関係を把握するのに，連続して能動的にさわるための時間を要する。

鑑賞は，資料への高い評価・尊敬・慈しみの念をもって行われる。特に，触覚による鑑賞では，資料を大切に取り扱うことが前提となる。例えば，触覚による彫刻の鑑賞では，表面の細部のざらつきやなめらかさ，凹凸，硬軟などの質感や温度，模様の形などを両手の指でなぞって把握しながら，次第に細部と細部の関係や全体の形や大きさ，重さを把握することができる。一方，視覚的には細部と細部との関係や全体像の把握は短時間で可能であるが，細部の質感，温度，重さなどは把握できない。

絵画，地図，写真などの平面上の視覚情報を視覚に障害のある人が理解するためには，それを触覚情報に変換した触図などの活用への要望が多い。触図は，平面図中の事物の輪郭線などを発泡インクなどで膨らませ，それを指でなぞって理解できるようにしたものである。Met では，視覚に障害のある人が平面作品を鑑賞する際，触図などを準備している（**図 9－2**）。ただし，写真などの複雑な視覚情報の触図は，理解できないことが多いことに留意する必要がある（鳥居，1993，p. 26）。平面図の触図への変換では，モティーフを強調すべく取捨選択したり，1枚の視覚情報から複数の触図を作成したり，立体模型と併用するなどの工夫も考えられる。言語による解説は不可欠であるが，触覚による鑑賞を妨げないような配慮を要する。

視覚に障害のある人の中には，触覚による鑑賞法に秀で，その発見が万人の感動を呼び起こすことが多々ある。視覚に障害のある人を含むグループでの触覚による資料の鑑賞では，触覚による知覚の特徴に留意し，言語による説明のみでなく，触覚による鑑賞に注意を集中できる時間を十分とること，参加者間の意見交換の場を設け，各自と全体との体験の連携・相互学習の促進を図ることが重要である（大髙，2010）。

（4）Metの障害のある人向けのプログラムのねらいとその卓越性

Metでの障害のある人向けのプログラムは，このように触覚による学習機会の提供を重視しているが，治癒を目的としている訳ではない。例えば，認知症の人とその介護者向けの定例プログラム『Met Escapes』は，各参加者が鑑賞・制作をするだけでなく，認知症の人が美術鑑賞過程で回想（一定期間を経た過去の記憶を想起すること）した出来事を自由に話したり，介護者と手と手を取って一点の美術作品をじっくりさわって鑑賞したり，語り合うことにより，互いの親密さを確認し合い，一緒に楽しむことをねらいとしている。ここでは，ストレスの多い介護者が忙しい日常から解放され（escape），多様な文化・芸術を堪能し，安らぐことも目指している。

このように，Metの障害のある人向けのプログラムは，その多くが家族プログラムであり，障害のある子どもや大人とその同伴家族や友人などの介護者が，日常から離れて一緒に穏やかで楽しい美術鑑賞・制作の時間を過ごし，互いを理解し合うこともねらいとしている。2021年に開始したオンラインによる各種プログラムでも，基本方針は同じであり，例えば，視覚に障害のある人向けの素描プログラムでは，画材を事前に自宅に郵送し，触覚を用いた学習の機会を自宅でも提供している。

担当課（Access Coodination）の統括者レベッカ・マックギニスは，障害のある人にとってアクセス可能な博物館教育の機会の提供は，万人に恩恵を与えると主張する（マックギニス，2007）。Metの卓越性を**表9-2**にまとめた（大髙，2010）。

米国の美術館教育の根底には，様々な社会問題に対応して社会を変革していこうという社会変革の視座が絶えず存在してきた（大髙，2014）。Metの事例から，インクルーシブ教育を指向して，障害のある人々の多様な要望に応えるには，よりきめ細やかでより多くの教育機会

表9-2　メトロポリタン美術館における障害のある人にもアクセス可能な教育機会の提供の取り組みの卓越性

着眼点	内　容
プログラム参加者への貢献	•参加者の高い満足度 •参加者の学習仲間集団（コミュニティー）の形成・発展 •参加者の世界観の拡大，言語によるコミュニケーション能力・制作による非言語表現力の発揮・成長への寄与 •参加者の社会における肯定的な自己概念形成への寄与
プログラムの量と質	•障害のある人の意見を反映した様々な教育機会の企画・実施と学習機会の選択肢の豊富さ •教育理論や障害のある人の認知理論などに基づく教育機会の提供
機会提供を可能としている運営体制	•障害のある人を尊重するという美術館の理念と機会提供への情熱の存在 •機会提供のための美術館教育部内における担当組織と予算の存在 •体系的かつOJTによる継続的なエデュケーターの専門職教育の実施 •ほかの博物館，障害のある人を支援する公共機関などとの連携による相互支援体制の発展へのリーダーシップの発揮

を，徐々に提供していくことの必要性を学ぶことができる。

3．日本の博物館におけるインクルーシブ教育の展開

（1）日本の博物館における学習機会の多様化

日本においても，国際障害者年（1981）以降，エレベーターの設置や，通路・階段でのスロープや点字ブロックの設置，総合案内板での点字・触図の活用，貸出用車椅子の常備などを始め，利用者が博物館の情報と内容を享受し，利用しやすくする様々な取り組みが展開されてきた。

障害のある人の多様性を勘案した学習機会の提供も増加している。例えば，川口市立科学館や札幌市青少年科学館などの各地のプラネタリウム

では，音声解説に加え聴覚に障害のある人に役立つ字幕解説を提供している。また，東京国立博物館では，「手話」バッジをつけたボランティア・ガイドによる手話通訳付き「たてものツアー」などを行っている。

触覚を重視する鑑賞機会も増えてきた。2004年開館の宮崎県立西都原考古博物館では，視覚に障害のある来館者などへの空間案内・情報提供が充実しているだけなく，ケース越しではないオープン展示により，多くの考古展示資料を誰もがさわって鑑賞することができ（東，2004），触覚による鑑賞の楽しさへといざなってきた（**図９－３**）。縄文土器などの肌理（きめ）や重みから伝わるモノの存在感が呼び起こす感動はひとしおである。

図９－３　宮崎県立西都原考古博物館のさわって鑑賞できる展示資料

図９－４　国立民族学博物館の『世界をさわる』展示コーナー

また，国立民族学博物館でのフランス人の点字考案者ルイ・ブライユ生誕200年記念『点天展』（2009年）は，彼の功績や世界の様々な点字，点字機器を紹介し，点字の歴史と現在を概説するとともに，来館者が様々な展示物にさわって鑑賞する機会を提供した。企画者の広瀬浩二郎准教授は，視覚に障害のある人を「触常者」，ない人を「見常者」と位置づけ，「視覚経験に過度の力点が置かれた見常者中心の近代文明は，視覚を使わない触常者のライフスタイルから何かを学ぶべきではなかろうか。視覚に対する触覚からの異議申し立て，人類史の大変革のシンボルとしてブライユを再評価したい」と主張する（2010，p. 206）。同館は2012年には「じっくりさわる」「見てさわる」「見ないでさわる」の三部構成で彫刻作品，楽器，儀礼・生活用品などを誰もがさわって鑑賞できる『世界をさわる』常設展示コーナー（**図９－４**）を創設した（広瀬，2014）。

また，京都大学総合博物館では，ハマグリの内部構造と各器官の役割を，約20cm のぬいぐるみの模型をさわって観察するなどの一連の自然観察ワークショップを展開してきた（大野，2014）。さらに，京都国立近代美術館は，収蔵作品の触図を含むさわれる鑑賞教材を開発するとともに，多様な感覚を用いた美術鑑賞のあり方を探る『感覚をひらく』プロジェクトをシリーズで実施してきた。例えば，2018年11月のプログラム『手だけが知ってる美術館　第１回　茶道具』（**図９－５**）では視覚を使わない鑑賞（晴眼者はアイマスク着用）の機会も採り入れ，視覚に障害のある人を含む31人の参加者が館所蔵の茶道具を鑑賞した。視覚に障害のある参加者の一人は，十五代樂吉左衞門作＜焼締花入＞についてアンケートに次のような感想を寄せた（京都国立近代美術館，2019，p. 19）。

図９－５　京都国立近代美術館の『手だけが知ってる美術館』の様子

> ことばで説明してもらっても十分に理解できなかったのですが，目が見える人がざっと見ると四角い花器に見えることがあるとのことなのです。けれども，じっくり触ってみると，この花器は円筒形に近い形のように思われましたし，目が見える参加者の方も，触ると丸い形だということが分かると口々におっしゃっていたようでした。［中略］この作品は，目が見える人も，視覚的にみることに留まらず，触ることで，よりそのものの本来の姿というかあり様というか，本質のようなものに近づけることがあるということを，証明してくれているのかもしれないなあと強く感じた次第です。

同館の松山沙樹研究員は，このプログラムの実施が企画側にとっても大きな学びの場になったと振り返り，『手だけが知ってる美術館』シリーズを参加者の声を積極的に採り入れたりしながら，今後も継続し，より効果的な鑑賞プログラムのかたちを探っていきたいと述べている(2019)。これらの事例は万人に好評であるとともに，障害のある人の権利条約が要請する「合理的配慮」提供の好例でもある。

また，博物館は盲学校向けの機会も提供してきた。青森県立盲学校の増子（ますこ）正（ただし）教諭は，視覚に障害のある人の博物館利用に関して，実物にさわれることができない状況では具体的な感動を得ることは難しいことや，そもそも交通手段が重要であることを指摘し，博物館にさわれることを前提とする資料の収集を望みたいという。また，両手で静かにさわるとよりよく資料を理解できることなど，資料のさわり方の助言をしてもよいのではないかと提言する（2012)。

こうした学習機会の多様化の試みは，私たちが本来，複数の感覚を同時に駆使して様々な物事を味わったり感動したりしているにもかかわらず，資料の保存を重視する博物館では，視覚優位の資料の鑑賞機会の提供を中心に据えてきたことへの再考過程でも，進んできたといえよう。

（2）利用者の多様性の認識に基づく博物館のインクルーシブ教育

インクルーシブ教育においては，社会という共同体の成員間に共同体感覚を涵養することが重要であるが，それには，少数派の文化や関心が共同体において理解され共有化されることが不可欠である。本章では，主に障害のある人のアクセス権について検討してきたが，インクルーシブ教育では，アクセスが困難な少数派は誰かという視点を持ち続けることが重要である。日本では，日本語を解さない外国人もその一例だ。今日，博物館は外国人観光客や居住者の増加に対応して外国語の案内標識や解説板，ラベルを用意するようになってきた（13章）。東京国立近代美術館（千代田区）では，数人の参加者がファシリテーターと英語で話し合いながら所蔵美術品鑑賞・異文化交流を楽しむワークショップ『Let's Talk Art!』を筆者の監修により2019年に開始し，「他者の異なる視点を知るのが面白かった」といった感想が繰り返し寄せられ（大髙，2020），多文化共生の民主的共同体形成の場の一つになっている。

また，21世紀では「肉体的差異に意味を付与する知」（ジョーン・スコット）と定義される性差（ジェンダー）は，男女という二分法で表現できない複雑な内容をもつことが広く認識されている（横山，2020）。性に関する多様性を表すLGBTQ（lesbian, gay, bisexual, transgender, and queer（questioning））のうち，L・G・Bは性的指向（恋愛・性愛の対象）を意味し，Tは性別違和のある状態すなわち身体的性別と性自認（自己が認識している自身の性）が一致していない状態を指す。Qは性的指向のアイデンティティが社会的規範により予め設定されたものだけではなく，それ自体が疑わしいこと（questioning）であり，本来は多様であることを啓発し，あえて「奇妙な（queer）」という否定的な言葉が異性愛以外の多様な性的指向や性自認の存在を肯定的に意味するために使われている（近藤，2019，p.108）。多様な人々のインクルージョンを考える上で

「はじめから参加者として想定されている」ことの意義は大きいと近藤武夫は指摘する（2019，p. 109）。例えば，博物館が利用者に問う各種申込書やアンケートの「性別」で，男女の二分法を採らず，選択肢に「その他」や「NA（無回答）」などを準備しておくこともその表れといえよう。

（3）博物館におけるインクルーシブ教育のさらなる展開に向けて

インクルーシブ教育は，唯一の正しいカリキュラム・教授法を目指すのではなく，絶えず変化する個々の文脈に柔軟に対応すべく，より望ましい教育の実現を目指す不断の試行錯誤の過程において実現されていく。日本における，アクセス可能な博物館教育の実現への取り組みは，多様な利用者の側に立脚する国内外の知見を採り入れながら，今後さらに展開していくことを期待したい。そこでは次の三点が要となる。

第一に，博物館教育へのアクセスが困難な社会集団の存在・格差の存在の，博物館側による把握が前提となる。

第二に，博物館は，博物館教育へのアクセスが困難な人々の必要に応じた合理的配慮を提供する必要がある。博物館の既存の人的・物的資源をアクセス可能性の観点から再評価して有効活用することにより，合理的配慮の積み重ねができることも多々ある。こうした教育機会の開発と実践の過程は，万人に効果的な博物館教育のためのヒントの宝庫である可能性が高い。

第三に，博物館は，博物館教育へのアクセス権を保障しようという自らの理念と実践について，万人に知らしめていくことも必要である。このことは，多様な構成員が共生していく民主主義社会のあり方と，その中での博物館の役割を，博物館が提言することにほかならない。

引用・参考文献

大髙幸「視覚に障害のある人々が美術を経験する場としての美術館」『芸術学』14号 pp.5-20（三田芸術学会，2010年3月）

大髙幸「米国における美術館教育の潮流から学ぶ」『日本美術教育研究論集』47号，pp.13-24（日本美術教育連合，2014年3月）

大髙幸「会話による美術鑑賞プログラムへの視座：英語によるプログラム『Let's Talk Art!』」東京国立近代美術館ニュース『現代の眼』634号 pp.10-11（東京国立近代美術館，2020年1月1日）

大野照文「博物館とバリアフリー」嶺重慎，広瀬浩二朗編著『知のバリアフリー――「障害」で学びを拡げる』pp.191-212（京都大学学術出版会，2014年）

川島聡「障害者権利条約の概要――実体規定を中心に」法律時報1007，pp.4-14（2009年4月）

京都国立近代美術館「手だけが知ってる美術館　第1回　茶道具」『感覚をひらく―新たな美術鑑賞プログラム創造推進事業　平成30年度実施報告書』p.15-19（2019年3月29日）

近藤武夫「人々の多様性①（障害者・LGBT）」広瀬洋子・関根千佳編著『情報社会のユニバーサルデザイン』pp.92-113（放送大学教育振興会，2019年）

佐藤久夫「障害の概念」松井亮輔，川島聡編『概説障害者権利条約』pp.16-31（法律文化社，2010年）

清水貞夫『アメリカの軽度発達障害教育』（クリエイツかもがわ，2004年）

スコッチ，リチャード（竹前栄治他訳）『アメリカ初の障害者差別禁止法はこうして生まれた』（明石書店，2000年）

関根千佳「アクセシビリティやユニバーサルデザインに関する条約・法律・国際標準」広瀬洋子，関根千佳編著『情報社会のユニバーサルデザイン』pp.46-58（放送大学教育振興会，2014年）

デューイ，ジョン（松野安男訳）『民主主義と教育』（上）（岩波書店，1975年）

鳥居修晃『視覚障害と認知』（放送大学教育振興会，1993年）

東俊裕「障害に基づく差別の禁止」長瀬修，東俊裕，川島聡編『障害者の権利条約と日本：概要と展望』pp.35-72（生活書院，2008年）

東俊裕「障害者の権利条約」河野正輝，東俊裕編『障がいと共に暮らす―自立と社

会連帯―』pp. 26-38（放送大学教育振興会，2009年）

東憲章「宮崎県立西都原考古博物館の新たな試み」『日本ミュージアム学会会報』33号 pp. 8-11（2004年６月）

広瀬浩二郎編著『万人のための点字力入門：さわる文字からさわる文化へ』（生活書院，2010年）

広瀬浩二郎編著『世界をさわる―新たな身体知の探究』（文理閣，2014年）

マックギニス，レベッカ（広瀬浩二郎訳）「米国のミュージアムにおけるユニバーサル・デザイン」広瀬浩二郎編『だれもが楽しめるユニバーサル・ミュージアム』pp. 11-32（読書工房，2007年）

増子正「『さわる』力が地域を変える―盲学校・県立美術館・三内丸山遺跡の取り組み」広瀬浩二郎編『さわって楽しい博物館』pp. 29-38（青弓社，2012年）

松山沙樹「＜手だけが知ってる美術館　第１回　茶道具＞実施を振り返って」京都国立近代美術館『感覚をひらく―新たな美術鑑賞プログラム創造推進事業　平成30年度実施報告書』p. 20（2019年３月29日）

横山百合子「歴史のなかのジェンダー」国立歴史民俗博物館編『性差の日本史』pp. 8-9（歴史民俗博物館振興会，2020年）

American Association of Museums Task Force on Museum Education (1992). *Excellence and Equity: Education and the Public Dimension of Museums*. Washington, DC: American Association of Museums.

Department of Justice. (2008). *Settlement Agreement between the United States and the International Spy Museum under Title III of the Americans with Disabilities Act, DJ No.202-16-130*.

Nind, M., Rix. J, Sheehy, K., & Simmons, K. (Eds.). (2005). *Curriculum and Pedagogy in Inclusive Education: Values into Practice.* New York: RoutledgeFalmer.

10 学校と博物館

酒井敦子

《目標＆ポイント》 博物館の学校教育を援助する役割が博物館法に定義されているが，近年，学校教育においての博物館活用促進の気運はさらに高まっている。本章では，初等・中等教育を中心に，学習指導要領の変遷をたどりながら，学校と博物館の関係を概観する。また，双方の違いを踏まえつつ，実例をみながら，学校と博物館の連携について考える。
《キーワード》 博物館法，学習指導要領，連携，ワークシート，ギャラリートーク，体験学習，教員プログラム，オンラインでの実践

1．学校と博物館

社会教育法の精神に基づき，博物館の設置及び運営に関して必要な事項が定められている博物館法（1951年）において，学校教育と博物館の教育活動については，以下のように記されている。

第３条第１項第11号　学校，図書館，研究所，公民館などの教育，学術又は文化に関する諸施設と協力し，その活動を援助すること。

第２項　博物館は，その事業を行うに当っては，土地の事情を考慮し，国民の実生活の向上に資し，さらに学校教育を援助し得るようにも留意しなければならない。

同法の第１条にある「（博物館の）健全な発達を図り，もって国民の教育，学術及び文化の発展に寄与する」という目的を達成するための事業として，学校教育への協力は，法のうえで組み込まれているのである。

(1) 学習指導要領にみる博物館活用と連携

学校教育の現場において博物館の利用はどのように組み込まれていったのか，教育課程（カリキュラム）を編成する際の文部科学省が定める基準，学習指導要領をみてみよう。最初の学習指導要領は1958年（昭和33）に定められ，約10年毎に改訂されてきてきた。最近では2017年（平成29），2018年（平成30）に改訂が行われ，2020年度（令和２年度）に小学校，2021年度（令和３年度）には中学校，2022年度（令和４年度）に高校で，その新たな学習指導要領が実施される。博物館・美術館活用の記載についてまとめた一覧（寺島，2016）に，この2017年，2018年改訂版，及び総則について加えた表を参照しつつ，小・中学校の学習指導要領において，博物館，美術館活用がどのように位置づけられてきたかを追う（**表10－1**）。

表10－1　学習指導要領における博物館・美術館活用の記載

（○印＝記載あり）

学科・総則/学校 年	総則		社会		図画工作・美術		理科		総合的な学習の時間	
	小学校	中学校	小学校	中学校	小学校	中学校	小学校	中学校	小学校	中学校
H.元(1989)年			○	○						
H.10(1998)年			○	○	○	○	○			
H.15(2003)年 一部改訂			○	○	○	○	○		○	○
H.20(2008)年			○	○	○	○	○	○	○	○
H.29(2017)年	○	○	○	○	○	○	○	○	○	○

1970年代，高度経済成長が終わり，それまでの生産性重視から人間らしい生活を求める成熟した社会が望まれるようになる。こうした潮流を背景に，1977年改訂の小学校学習指導要領は初めて「ゆとり」を標榜す

るものであり，続く1989年の改訂では，「ゆとり」を継承しつつ「児童生徒の関心・意欲・態度を重視し，思考力・判断力・表現力に裏付けられた自己教育力を獲得する学習観」を理念とした「新学力観」が示された（田中，水原，三石，西岡，2018，pp. 78-79)。この時，小・中学校の社会科において「博物館や郷土資料館等の活用を図る」ことが盛り込まれる。

1992年から段階的に導入された学校週五日制は2002年に全面的に実施され，その間の1998年に改訂された学習指導要領では授業時間が削減される。また，「生きる力」をテーマとしたこの改訂では，「総合的な学習の時間」（以下「総合学習」）が導入された。それは，従来の教科による縦割り型の学力に対して，「横断的に総合化して課題対応型の学力をつけよう（水原，髙田，遠藤，八木，2018，p. 207)」とするものであった。この改訂で，小・中学校の社会科に加え，小学校の図画工作，中学の美術，そして小学校の理科においても，博物館（図画工作，美術では美術館）の活用について明記され，2003年の一部改訂では，小・中学校ともに総合学習について総則に追記されるが，そこには博物館を含む社会教育施設や社会教育関係団体などの各種団体との「連携」が加えられた。

2006年の教育基本法の改正と2007年の学校教育法の改正を踏まえて，2008年に学習指導要領が改訂された。2000年以降３年ごとにOECD（経済協力開発機構）が実施してきたPISA（国際学習到達度調査）の結果などから起こった学力低下論争を受けて，国語，算数，理科などの授業時間数を増やし，総合学習の時間を削減するなど，「ゆとり」教育から学力向上への転換が図られた。一方，「生きる力」の理念は継承された。博物館の活用に関しては，図画工作科でも鑑賞教育について美術館と「連携」を図るよう記されている。また中学校の理科についても新たに博物館の利用について記載された。

2017年に改訂された学習指導要領でも，変化の激しいこれからの社会に必要な「生きる力」を育むことが継承され，育成を目指す三つの柱として「実際の社会や生活で生きて働く知能及び技能」，「未知の状況にも対応できる思考力，判断力，表現力など」，「学んだことを人生や社会に活かそうとする学びに向かう力，人間性など」が挙げられた。今回の改訂で注目すべき点は，上述の「何ができるようになるか」に加え，「どのように学ぶか」という学びの質についても重視された点で，全教科・全領域に「主体的・対話的で深い学び」を目指した改変がなされたことである。いわゆる「アクティブ・ラーニング」の視点からの授業改善が求められている。また，「社会に開かれた教育課程」を実現するために学校教育に関わる様々な取り組みを，「組織的かつ計画的に実施し，教育活動の質の向上」につなげていく「カリキュラム・マネジメント」について要請されていることも注目すべき点である。具体的には，教科等横断的な視点での教育内容の組み立て，実施状況の評価・改善，そして人的または物的な体制の確保が挙げられている。

各教科については，2008年度の改訂に続き，博物館の利用については社会，理科，図画工作・美術，総合的な学習の時間で言及されており，さらに総則においても「主体的・対話的で深い学びの実現に向けた授業改善」のために配慮する事項として，「地域の図書館や博物館，美術館，劇場，音楽堂等の施設の活用を積極的に図り，資料を活用した情報の収集や鑑賞等の学習活動を充実すること」が挙げられている。このように，学校教育において博物館の活用及び連携はますます強く求められている。

（2）博物館教育の特質

ここで，改めて学校教育との比較からみえてくる博物館教育の特質を確認しておきたい。

博物館での学習について,寺島が挙げた4点の特徴(寺島, 2016, p. 153)の概要は以下のとおりである。

①「実物資料を用いた展示が媒介する学習」

物の鑑賞（1章）を核とし，特定の文脈のもとに構成された展示を通じて学習が行われる。

②「自律的で，自発的な学習」

学校では学習指導要領に基づいて，決められた時間の中で学級という集団で学ぶのに対し，博物館での学習は，学習者個人の好奇心，必要性に従い，自発的に行われる。時間的な制約のない，生涯にわたる学習である。

③「探求と省察を重視する学習」

学校では単元ごとの評価が伴うのに対し，博物館では学習者個人の目標のもと，そこに到達するまでの探求の方法や，過程と省察の機会が重視される。

④「コミュニケーションによる学習」

同年齢の友人とのコミュニケーションに偏りがちな学校とは異なり，博物館ではボランティア・スタッフなど，より多様な人とのコミュニケーションを通じた学習機会が提供される。

以上，4点の特徴からは，学校は教育課程に沿った時間割通り，目標に向けて，学級という同質の集団の中で行われる構造化した学習であるのに対し，博物館は多様な資料を介した，評価の伴わない，生涯にわたる自発的な学習であるという大きな違いがみえてくる。一方，学習指導要領で目指すところの「主体的・対話的な深い学び」は，博物館の学びと親和性が高いこともわかる。

学校と博物館の連携が，学校教育のためだけかといえば，そうではない。上述した通り，博物館教育は自発的な学習であるが故に，家族で来る機会がなければ，最初に来館するきっかけすらもち得ない児童生徒もいる。学校の博物館利用は，そうした子ども達が博物館の存在を知り，そこでの楽しみを体験できるならば，その一回で終わるのではなく，生涯に亘って博物館に親しみ，自発的に学ぶ場として活用し続けることにも繋がる（寺島，2016，p.165）。さらにいえば，小川義和が指摘するように，博物館にとって学校連携の目標は「地域の文化資源を将来にわたって継承していくため，その一つの方策として，学校教育と連携することによって，文化資源の伝承とともに，自然観や歴史観，文化観といったものを子供達に育てていくこと」（小川，2019a，p.48）である。

(3) 違いを超えた連携推進のために

学校と博物館はこうした違いを踏まえつつ，互いの利点を生かしながら連携を進めていくことが必要である。連携の充実を図るために，①博物館は学校との相互理解を高めること，②研修会などを通じて教員と学芸員が共に学ぶ機会を創出し，目的を共有すること，③連携をコーディネートする人材を配置したり，マンパワーを補うための様々な組織とネットワーク化を図ったり，博物館と学校をつなぐためのシステムを構築すること，④所蔵作品や施設，実際に学校と行った活用例も含め，情報を発信すること，などが挙げられる（寺島，2016，小川，2019b）。そして寺島が指摘するように「互恵的な関係を確立すること」（寺島，2016，p.165）も重要で，継続的な連携を進めていくために配慮すべき視点である。

2．学校と博物館の連携事業

(1) 連携への様々な取り組み及びプログラム

学校による博物館活用を推進，支援するために，博物館にて実施され

表10－2　学校との連携プログラム（寺島，2016，pp. 154-56）

プログラムの種類		内　容
印刷物	セルフガイド（児童生徒対象）	展示の鑑賞で利用。施設案内，展示テーマや資料・作品の解説の冊子や，質問や記入など能動的な活動を含むワークシートなど。
	学習の手引き（教員対象）	施設案内，授業で活用する資料の情報，展示作品と関連させた学習指導案など博物館の活用方法を紹介する冊子。
インターネット	学校専用ページ	博物館の利用方法やプログラム・教材情報などを掲載。必要な情報やワークシートなどのダウンロード・サービスも有り。
	メールマガジン	博物館から定期的に発信される展覧会やプログラムなどの電子情報誌。
館内活動	ギャラリートーク	解説，あるいは対話による展示室で行う資料・作品についてのトーク。触察などの体験を含むことも有り。
	講座・解説・オリエンテーション	学習室や講堂を利用して行う博物館紹介や展示・作品の解説。
	ワークショップなどの体験学習	創作，実験，観察など，博物館の資料・作品や周囲の環境を活かした様々な体験を伴うプログラム。１回だけでなく複数回のコースも有り。
	学校向け展示	小学校の社会科に対応して地域の歴史系博物館で行われることが多い企画展示。
	展覧会	美術館や科学館などで行われることが多い児童生徒の作品展。
	職場訪問（体験）	生徒と社会を結びつけるキャリア教育として，博物館の仕事について話を聞いたり，実際に仕事を体験したりするプログラム。

	ボランティア体験	主に中・高校生対象。ギャラリートークなど，博物館の様々なボランティア活動を体験するプログラム。
	教員無料招待日	展覧会の無料鑑賞に，講義や体験プログラムなどをセットにしたプログラム。
	教員研修	博物館の利用方法の紹介，知識・技術向上のための実技研修など。
	博物館実習	大学生を対象とした学芸員資格取得のための短期実習。
	インターンシップ	大学生以上を対象にした，専門性を重視した3か月～1年に亘るキャリア研修。
館外活動（アウトリーチ）	資料・教材の貸し出し	博物館の資料，レプリカ，標本，ゲームなどの教材の貸し出し。
	出前授業	学芸員などが学校に出向いて行う授業。また，直接出向かずインターネットを利用したウェブ授業も有り。
	移動博物館（美術館）	ひとまとまりの作品や資料を，学校へ持参して，授業で活用するプログラム。一定期間の展覧会も有り。
教員との連携活動・制度	委員会・研究会	学芸員，教員関係者などによる組織。授業案，教材の共同開発，勉強会などを実施。
	人事交流・派遣制度	連携を推進するために，教員が博物館に異動する人事交流や派遣制度。
その他付帯サービス	常設展無料観覧	主に小・中学生と引率教員対象の入場料金免除制度。
	送迎バス	来館のためのサービス。

る様々な取り組みについて，具体的にみていこう。まずは，寺島がまとめた一覧を引用しつつ，全体像を把握する。

学校と一言で言っても，博物館を利用するのは小・中・高といった校種，学年，教科，来館目的は様々である。時には複数を組み合わせ，多様な学習活動が行われている。

(2) 博物館における学校対象プログラムの実際

実際にどのようなプログラムが実施されているのか，事例を紹介する。

① セルフガイド（ワークシート）：国立国際美術館 「アクティヴィティ・ブック」

児童生徒だけで展示室をまわる際，手引きとなるのがセルフガイド（ワークシート）である。教員が授業の内容に合わせて作成する場合，教員と博物館が協力して作成する場合，そして博物館が予め用意しているものを授業の内容に合わせて選択して使用する場合と，その作成，使用方法は様々である。

国立国際美術館では，学校団体による美術館を活用した鑑賞教育を推進するため，オリエンテーション，ギャラリー・トークの実施に加え，いくつかのワークシートを用意しており，学校側の目的，学年，人数，時間などの条件に応じてそれらを組み合わせている。2017年（平成29年）から学校団体に配布されている「アクティヴィティ・ブック」（2021年には新訂版発行）には，美術館で能動的に作品に関わることのできる30ものアクティヴィティが掲載されており，学校側の目的に合わせて選択できる柔軟性をもち合わせている。特定の作品ではなくどの作品にも適用できるのが特徴で，例えば，「そっくりさん」というアクティヴィティ（**図10－1**）では，展示作品の中から，自分に似ている作品を選び，その理由を書き出したり，作品をスケッチしたりする欄がある。児童生徒が選んだ作品について，自分自身に引き寄せてよく見るような設問となっている。このように汎用性のある内容にしたのは，本冊子が学校団体の来訪時の実態に合わせて作られたものだからである。例えば，100人以上もの団体がこのセルフガイドを使用する場合であっても，限られた作品に子どもが集中してしまうことなく，鑑賞しやすい環境を確保することができる(1)。各学校の様々な状況に対応可能なように使用状況を想定し，物理的にも配慮がなされた印刷物である(2)。

図10－1　国立国際美術館「アクティヴィティ・ブック」に収められたアクティヴィティの一つ，「そっくりさん」

②　美術館での会話形式のギャラリートーク

7章で触れた通り，美術館では学校団体に対して会話によるギャラリートークを取り入れているところが多くある。ニューヨーク近代美術館で開発され，1990年代半ばに日本に紹介された「ヴィジュアル・シンキング・ストラテジーズ」をもとにした，会話によるギャラリートークが行われている。学芸員らが作品に関する情報を一方的に伝える解説ではなく，この会話によるギャラリートークは，ファシリテーターを務め

---

(1)　藤吉祐子，小林英治「美術館をふと戻って来れる場所に―ジュニア向け鑑賞ガイドの舞台裏」『DNP Museum Information Japan：artscape』https://artscape.jp/focus/10147582_1635.html　2021年2月22日取得

(2)　国立国際美術館では特定の作品をじっくり見るための「ジュニア・セルフガイド」という印刷物もあり，学校ではなく個人で来館した小中学生に配布している。

る学芸員やボランティア・スタッフらの問いかけによって，児童達は作品の注意深い観察と，それを根拠とする自身の解釈を深めていく。1998年以降の学習指導要領では，図画工作，美術においても「鑑賞」の指導に美術館の積極的な活用が謳われるようになったこともあり，美術館における鑑賞教育の関心が高まった。学習指導要領に記載される「鑑賞」とは，作品に関する知識を得るということではなく，児童自身が作品に関心をもち，見方や感じ方を深めることが重要とされ，先に述べた通り「主体的・対話的な深い学び」による授業改善が求められる2017年改訂版においては，益々その目的にあった活動となっている。

③　体験学習：みのかも文化の森／美濃加茂市民ミュージアム

2000年(平成12)に開館した，みのかも文化の森／美濃加茂市民ミュージアム（以下「文化の森」）は，自然史，考古，歴史民俗，美術，文化史といった総合分野を扱う博物館である。里山の自然に囲まれた約９ヘクタールの敷地には，展示棟，学習棟，実習棟の他，昭和30年代の養蚕家屋を復元した生活体験館「まゆの家」や，民具展示館，宿泊アトリエ棟など，複数の建物が連なる。学校教育との連携・市民参画・地域づくり・自然との共存をコンセプトに，各学校の年間指導計画に位置づけられた授業や体験学習を行う場として，支援体制を構築してきた（みのかも文化の森／美濃加茂市民ミュージアム，2020)。

学習の効果を高めるためには，学校側との綿密な連絡が不可欠である。それを担うのが，文化の森の「学習係」で，活動日の調整や教員との打ち合わせ，準備に加え，活動時は教員，学芸員と共に児童生徒の学習に携わる。そして，より豊かな体験学習の実現に，市民の参加が一役買っている。学習支援ボランティア，昔ながらの料理を伝える伝承料理の会，昔の道具や体験を伝える生活体験ボランティアなど，市民が様々な形で授業に参画し，児童生徒の安全確保，理解を深めるための声がけなどを行っている。このような異なる立場の人が関わる，「ティームティーチング」が行われている。

運営体制や情報の共有においても，博物館と学校の密接な連携体制が組まれている。市内の小中学校の教員各校１名が参加する「文化の森活用委員会」は，学習活動の運営・工夫や，新規プログラムの開発などを話し合い，学校との連絡組織として機能している。学校と教育委員会をつなぐイントラネットを利用しての情報共有がなされたり，実際に行われた学習活動については毎年発行される「活用の手引き・活用実践集」に掲載されるほか，ホームページにも紹介される。そのほか，学校からの往復にバスが手配され，物理的な支援体制も確立されている。

文化の森では，そこでの活動を，様々な教科のカリキュラムの中に位置づけ，見学だけでは終わらない継続的な体験学習を提供している。例えば，社会科の授業では，七厘や洗濯板などの古い道具を実際に使ってみたり，理科では，里山内で自然観察をしたり，ほかにも総合学習，国語，図工など，活用方法は多岐に渡る。筆者が2018年１月に見学した際は，小学校５年生の子ども達が総合学習の一環として「五平もちづくり」を行っていた。既に一度来館し，社会科で昔の道具などを実際に使ってみたりして米作りについて学んだ子

図10－2　みのかも文化の森／美濃加茂市民ミュージアムでの体験学習　小学校５年生による総合的な学習の時間の様子。「くど（かまど)」で米を炊いている。

ども達で，5年生になって2度目の来訪である。まずは，まゆの家にある「くど（かまど）」でご飯を炊く。炊飯器のスイッチを入れて待つだけとは訳が違い，薪をくべながら微妙な火加減の調整が重要となる（図10－2）。これらは地域の経験豊かなボランティアが子ども達と会話を交わしながら実際に行う。そして，子ども達はその体験を通して，現代の生活では得られない知識や感覚を学ぶのである。耐火レンガと七厘で火を起こした炭を用いて子ども達が作った焼き場で，割り箸に炊いた米をつぶしたものを丸めてつけたものを焼く。最後は，たれをつけて出来上がった五平餅を味わうという，五感全てを使う体験学習である。

④　教員対象のプログラム：国立科学博物館「教員のための博物館の日」／国立美術館「美術館を活用した鑑賞教育の充実のための指導者研修」

地域の教員と研修会をもつなど，教員に向けたプログラムを積極的に実施している館もある。一方，全国規模で行われる研修も，ここ15年ほどの間で継続的に行われるようになった。ここでは2つのこうした全国レベルの教員対象プログラムを紹介する。

一つ目は国立科学博物館が2008年に学校と博物館の心理的な距離を縮める事業として始めた「教員のための博物館の日」である。教員にまずは博物館に足を運んでもらい，博物館に親しみ，博物館とはどんな所なのか理解を深めてもらうことを目的としている。学校側の「リエゾン」となる人を育成しようという試みである。毎年7月にこのプログラムが開催される際は，教員の入館料を無料とし，ミュージアムショップでの割引きや，音声解説機器を無料で貸し出すほか，近隣の東京国立博物館や国立西洋美術館の常設展なども無料観覧とし，上野公園内各館の展覧会や教育普及プログラムの情報を入手できるブース展示も行っている。また，2011年度（平成23年度）以降，国立科学博物館以外の館でも実施を広げ，2018年度（平成30年度）は33地域の博物館が拠点となり，109

の博物館，教育機関，大学などの協力を得て，2392名の教員が参加し，全国的な展開をみせている（小川，2019a，pp. 22-25）。

もう一つは，独立行政法人国立美術館が文化庁と共催で2006年度（平成18年度）より毎年夏に行っている(3)「美術館を活用した鑑賞教育の充実のための指導者研修」である。全国から教員，指導主事のほか，学芸員が100名程参加する。この研修では，参加者がこの研修で学んだことを地域に還元していくことも期待されている。

2日間に渡る研修は，鑑賞教育に関する講演，グループワーク，事例紹介，ワールドカフェなどで構成される。教員同士，もしくは教員と学芸員との新たな繋がりが生まれ，時にはここでの出会いがその後の連携へとつながったケースもある。参加者同士のネットワークづくりにも一役買っている(4)。

3. 学校と博物館の連携の現状とこれからに向けて

（1）博物館における学校団体の受け入れ状況

全国にある博物館での学校への取り組みを概観できるデータがある。日本博物館協会による『令和元年度（2019年度）日本の博物館総合調査報告書』(5)（調査対象館4,178館，有効回答館2,314館）では，博物館と学校教育の関係についていくつかの質問を設けている。その中で，「学校向け教育プログラムを館として独自に作成していますか。」という問いについては，「常設展に合わせた教育プログラム」が18.0％，「“総合的な学習”を念頭においた教育プログラム」が15.9％，「“学習指導要領”に沿った教育プログラム」が12.5％，「特別展や企画展に合わせた教育

(3)　2020（令和3）年度は2021年2月にシンポジウムを開催。

(4)　2019年度美術館を活用した鑑賞教育充実のための指導者研修
http://www 2.artmuseums.go.jp/sdk 2019/index.html　2021年2月25日取得

(5)「令和元年度　日本の博物館総合調査報告　令和2年9月」（公益財団法人日本博物館協会，2020年）
https://www.j-muse.or.jp/02program/pdf/R2sougoutyousa.pdf　2021年2月25日取得

プログラム」が9.8%,「教員を対象にした教育プログラム」は8.1%と続き，いずれも20%を切る結果となっている。プログラムとして作成するとなるとハードルが高いのか，実施しているのは限られた館となっているのが現状だ。しかし，学校との連携や学校教育との関連において，2018年度の段階で,「次のことがありましたか」という問いでは,「授業の一環として，児童や生徒が来館すること」は86.0%,「遠足や修学旅行などの行事の一環として，学校が団体で来館すること」は72.8%,「職場体験の一環として，児童・生徒が来館する」も58.9%の館が「ある」と回答し，これらのことは多くの館で起きていることが分かる。調査の対象であった2018年度においては，博物館がプログラムを作成するというところまで至らないにしても，学校団体の博物館活用が広く行われていたことが窺える。

(2) 新たな局面を迎えて

上記の調査が行われた後の2020年，新型コロナウィルス感染拡大によって博物館のプログラム実施においては様々な制約の下，その実施方法を模索せざるを得ない状況となった。学校は休校となり，多くの校外活動の中止が余儀なくされた。また，文部科学省のGIGAスクール構想を前倒しにして，急ピッチで一人一台の端末導入が進められている。こうした中，博物館においては，**表10－2**（p.176）でいうところの「インターネット」による情報発信や，オンラインなどを活用し，様々な工夫を凝らした「館外活動（アウトリーチ）」も行われるようになった。こうした取り組みは，当初，学校が博物館に来訪することの「代替案」として着手したところも多かったと思われる。しかし,物理的に叶わなかった遠隔地の学校ともつながる手段として注目されるなど，新しい連携方法として存在感を示し始めている(6)。テクノロジーによって解決できること，その可能性を模索すると同時に，やはり物を直接前にしてできることは何なのか，そして子どもたちにとっての豊かな学びとはいかなるものなのかという本質について，改めて見直す時期に来ている。

先に述べた学習指導要領の改訂と並び，学校と博物館の連携においては新たな局面を迎えている。こうした時こそ，新しい取り組みを手がけるチャンスでもあり，博物館と学校の，益々の相互理解が求められている。

引用・参考文献

小川義和編著『協働する博物館　博学連携の充実に向けて』（ジダイ社，2019年a）

小川義和「博学連携は何のために」『生物教育』第60巻　第3号 pp. 156-160（日本生物教育学会，2019年b）

田中耕治，水原克敏，三石初雄，西岡加名恵『新しい時代の教育課程（第4版）』（有斐閣，2018年）

寺島洋子「学校と博物館」『新訂　博物館教育論』pp. 150-166（放送大学教育振興会，2016年）

水原克敏，髙田文子，遠藤宏美，八木美保子『新訂　学習指導要領は国民形成の設計書─その能力観と人間像の歴史的変遷』（東北大学出版会，2018年）

みのかも文化の森／美濃加茂市民ミュージアム『～令和2年度の活用にむけて～みのかも文化の森／美濃加茂市民ミュージアム　活用の手引き・活用実践集　2019年度版』（みのかも文化の森／美濃加茂市民ミュージアム，2020年）

ヤノウィン，フィリップ（京都造形芸術大学アート・コミュニケーション研究センター訳）『どこからそう思う？　学力をのばす美術鑑賞　ヴィジュアル・シンキング・ストラテジーズ』（淡交社，2015年）

(6)　2021年2月14日にオンラインで実施された「美術館を活用した鑑賞教育の充実のための指導者研修　15周年記念シンポジウム～美術館と学校　鑑賞教育の今と未来～」では，島嶼部などの遠隔地，通信制，院内学級などを含む学校とのICTを駆使した事例が紹介された。
http://www2.artmuseums.go.jp/sdk2020/　2021年7月6日取得

11　家族と博物館

大髙　幸

《目標＆ポイント》 家族という集団における教育（家族内教育）は，人の生涯に亘り日常的に展開される。家族内教育と博物館教育との効果的な連携は，家族以外の様々な博物館利用者にとっても有効な教育のモデルとなる。本章では家族と博物館の効果的な連携を目指す博物館教育のあり方を検討する。
《キーワード》 家族，家族内教育，教育的スタイル，家族の物語，家族プログラムの鑑定士，学習の転移，対話，少子高齢化，ジェンダー

1．現代の家族

家族は最も普遍的かつ基礎的な社会集団であるが，今日，結婚や家族に関する価値観は多様化し，家族は急激に変化し続けている。

（1）家族の変化

家族は親族関係にある人々によって構成される集団とされ，必ずしも住居を共にすることを要件としないために，統計的に家族を把握することは難しい。そこで，人口統計では，家族に代わって住居と生計を共にする集団概念である「世帯」が用いられる。今日，平均世帯人員の推移は世界的に減少傾向にあり，国勢調査によると，日本では1960年に4.14人だった平均世帯人員は2015年には2.33人まで減少し，１人世帯，２人世帯の増加が著しい（総務省，2016）。こうした世帯の小規模化の要因には次のような点が挙げられる（善積，2008，p.17）。

① 産業化とともに都市への人口集中による核家族世帯の増加
② 離婚や同棲関係解消による母子・父子世帯や子どもと離れて暮らす親の増加
③ 晩婚・非婚化によるシングル世帯の増加
④ 出生率の低下に伴う子どもの数の減少
⑤ １人暮らしの高齢者の増加
⑥ 出稼ぎや転勤のための単身赴任者の増加など

今日の家族は，伝統的家族（拡大家族）から核家族を主とする近代家族へ，社会の共同体に包摂される制度的家族から成員相互に情緒的な関わりをもつ友愛家族へ，成人を中心に置く家族から子ども中心家族へ，そして生産や消費のための家族から子の教育を非常に重視する家族へという，著しい変化に遭遇しているといえよう（岩永，2010，p.69）。

家族の存立基盤が成員間の友愛という情緒的な関係であるということは，伝統的な「制度モデル」から「関係モデル」への結婚の推移と密接に関連する。結婚のパートナー関係は，「制度モデル」では相対的に不平等な家父長制が強いのに対し，「関係モデル」では相対的に平等な友愛制が強い。制度モデルから関係モデルへの推移は，社会制度としての強固な枠組みの中にあった結婚が，個人の選択性が拡大していく結婚へと推移することを意味する（宮本，2008，pp.29-30）。日本でも家族を絶対的なものと見なさず，結婚しない選択や子どもをもたない選択が可能な家族の相対化，家族集団としてよりも個人の選択と決定が優先される家族の個人化，法や制度による「家族のあるべき姿」が揺らぐ家族の脱制度化の傾向が強まり，日本固有の家制度規範は若年世代ほど支持されなくなっている（宮本，2014，p.23）。しかし，友愛家族は，わずかな感情の振幅が家族を崩壊へと導く危険性もはらんでおり，家族という社会集団の脆弱化・存続の危機の要因にもなり得る（岩永，2010，p.68）。

(2) 日本の家族が抱える問題

今日，少子化とも相まって子どもの教育に熱心な子ども中心の家族は世界中で見受けられる（Rosenfeld & Wise, 2000)。アジア諸国の子育ての担い手の比較分析によると，母親，父親，親族，家事労働者（子守・メイド)，施設（保育園・幼稚園など）で構成される子どものケアの社会的ネットワークの中で，母親に責任が集中している日本では，母親が子どもの世話だけにかかりきりになり，社会との接触を欠いてしまい，ノイローゼのような状態になる「育児不安」が社会問題化している。ほかの社会ではほとんど見られないこの問題は，子育てを支援する社会的ネットワークの貧困が原因であった（落合，2008，pp. 127-128)。

「育児不安」が日本に特有な社会問題であることは注目に値する。今日の日本で問題とされがちな「家族の教育力の低下」や「親による子どもの虐待」も，家族が帰属する地域社会の人間関係の希薄化や社会的ネットワークの貧困の分析抜きに考察することは，避けなければならない。

日本の男性の家事・育児時間の短さは，個人や家族の問題というより，日本社会の構造的な問題と関わっている（長谷川，2018)。さらに，母親に自己犠牲と過剰責任を要求する「母性神話」が支配的文化として定着してきたことによって，家族の多様な問題が生じてきた（舩橋，2016)。日本の男性の育児参加の行方は，労働時間の適正化と変化する性役割分業意識に依存する（松田，2016)。その日本は，世界経済フォーラムが2021年に発表したジェンダー（社会的に形成される性別）平等の度合いにおいて156カ国中120位とみなされた（World Economic Forum，2021)。

2. 家族内教育

教育は個人や様々な教育機関によって展開される（1章)。「家庭」が主に場を指すのに対し，「家族」は社会集団を意味する。そこで本章では家族という集団において展開する教育を「家族内教育」という。

(1) 家族内教育の特質

教育を論ずる時，誰が誰を教育するかということを考察することは重要である。学校教育のモデルが浸透しているため，家族においても大人(父母や祖父母など）が子どもを教育するということがまず思い浮かぶ。「家庭教育」という語を用いる研究の殆どはこの視点から論じられてきた。しかしながら，家族内教育と博物館教育の米国の研究者ホープ・レヒターによれば，大人による子どもの教育は，家族内教育の一面に過ぎない。家族内教育の重要な特質は，長期に亘る人間関係に基づく構成員の相互教育と自己教育で構成されるということである（Leichter, 1974)。子どもも大人を教育し，兄弟姉妹，夫婦も教育し合っている。また，各人は絶えず自己を教育している。

どのような家族形態であろうと，人は，家族内で様々な教育的な機会に遭遇し，家族内教育を通して，本人の自覚の有無にかかわらず，どのような事柄をどのように選択し，どのような学習法で学んでいくかという独自の「教育的なスタイル（educative style)」を，生涯に亘り身につけていく（Leichter, 1974, pp. 201-203)。これは，「学び方のスタイル」(学習様式）に近いが，レヒターが，一般的な「教育的（educational)」ではなく，educative という語を用いているのは，デューイ同様，学習の成果としての成長が無自覚的で簡単には捉え難いことや（1章)，人が自己の教育的スタイル自体を自覚していないことも多いことを勘案している。環境要因と学習者本人の要因の相互作用がこの語にニュアンスとしてある。さらに「教育的なスタイル」は関心のある事柄やそれを学習する機関や場所，学習法などを統合的に選択していく過程で，長期に亘り培われる点で，個々の学習様式よりもはるかに広い概念である(1)。

家族内教育は社会から孤立して完結している訳ではなく，家族内教育により，学校，職場，博物館などの家族外での教育に，何らかの変容（賛同・否定，取捨選択を含む解釈など）がもたらされる（Leichter, 1974)。そこで，家族は，ほかの教育機関での教育に作用する仲介者（mediator）と考えられてきた。しかしながら，その逆に，家族での教育がほかの教育機関によって変容されることもある。このように，教育は，様々な教育機関や教育資源が複雑に絡み合うネットワークの中で展開されていくといえよう。博物館教育は，このネットワークの理解により一層充実したものになり得る。

また，家族内教育は，教育の範囲が学校教育などに比べて遥かに広く，人の生涯を通じて日常的に継続される非定型教育であるために，その過程そのものが教育的であり重要である。特に，家族内教育は構成員の触れ合い（interaction）の過程，中でも会話の過程において展開されることが多い。物語（story）は作り手と聴き手の両者にとって経験を記憶可能な形に変容させ，その共有化を可能にすることから，あらゆる形式の教育において重要な役割を果たす。家族内教育では，とりわけ，家族の構成員にまつわる物語（family stories）が重要であり，こうした物語は時とともに変容し，発展する（Leichter, 1997)。友愛家族では互いを理解し合うための家族の物語や民主的な会話が重要な役割を果たす。

---

(1)　2011年2月8日の筆者とのインタビュー。

（2）現代の家族内教育

文化人類学者マーガレット・ミードは，変化の激しい社会ではそれに対応すべき教育の重要性が増し，何を教えるかということより，どのように学ぶかを大人が次世代に教え得る新しい教育モデルを創造しなければならないと提言した（Mead，1970）。変化が緩やかな社会では，過去の知識が次世代に繰り返し役立つ，閉ざされた教育システムが有効だったが，社会が予測不可能なほど急激に変化していく今日，未来を志向する開かれた教育システムへの転換が必要である。さらに，ミードは，急激に変化する社会の文化の発展は，自己の裁量で率先して行動することを認められている若者が年長者を未知の方向へと案内し得る，継続的な対話（dialogue）の存在如何にかかっていると指摘した。

洋の東西を問わず，異世代間の継続的な対話が可能な最たる社会集団は家族であるが，今日の子育ては，子どもの将来の成功に資すべく一流大学への進学を重視する学力偏重のきらいがある。ハイパー・ペアレンティング（hyper-parenting）も多数見受けられる。ハイパー・ペアレンティングとは，子どもの将来の成功を願い，その発達を加速させたい余り，子どもを多様な教育プログラムに日々過剰なまでに参加させるため，家族が多忙を極め，親も子も疲労してしまう，今日，多くの国々の家族に見られる子育ての現象である（Rosenfeld & Wise，2000，pp.xv-xxxii）。

このように，今日，多くの大人は，様々な教育機関における教育のうち，学力の修得を主とする学校教育を最重視し，ミードの提言とは裏腹に，教育において「大人が子どもを教育する」側面にその認識が偏よる傾向がある。裏を返せば，家族内教育の重要性とその過程の重要性への認識が薄いということでもある。家族内教育の重要性と会話の重要性への大人の認識が深まれば，家族内教育における対話による相互教育の可能性を広げることができるといえよう。

3. 家族の博物館利用とその教育的意義

（1）家族を対象とした博物館教育

今日，世界の多くの博物館は，セルフガイドなどの展示補助教材や，ワークショップや「家族の日」を含む家族プログラムなどにより，家族を対象とする教育機会（**図11－1**）を提供し，人気を博しているが，博物館教育において，家族は比較的新しい対象グループである。博物館の家族向けのプログラムの先鞭を切った米国においても，1941年にメトロポリタン美術館（Met）が5～15歳の子どもを含む家族向けの鑑賞教室と制作教室を実施するまで，博物館は家族を教育グループとは見なしていなかった（Leichter, Hensel, & Larsen，1989）。米国では，1980年代に利用者増という運営上の要請から多くの家族プログラムが開始された。今日，博物館は家族を「密接かつ継続的な関係を有する大人と子どもを含むあらゆるグループ」（Kropf & Wolins，1989）と定義するなど，現代の家族形態の多様性と関係を軸とした友愛家族を反映し，血縁の有無を問わない。家族が博物館に親しみをもち，その教育資源の理解を深め，家族の余暇活動に寄与することを目指す，家族向けの博物館教育の今日における世界的な隆盛は，利用者増という運営上の要請で家族が着目されてきたことに因るところが大きい。そのため博物館が家族に提供する教育機会の，家族という集団への教育的効

図11－1　美濃加茂市民ミュージアム（岐阜県美濃加茂市）の自然科学系プログラムに参加する家族

果に関する理論研究は少ない。

（２）博物館教育と家族内教育の関連性に関する研究

家族の博物館での経験が家族内教育においてどのような意義をもち，どう作用するかに関する事例研究は，時間と労力を要することもあり極めて少ない（Otaka，2007）。家族生活における科学博物館の役割を調査したクリステン・エレンボーゲンの記述的（ethnographic）事例研究は，示唆に富む。頻繁に科学博物館を訪れる一家族の行動を科学博物館や自宅その他の場所において６ヵ月間観察などにより調査したものである。結果は，大人と子どもが一緒に学ぶよう促す科学博物館の意図とは裏腹に，両親と12歳の息子は博物館の展示物について各自別々に学び，この学習様式は，家族のほかの場面における学習様式とは際立って異なる，孤立したものだった。さらに，この家族は，博物館を多くの教育資源のうちの一要素に過ぎないと見なし，利用する様々な教育機関が想定する学習領域にとらわれていなかった（Ellenbogen，2002）。

この家族の学際的な博物館利用は，１章で考察した現代の博物館利用のあり方に符合するが，博物館での家族の学習様式が，自己教育に偏っていることや，博物館外での学習様式から際立って孤立したものだったことは，家族と博物館の関係を考慮する上で注目に値する。

博物館の中で美術館の家族プログラムと家族内教育の関連性についての研究は一層少なかったため，2005～６年の１年間，筆者はニューヨーク市内の３美術館の家族プログラムに参加した８家族の日常生活と美術館のプログラムでの経験との関連性を調査した（Otaka，2007）。この記述的事例研究では，グッゲンハイム美術館，ホイットニー美術館，ブルックリン美術館の各館１種類の美術鑑賞と制作で構成される週末のプログラムの観察，インストラクターのインタビューとともに，８家族９

世帯の参加者の自宅を最低2回訪問し，家族の構成員（祖父母3人，父母12人，4～11歳の子ども15人：プログラム不参加者を含む）を美術館と自宅でインタビューした。

インストラクターたちによると，プログラムの目的は保護者と子ども（主に4歳児から小学生）が美術館に親しみをもち，楽しい雰囲気の中で美術を一緒に学ぶということであった。しかし，大人の参加者に教材や参加の機会を提供しない，実質的に子ども向けの回があった。プログラム外で大人の参加者が美術作品などを子どもと一緒に鑑賞し，プログラムで行ったような質疑応答形式の会話をして欲しいというインストラクターたちの期待に反して，美術館や自宅において大人と子どもが一緒にこうした機会をもつことは殆どなかった（Otaka，2007）。

一方，各家族は家族形態，文化・経済的事情の違いにかかわらず，大人（親や祖父母）は子の教育に熱心で，そのため家族は多忙であった。また，様々な文化的なモノ（cultural objects）と豊富な教育機会を有し，日常的な美術制作・鑑賞経験は家族の構成員の重要な自己教育の機会であった。しかし，各人にとって重要な文化的なモノ（美術作品，贈物，玩具，DVD，図書，庭，祖母の刺繍や手料理など　**図11－2，図11－3**）に関する大人・子ども間の会話は稀で，大人と子どもは互いに十分理解し合っておらず，各家族の日常生活と美術館の家族プログラムでの経験との関連性は薄かった。

殆どの大人の参加者は，家族プログラムを専門家による子ども向けプログラムと見なし，それが子どもの発達にとって効果的かどうかを見極めることを最重視していた。筆者は，大人のこうした態度を「家族プログラムの鑑定（connoisseurship of family programs）」と定義した（Otaka，2007，p. 249）。多くの大人は自己を学習者ではなく家族プログラムの鑑定士と位置づけていた。

図11－2（左），図11－3（右）　米国の11歳の少女が描いたお気に入りのマンガ（左）と別の家族の子どもたちが大切なモノと考える祖母の刺繍（右）

家族にとって美術館の家族プログラムでの経験が様々な教育機会の一要素に過ぎず，多忙な生活の中で，ほかの豊富な教育機会と関連の薄いものだったという結果は先のエレンボーゲンの調査結果と呼応する。

子どもの学力向上のための教育を生活の中心に据え，そのため多忙な家族のあり様は，洋の東西を問わず現代に特徴的だ。日本でも親は子の教育に熱心で，子どもたちは進学塾や習い事通いで多忙な日々を送っている。日本の教育熱心な親も，様々な家族向け，子ども向けのプログラムを探し，頻繁に参加している。博物館の側からみると，家族プログラムの参加者にはリピーターが多い。筆者が日本で実施してきた美術館家族プログラムでもこうした傾向が見受けられる（Otaka，2016）。

ブリヂストン美術館（現アーティゾン美術館・中央区）は，2001～15年の14年間に102種258回実施した小学生とその保護者向けの『ファミリープログラム』（**図11－4**）のアクション・リサーチを2019～20年に筆者と協働して実施し，各回の詳細な記録と調査結果（14章）を公表した（アーティゾン美術館，2020）。

図11－4　ブリヂストン美術館（現アーティゾン美術館）の『ファミリープログラム』

調査の一環として自宅などでインタビューした首都圏の13家族28人（参加当時大人17人，子ども11人）は，前述の米国での調査結果と同様に，豊富な文化的なモノと教育機会を有して多忙であり，親は子の教育に熱心だった。ほとんどの家族が首都圏のほかの美術館などの家族プログラムにも頻繁に参加し，情報交換などをしていたことから，筆者はこうした家族を「家族プログラム渡り鳥（family-program migrants）」と定義するとともに，これらの家族のパターンは，首都圏の美術館の家族プログラムの参加家族に概ね共通するものと推定する（2020，p. 199）。

本インタビュー調査で明らかになったことは，参加回数の多少（1～30回）にかかわらずプログラムでの印象深い事柄（作品や自己，他者の行動など）は，時期や固有名詞などに曖昧な点が多々あるものの，十数年後でもそれを取り巻く空間・時間の文脈の中での出来事として鮮明に語られ，プログラム前後の様々な関連経験も語られたということである。本調査では子としてのプログラム参加者は調査時に中学生～20代半ばで，大学生以上の方が関連経験の範囲に広がりがあった（大髙，2020）。

大人の参加者では，子の教育を重視して参加した人が大半であった一方，子のためだが自分自身も楽しむため，あるいはどちらかというと自分自身の知的な余暇・安らぎの場としてプログラムを楽しみにし，高く評価する人が存在することも明らかとなった。また，家族が様々な美術館の家族プログラムに渡り鳥のように参加する要因には，美術館は静かにしていなければならないので子を連れて行きづらいという大人の共通認識があり，この美術館観は米国では聞かれなかった（大髙，2020）。

貝塚健（かいづかつよし）学芸員は，調査によりプログラムが長期に亘る影響を参加者に与え続けている効果を確認できたとし，参加者の高い満足度を踏まえ，①プログラムの体験を「展示室での120分」の外側に時間的にも空間的にも拡張する工夫や②大人の心をつかむプログラムづくりを，本プログラムの特質として挙げている（2020，p. 224）。

この調査は，プログラム内の経験が参加者の生活と長期的にどう関わってきたかを数年～十数年後に調査した点が画期的である。

（3）家族内教育に貢献する博物館教育とは

家族向けの博物館教育に通底する理念は，長期に亘る人間関係に基づく相互教育と自己教育で構成される家族内教育の特質をバランスよく高めることを第一義とする。

クロプフとウォリンズは，博物館の家族向けプログラムは，学習過程で①家族の構成員が相互に学び合う機会，②個人探究を促進する機会，③学習の成果である知識を他の場面でも活用できるようにする学習の転移（transfer of learning）あるいは学習効果の転移（transfer of learning effect）を促進する機会（プログラム内での参加者による実技の実践や概念の使用など）の三種の機会を提供すべきであると提唱した（Kropf & Wolins，1989，pp. 78-83）。これらは，家族内教育に有効に作用し得ると考えられるが，この三要件を満たさない家族プログラムが多々ある（Otaka，2007）。特に，大人の個人探究や学習転移に必要な参加の機会と教材が提供されないことが多い。そうした場合，学習の転移が家族内で起こる可能性は低いといわざるを得ない。

博物館は，そこで大人と子どもが未知の事物を一緒に学ぶ過程で「学び方」を共に学ぶことができるという点で，ミード（1970）が提唱する新しい開かれた教育の場となり得る。家族が教育資源としての博物館を主体的に活用するということは，その経験が家族内教育に貢献することに繋がる。その一助としての家族プログラムでは，未知の事物を学ぶ過程を参加者が体験し（大高，2010），学習の転移を重視して家族内における民主的な教育を促進することが重要である（Otaka，2016）。家族向けプログラムやセルフガイドなどでは，次の三種の機会の提供を提案する。

①　大人が家族内教育の重要性を認識できる機会

グッゲンハイム美術館は，筆者の研究を踏まえ，家族プログラムに加え，大人と子どもが美術館で展示作品や展示空間を一緒に楽しく鑑賞するのに役立つアイデアを学ぶワークショップを大人のみを対象として実施している。このプログラムは，参加者が学習者として会話を実践する機会を提供することで，家族内教育の重要性に気づき，その教育観に作用する上で効果的である。

②　参加者が対話（協働探究）する機会

インストラクターが参加者に質問をし，参加者が答えるだけでは，対話としては十分とはいえない。対話（dialogue）とは，その参加者が自らの興味と疑問に基づいて選んだ事柄に関する自由な協働探究である（Otaka，2007）。そして，対話とは，その始まりにおいて，誰もその結末を知らないような知的な冒険である。美術作品などを鑑賞する場合，様々な疑問が脳裏をよぎることが多い。それらを話し合うとき，考え方や答えは多様で，想像性豊かな物語が展開する可能性が高い。自由な雰囲気で語る機会があれば，子どもの興味深い物語に大人が感動することも多々ある。

対話は，コミュニケーションであるため，インストラクター対多数という形式ではない，一家団欒のように小グループで進行する討議を採り入れることも望ましい。また，家族内の対話の過程では，文献やインターネットなどによる個人研究を差し挟むこともしばしばある。対話は継続的な探究であり，その過程で人は独自の教育的スタイルを発展させていく。こうした探究に役立つ参考資料（比較対照可能な展示資料，ウェブサイトの情報，参考文献など）を紹介することも有益である。

家族プログラムでは，博物館にある展示資料，建築空間などの様々な教育資源を，対話を通して，参加者の日常生活に内在する豊かな物語と関連づけて探究する機会を提供することが可能である。その一環として，ワークショップで制作した作品は，博物館と家庭を繋ぐ貴重なお土産でもある。さらに，シリーズのプログラムでは，家庭での関心事や話題を，体系的にプログラムに組み込むことが可能となる。

③　異なる家族が学び合う機会

家族プログラムは，家族がほかの家族と学び合い，緩やかな共同体を創造する好機でもある。多忙な現代の家族には，未だ共有されていない豊かな物語が多々埋もれている。こうした家族の物語の源泉には，家族の歴史や正月，旅行といった出来事や環境に優しい日常生活の工夫，自宅で大切にしているモノなどがある。人は他者の物語を聴く時，便乗して別の物語を思い出したり想像したりする。

これまで博物館は家族を大人と未成年の子どもで構成されるグループとしてきたが，このことは少子高齢化社会における大人のみで構成される家族や一人暮らしの人が抱えがちな問題を看過する可能性もある。こうした状況を勘案し，筆者は2014年12月に金谷美術館（現鋸山（のこぎりやま）美術館・富津市）で，従来の大人と子どものグループだけでなく，大人同士のグループ，大人１人の参加も可能な新しい家族プログラムを実施し，世代を超えて誰もが仲間として楽しい鑑賞・制作の時間を過ごした（図11－5）。

図11－5　金谷美術館（現 鋸山美術館）における家族プログラム

少子高齢化，１人世帯の増加，地域社会における人間関係の希薄化，育児不安，ジェンダー不平等など，家族を取り巻く様々な社会状況の中で，個人や家族がほかの家族と経験を共有することによる新しい仲間づくりへの貢献は，今後，博物館による友愛家族支援の重要な要素になっていくと考えられる。

（４）博物館にとっての家族の重要性

今，必要とされる新しい教育のモデルは，民主的な家族内教育であるといえよう。対話はその参加者の友情を育むため友愛家族にとって極めて重要である。

様々な教育機関は，競争ではなく共感の醸成に寄与すべく連携していくべきであり，博物館と家族の長期的な連携による効果は双方向である。家族にとっての博物館教育の意義は，あらゆる形式の教育において重要な過程である博物館内外での対話（協働探究）の一端に博物館が参加することにより，学校教育よりはるかに広範囲かつ長期的な家族内教育の重要性を家族が認識し，その質を向上し得るということである。

一方，博物館にとっての家族の意義は，長期的な自己教育と相互教育で構成される家族内教育の過程とその成果を博物館が利用者から学ぶことにより，博物館の多様な利用者の「教育的なスタイル」に関する理解を深め，その知識から学ぶことで，博物館教育の質を向上し得る。

こうして，博物館と家族は，教育のパラダイムを「大人が子どもを教育する・博物館が家族を教育する」から「誰もが自他を教育する」へとシフトさせ，開かれた対話を通して相互の教育の質を高め合えるだろう。この意味において家族は博物館にとって重要なのである。

引用・参考文献

岩永雅也『教育と社会』（放送大学教育振興会，2011年）

大髙幸「家族のためのミュージアム・リテラシーとは：ニューヨーク市内3美術館の家族プログラムと参加家族の日常生活の研究から」『日本ミュージアム・マネジメント学会研究紀要』第14号 pp. 19-28（2010年）

大髙幸「美術館家族プログラムのこれまでとこれから」貝塚健他編著「美術館と家族：ファミリープログラムの記録と考察」pp. 187-210（アーティゾン美術館，2020年）

落合恵美子「子育てと家族⑷――アジア・日本――」宮本みち子，善積京子編著『現代世界の結婚と家族』pp. 117-130，放送大学教育振興会，2008年）

貝塚健「重層的な記録からたどるファミリープログラム」貝塚健他編著『美術館と家族：ファミリープログラムの記録と考察』pp. 211-225（アーティゾン美術館，2020年）

総務省『平成27年国勢調査　人口等基本集計調査　結果の概要』
https://www.stat.go.jp/data/kokusei/2015/kekka/kihon1/pdf/gaiyou1.pdf
（2016年12月26日）（2021年9月30日取得）

長谷川有香「子育て期の就労と適応」氏家達夫監修『個と関係性の発達心理学』pp. 185-196（北大路書房，2018年）

船橋惠子「もたれ合う家族―日本の家族文化の問題」柏木惠子・高橋惠子編著『人口の心理学へ―少子高齢化社会の命と心』pp. 147-160（ちとせプレス，2016年）

松田茂樹「父親の育児参加の変容」稲葉昭英他編『日本の家族 1999－2009』pp. 147-162（東京大学出版会，2016年）

宮本みち子「結婚と家族形成」宮本みち子，善積京子編著『現代世界の結婚と家族』pp. 27-40，（放送大学教育振興会，2008年）

宮本みち子「家族はどう変化しているか」宮本みち子，岩上真珠編著『リスク社会のライフデザイン』pp. 14-31，（放送大学教育振興会，2014年）

善積京子「人口統計からみた世界の結婚・家族」宮本みち子，善積京子編著『現代世界の結婚と家族』pp. 9-26，（放送大学教育振興会，2008年）

Ellenbogen, K. (2002). "Museums in Family Life: An Ethnographic Case Study." In G. Leinhardt, K. Crowley, & K. Kunston (Eds.), *Learning Conversations in Museums* (pp.81-102). Mahwah, NJ: Lawrence Erlbaum Associates.

Kropf, M. & Wolins, I. (1989). "How Families Learn: Considerations for Program Development." In B. Butler, & M. Sussman (Eds.), *Museum Visitors and Activities for Family Life Enrichment* (pp.75-86). New York: Haworth Press.

Leichter, H. (1974). "Some Perspectives on the Family as Educator." In H. Leichter (Ed.), *The Family as Educator*. New York: Teachers College Press.

Leichter, H. (1997). "Learning from Families." In R. Sinclair & W. Ghory (Eds.), Reaching and Teaching All Children (pp. 61-83). Thousand Oaks, CA: Corwin Press.

Leichter, H. Hensel, K. & Larsen, E. (1989). "Families and Museums." In B. Butler, & M. Sussman (Eds.), *Museum Visitors and Activities for Family Life Enrichment* (pp. 15-50). New York: Haworth Press.

Mead, M. (1970). *Culture and Commitment*. Garden City, NY: Natural History Press.

Otaka, M. (2007). *A Case Study of Family Art Programs Focusing on Participants' Post-Program Activities*. (Doctoral Dissertation, Columbia University). UMI 3259255.

Otaka, M. (2016). "Museum Family Programmes as a Model to Develop Democratic Education: A Pedagogy Inspired by the Principles of *Cha-no-yu*." *International Journal of Education through Art*, 12: 1, 2016, pp.39-56.

Rosenfeld, A. & Wise, N. (2000). *The Over-Scheduled Child: Avoiding the Hyper-Parenting Trap*. New York: St. Martin's Griffin.

World Economic Forum. (2021). *Global Gender Gap Report 2021.*
http://www3.weforum.org/docs/WEF_GGGR_2021.pdf（2021年3月21日）（2021年9月30日取得）

12　ボランティアを始めとした市民による博物館活動

菅井　薫

《**目標&ポイント**》　博物館活動に何らかの立場で関わる人びとの姿を想像した時，私たちはその人たちを何と呼ぶだろうか。例えば，「来館者」「鑑賞者」「利用者」「活動者」「サポーター」「プレーヤー」。表現の違いは，博物館との関係性を示唆してくれる。本章では，まず，市民(1)による博物館の運営に関係する活動への関わり方の全体像を概観する。その上で，それぞれの活動（関わり方）の特徴について，ボランティアを始めとした具体的事例を交えながら明らかにする。なぜ，博物館は市民と共に活動をしていく必要があるのかを考察していく。
《**キーワード**》　博物館ボランティア，NPO，友の会，サークル，生涯学習，状況的学習，正統的周辺参加

1．市民による博物館活動への関わり方

市民による博物館活動といっても，１章１節でも利用のあり方に多様性があることが示されたように，どのような活動に関わるのか，関わりの度合いも異なり，ひとくくりに論じることはできない。そこで，まずは，市民による博物館活動のうち，特に運営への主要な関わり方の見取り図を示したい。第一は，博物館活動に関わる入り口として最もイメージしやすい方法である。博物館を拠点／起点として，博物館が主催する事業へ個人が参加・参画するという方法だ。組織化された友の会やボランティア，あるいは，サークル活動が具体例に挙げられる。共通する関

(1)　本章での市民とは，博物館に来館したり利用したりするかどうかにかかわらず，利害関係のある人を総称する意味で使用する。

心や知識を共有するために，自発的に集まった集団に関わっていくあり方になる。より具体化した活動を挙げるならば，博物館が行う市民参加型調査／市民調査（2章）に参加することは，その一例である。

友の会は，主に博物館事業の一環として会員を募り，組織化された団体である。会員を対象とした事業が実施され，特典（例えば，常設展や特別展への無料・割引入館やミュージアム・ショップでの購入割引など）が発生することも多い。特典が得られる受益者団体としての性格をもつ一方で，博物館が主催する事業をサポートし協力団体としての性格をもつケースもある（8章）。そのため，後述する博物館ボランティアの活動内容と重複する活動を行っていることもあり，友の会をどのように博物館活動に位置づけているかは，各博物館によって異なる。友の会が多面的性格をもつことに留意したい。日本博物館協会（以下，日博協と略す）が2019（令和元）年に実施した調査では，友の会があると回答した博物館は全体の22％を占めている（日本博物館協会，2020，p.179）。

サークル活動（学習サークル）は，関心のあるテーマに沿ったグループでの学習活動を指し，友の会内部に属することもある。人文科学系の博物館を例にするならば，古文書を読む，地域の史跡や民俗を調査するといったサークルもあり、担当する学芸員がつくこともある。

博物館ボランティアについては，次節でその実態をみていくが，ボランティアという言葉の意味を最初に確認したい。ボランティアは外来語で，「志願する」というのが本来の意味である。ボランティアが奉仕と同義であると見なされることもあるが，奉仕とは，“service”を意味する。したがって，ボランティアと「奉仕」は同義ではない。ボランティア活動の性格として，自発性，無償性，公益性，先駆性が挙げられている(2)。博物館でボランティアという言葉を使って活動を行うにあたっては，言葉が社会に既に浸透しており，「ボランティアとはこういうものだ」というイメージがあることに自覚的になる必要がある。ボランティアと名づけられた活動であっても，見方や考え方は人によって異なる。学習活動の機会と捉える人もいれば，職員の手不足を補う活動と捉える人もいる（菅井，2011，pp.114-116）。ボランティアという言葉のもとに，「同床異夢」とならないためにも，活動を受け入れる側は，目的や意図することを明確に伝えていくことが重要になる。

博物館の中には，あえて「ボランティア」とは呼ばない活動，関わり方も数多く存在する。具体例には，滋賀県立琵琶湖博物館の「はしかけ」や「フィールドレポーター」（8章），国立民族学博物館の「みんぱくミュージアムパートナーズ（MMP）」(3)が挙げられる。活動の目的や内容から「ボランティア」という表現を使う必要性がなければ，それぞれの目的や実情に合った表現を選択していくのは自然な流れでもある。

第二は，博物館と大学や市民団体（民間非営利組織）が連携して行うプロジェクトや事業に関わっていくあり方だ（**図12－1**）。博物館のみならず，それぞれが専門とする分野や共通する領域・テーマのコミュニティーがあり，そこに参加をしていく。

---

(2)　経済企画庁国民生活局（現　内閣府国民生活局）が2000（平成12）年に実施した「平成12年度国民生活選好度調査」では，ボランティア活動を「仕事，学業とは別に地域や社会のために時間や労力，知識，技能などを提供する活動」と定義している。公共施設での活動の中には，博物館の展示説明員といった例示もある。文部科学省「ボランティア活動を推進する社会的気運醸成に関する調査研究報告書」
https://www.mext.go.jp/a_menu/shougai/houshi/detail/1369241.htm　2021年9月30日取得

(3)　国立民族学博物館の博物館活動を理解し，共にこの活動を発展させることを目的として2004（平成16）年9月に発足。これまでのミュージアムボランティア活動から一歩前進し，メンバーによる自主的な企画・運営を行っていくためボランティアという言葉を使っていない。
https://www.minpaku.ac.jp/museum/information/volunteer/mmp　2021年9月30日取得

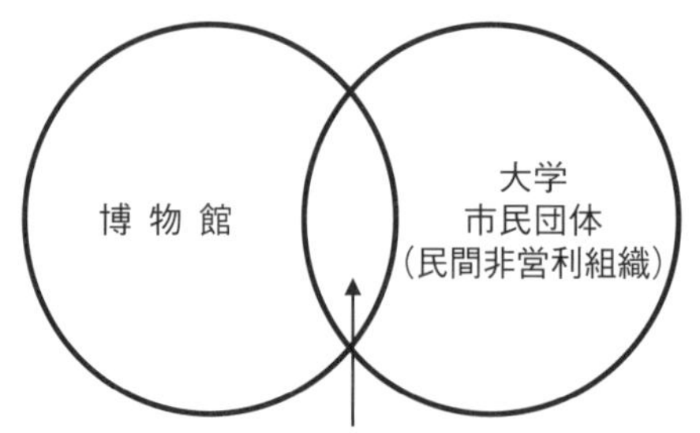

図12－1　市民による博物館活動の見取り図
：プロジェクト参加型

上記の枠組み以外にも，市民による博物館の設立運動といった動きも具体例として挙げられる。博物館設立運動は，博物館法が制定された1940年代後半以降をみても，いくつもの事例が生まれている。市民自身が博物館の必要性を説き，設立のための準備をする，もしくは存続を訴えるというスタイルは，市民が博物館活動に関与していく萌芽としても捉えられるだろう(4)。社会や行政に働きかけて，目的を達成しようとする「ソーシャル・アクション」ともいえる。

2．博物館ボランティアとは何か

（1）博物館ボランティアの定義

「博物館ボランティアとは何か」を問うことは，実は難しい。難しさの背景には，次のような理由がある。第一に，その活動ないしは活動者に対して，ボランティアという表現を用いているかどうかにこだわると，「ボランティアとは名づけていない活動／活動者」を把握することができない。第二に，ボランティアとは何かを厳密に細かく定義し過ぎると，定義に含まれない活動を把握することが難しくなる。参考までに，文部科学省による社会教育調査，日博協によるボランティアの実態調査を行

(4)　1940年代の設立運動については，伊藤（1978，pp. 157-158）を参照されたい。市民による存続運動の例には，福岡県北九州市にある到津の森公園（前身は到津遊園）が挙げられる。

う際の定義を確認してみよう（**表12－1**）。

社会教育調査と2013（平成25）年までの日博協調査の定義は，ほぼ同義である。それに対して，2019（令和元）年の日博協調査における定義では，大幅な変更が行われている。前者の定義は，「無償の奉仕」という言葉を使っていることと，具体的な活動条件が含まれている点に特徴がある。それに対して，後者は，活動する人の態度が示されており，「無償」という言葉が「非営利」という表現に置き換えられた点は大きな変化である。2019年調査では，「ボランタリーな立場で博物館活動へ参画する機会は，通年での組織的な活動以外にも，特定の行事等に単発で参画する場合もある」（日本博物館協会，2020，p. 178）とも言及し，対象とする活動範囲を具体的に設定している。

表12－1　博物館ボランティアの定義

調査の種類	定　義
文部科学省 「社会教育調査」	ボランティアとは展示資料の解説，会場整理への協力，展示資料の収集・制作等に当たる学芸員への協力などにおける無償の奉仕活動をいいます（交通費など参加に要する経費の実費額程度を支給する場合も無償として取り扱う）。 （平成30年度社会教育調査の手引［博物館調査用］）
日本博物館協会 「日本の博物館総合調査」（2013年実施）	博物館活動における無償の奉仕活動を行う者です。無償には，交通費等参加に要する経費の実費額程度を支給する場合を含みます。
日本博物館協会 （2019年実施）	自発的な意思に基づき非営利で活動する個人を指します。

※下線は筆者による。

（2）博物館ボランティアの歴史

博物館ボランティアを導入した最も早い事例には，1936（昭和11）年の日本民芸館が挙げられている（日本博物館協会，1988，p. 32）。1988年の日博協による調査時点では，ボランティアの導入なしと回答した館が8割を占めていたが（**表12－2**），2004年以降は安定して3割程の館が導入していると回答している（**表12－3**）。2008（平成20）年の同調査では，ボランティアの受け入れを開始した年は，2001（平成13）年度以降と回答する館が半数近くを占めている（**図12－2**）。

表12－2　ボランティア導入の有無（1988年）　*n*＝1, 172

（単位：%）

導入あり		導入検討中	以前導入	導入なし
個人	団体			
8.2	8.9	3.0	0.9	82.2

※日本博物館協会（1988，p. 31）を基に作成。複数回答あり。
※団体ボランティアとは，グループで活動参加しているものを指す。

表12－3　ボランティア導入の有無：1997年以降の動向

（単位：%）

	1997年	2004年	2008年	2013年	2019年
受け入れている	14.2	30.0	34.5	37.4	31.7
受け入れていない	－	69.3	64.0	60.1	－
無回答	－	0.7	1.5	2.5	－

（*n*＝1, 843）（*n*＝2, 030）（*n*＝2, 257）（*n*＝2, 258）

※1997年，2008年，2019年：ボランティア制度があるか。
※日本博物館協会（1999，2005，2009，2017，2020）を基に作成。

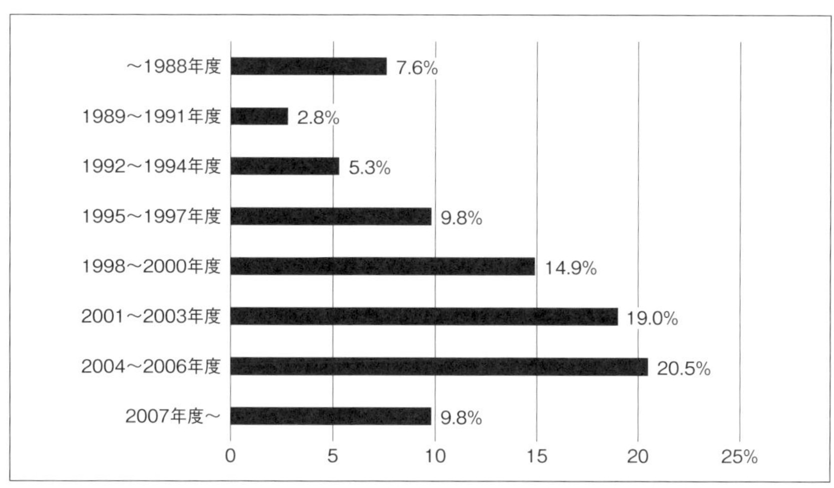

図12-2　ボランティアの受け入れ開始年度　$n=779$
（日本博物館協会，2009，p.106からの抜粋）

（3）博物館ボランティアの現状：活動内容

博物館ボランティアに関する実態を把握するためには，前出の二つの大規模調査を参照することが有効である。一つ目は，文部科学省が実施する社会教育調査である。登録博物館，博物館相当施設，博物館類似施設を調査対象として，概ね3年に1度実施されている。調査項目は，ボランティア登録制度がある施設数や登録人数といった基本的情報を問う内容で構成されている。二つ目は，日博協が概ね5年に1度実施する調査である。特に，具体的な状況を知る際に有効となるデータが示されており，主に**表12-4**のような質問項目から，調査が設計されている。日博協がボランティアの実態を調査するようになったのは，1988（昭和63）年からである。1987（昭和62）年から，旧文部省は生涯学習活動の拠点となる博物館でのボランティア活動の促進について，補助金を交付するようになったことも，実態調査の実施につながったと推察できる。

表12－4　日博協による調査の主な質問項目

・ボランティア制度の有無，活動人数，延べ活動日数
・ボランティア導入の目的（1988年，1992年）
・活動内容（1988年～2019年）
・受入基準（1988年），採用基準（1992年）
・養成と研修（1988年），養成・研修時間（1992年）
・館としてボランティアに対して何を提供しているか，ボランティアと館の関わり（2019年の調査から新たに加わった設問で，コミュニケーションの取り方について問う内容）

ボランティアの活動内容（**表12－5**）をみていくと，2004年以降，「入館者案内，説明，解説」とする館が半数以上を占めている。2019年調査の分析においても，「入館者と直接触れ合う活動機会が高い」と言及し

表12－5　ボランティアの活動内容

（単位：％）

活動内容	1997年	2004年	2008年	2013年	2019年
学芸業務の補助	60.2	31.4	32.5	25.7	32.3
来館者接遇の補助	44.1	25.1	27.5	39.2	33.8
博物館付帯活動	33.9	32.7	40.4	25.8	50.1
入館者案内，説明，解説	－	53.7	56.1	58.6	60.0
環境整備	17.4	20	25.2	26.4	28.8
事務補助	15.3	10.8	14.0	11.8	13.0
その他	6.4	15.8	17.8	23.9	13.5
無回答	－	6.6	1.5	2.0	－

回答順位が１位，　回答順位が２位

※日本博物館協会（1999，2005，2009，2017，2020）を基に作成。
「学芸業務の補助」は展示の作業，資料の整理など，「来館者接遇の補助」は展示の看視，受付，障害のある方の介添えなど，「博物館付帯活動」はイベントの運営，「友の会」の業務，広報活動など，「入館者案内，説明，解説」は展示ガイドなど，「環境整備」は館内外の清掃，館内の美化など，「事務補助」は一般事務の補助，刊行物の発送作業などである。

ている（日本博物館協会，2020，p.175）。ボランティア活動の核として，入館者とのコミュニケーションが欠かせないことがみて取れる。

（4）博物館ボランティアの特徴：生涯学習としての位置づけ

博物館ボランティアの普及は（特に，生涯学習との関連において），国がボランティアの推進政策を積極的に展開していく時期と重なる。1971（昭和46）年「急激な社会構造の変化に対処する社会教育のあり方について」を皮切りに，1980年代に入ると社会教育施設では，生涯学習としてのボランティアを推進していく動きが強まる。1970年代のボランティア関係者が集まる場においても，「社会教育関係者はボランティア活動を教育活動の一つとして，人間形成の立場から捉えようとするのに対して，社会福祉関係者は，生活福祉問題にかかわる住民運動，福祉運動として，ボランティアを捉えようとしていて微妙なくい違いがみられた」との記録が残っているとの指摘もある（仁平，2011，p.296）。それを証明するように，日博協調査におけるボランティア導入の目的をみていくと，1988年の調査（**図12－3**）と比べて，1993（平成５）年には「生

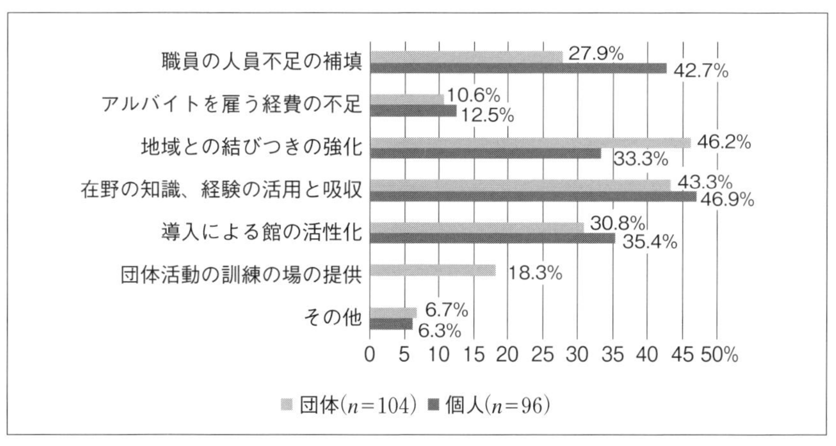

図12－3　ボランティア導入の目的（1988年）
日本博物館協会（1988，p.34）を基に作成。

涯学習活動の一環」とする回答選択肢が設けられ，回答も２番目に多い（**図12－4**）。

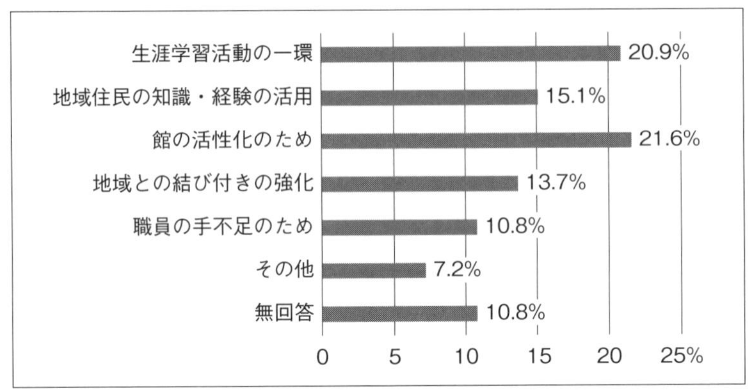

図12－4　ボランティア導入の目的・回答第一順位（1993年） n＝139
日本博物館協会（1994，p.26）を基に作成。

（５）NPO を通じた博物館運営への関わり

近年の新たな動きとしては，博物館における友の会やボランティア組織を母体とする NPO 法人の設立(5)，博物館の指定管理者となった NPO 法人の存在が挙げられる(6)。NPO の活動を通じて，市民が博物館に関わっていくこともある。NPO とは，“Nonprofit　Organization” あるいは “Not-for-profit　Organization” の略で，民間非営利組織（団体）のことを指す。日本では，1998（平成10）年に，特定非営利活動促進法（NPO 法）が制定されてからは，同法に基づいて活動を行うことを主たる目的とする団体を，特定非営利活動法人（NPO 法人）という。

日博協実施の2008（平成20）年調査では，地域との連携・協力に関して，NPO との連携内容を問う設問が追加された（**図12－5**）。しかし，2013

(5)　例えば，兵庫県立人と自然の博物館と普及事業のパートナーとして協定を結んでいる NPO 法人人と自然の会。

(6)　例えば，室蘭市青少年科学館（NPO 法人科学とものづくり教育研究会かもけん），吉野作造記念館（NPO 法人古川学人）など。

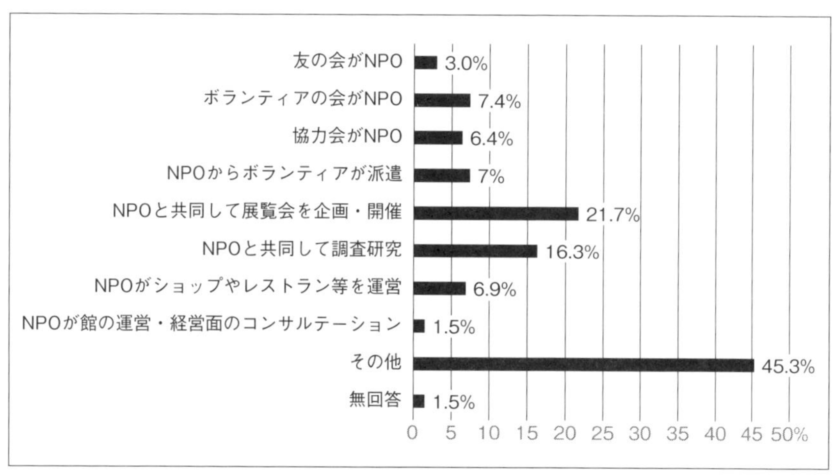

図12-5　NPOとの連携内容　$n=203$
日本博物館協会（2009，p. 114）を基に作成。

（平成25）年に実施された調査からは，NPOに特化した連携・協力に関する設問はなくなっている。NPOという概念が包括的であることから，どういった活動を主にする組織との連携であるのか，NPOという言葉のみから問うのでは，実態がつかみにくいことが影響している可能性がある。

そして，NPOと不可分の関係にあるのが，ボランティアの存在だ。NPOという組織を構成する人的要素をみていくと，その中には会員や役員といったメンバー以外に，ボランティア（スタッフ）が含まれる。つまり，ボランティアはNPO（組織）を構成する個人と捉えられ，活動の原動力となる。

3. 博物館ボランティアの活動と発展

(1) 東京国立博物館：生涯学習としてのボランティア活動

東京国立博物館（以下，東博と略す）のボランティアは，1993（平成5）年に試行的に導入され，1999（平成11）年に「教育普及ボランティア」，2002（平成14）年に「生涯学習ボランティア」と変更され，現在に至る。ボランティアの名称に「生涯学習」という言葉が使われているのは，本章の2節（4）で言及した生涯学習の場としてボランティア活動を位置づけていく国の動きも影響を与えている。ボランティアの目的についても，当初から若干の変化が読み取れる（**表12－6**）。「教育普及ボランティア」（1999年）当時と2002年以降の目的では，生涯学習を行う主体が誰であるのかが変化しているのだ。具体的には，1999年当時は，ボランティア自身の自己実現や能力を活かすことが強調されている

表12－6　東博ボランティアの名称と目的の変遷

名称	目　　的
教育普及ボランティア 1999（平成11）年	生涯学習社会における国民の多様な能力を生かし得る活動領域を提供することにより，ボランティアの自己実現などに資するとともに，当館観覧者の要望に応え，その架け橋役となってもらう。
生涯学習ボランティア第1期 2002（平成14）年	生涯学習社会に向け，来館者が学ぶ機会を多くし，来館者へのサービスの向上を図る。
生涯学習ボランティア第2期 2004（平成16）年	来館者に対する生涯学習機会の増大とサービスの向上を図る。
生涯学習ボランティア 2021（令和3）年現在	教育活動の充実及び来館者サービスの向上，さらに，生涯学習活動に寄与するため，ボランティアを育成し，その活動を支援する。

※加島（2006），独立行政法人国立文化財機構「第4期（平成28年度～32年度）中期計画」を基に作成。下線は筆者による。

が，2002年以降は，来館者の学びの機会を増やすことやサービスの向上が全面に押し出されている。

ボランティア活動は，ボランティア自身の学びであると同時に，自分以外の誰かの学びに関与することでもある。この両側面があることを，活動を行う上で，ボランティアもボランティアを受け入れる側も強く意識する必要がある。

現在の活動内容は，三つの柱からなる（**図12－6**）。第一は，「基本活動」であり，全てのボランティアが行う活動となる。館内各所の来館者案内，各体験コーナーの運営，配布物の印刷，ギャラリートークの運営補助，職場体験学生のオリエンテーションと指導などを行っている。第二は，「登録制基本活動」で，希望者が研修を受け，登録した上で行う活動となる。第三は，「自主企画活動」で，各種ガイドツアーなど，ボランティアグループが自分たちで企画と運営を行う任意の活動となる。

組織に属しながら，一定の共通認識をつくっていくための「基本活動」を基盤に，「自発性」や「先駆性」といったボランティア活動の強みを

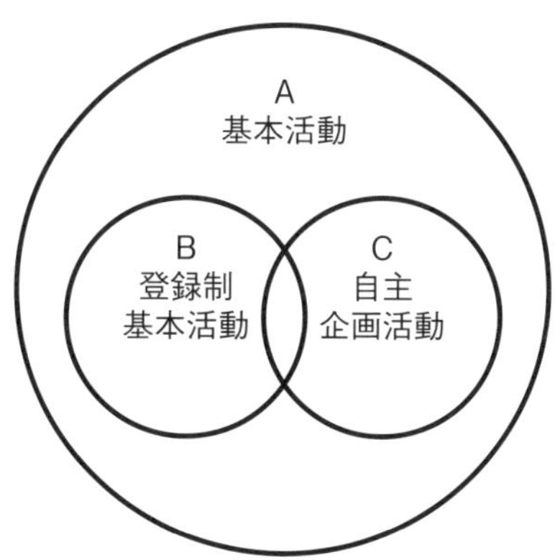

A　基本活動（全員必須）
B　登録制基本活動（自由参加）
C　自主企画活動（自由参加）

図12－6　東博ボランティアの活動形式

引き出していくための活動内容が企図されている。

なお，東博には友の会があり，年会費を納めた会員は無料観覧や割引などの特典が受けられる。受益者としての性格をもつ友の会といえよう。

（2）大阪市立自然史博物館とNPO法人大阪自然史センター：多層的な関わりを保障する取り組み

本章の冒頭で，市民による関わり方はひとくくりにできないこと，また，関わりの度合いも一様ではないことを述べた。加えて，博物館においては，前出のボランティア活動への参加を学習の機会とする考え方がある。この考え方は，コミュニティーへの参加を学習と捉え，具体的状況の中に学習が埋め込まれているとする「状況的学習（situated learning)」（レイヴ・ウェンガー，1993）の現れでもある。例えば，新参者である職人は，職人集団というコミュニティーで仕事を行う状況の中で，仕事に必要となる知識や技能を身につけていく。博物館活動への関わりにおいても，学ぶということが，社会的性格をもつものであることを教えてくれることがある。さらには，実践へ関わっていくことで，参加者はコミュニティーに対する帰属意識といったアイデンティティを高めていく。そこで，コミュニティーの中で多層的な関わり方を作り出していこうとする取り組み（大阪市立自然史博物館とNPO法人大阪自然史センターの活動事例）を，状況的学習とも関連する「正統的周辺参加」の概念に基づいて，みていこう。

NPO法人大阪自然史センター（以下，自然史センターと略す）(7)は，大阪市立自然史博物館（以下，自然史博と略す）の友の会が母体となり，2001(平成13)年に設立された(8)。本章の2節（5）で言及した，NPO

(7)　NPO法人大阪自然史センター　http://www.omnh.net/npo/　2021年9月30日取得

(8)　友の会はNPO法人の中に事業として包括され，NPO法人の会員とは別に友の会会員が存在する。自然史センター設立の背景と現在の活動状況については，川上（2017）や佐久間（2015，2017）を参照されたい。

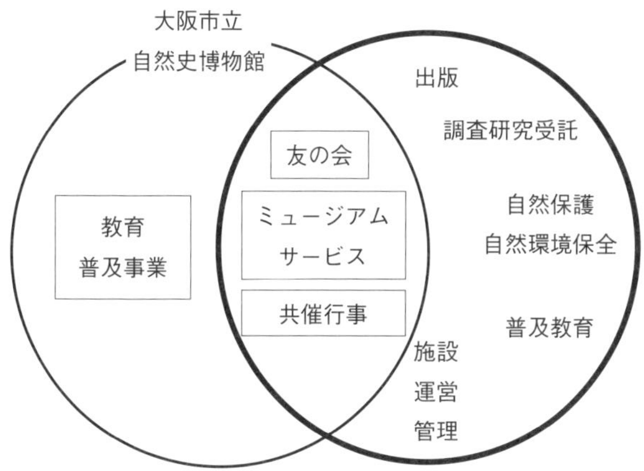

図12－7　NPO 法人大阪自然史センターの事業
※太枠の円内が自然史センター

を通じて博物館運営に関わっていく事例となる。

自然史センターと大阪自然史博は，協力協定を結んでおり，自然史センターの事業は，**図12－7**にまとめられる。

博物館活動に関わっていく基盤となるのが，自然史博が主催する教育普及事業である。事業の対象は，不特定多数の市民であり，潜在的な利用者も含まれている。すなわち，広範な対象に向けられることを意識した事業である。より博物館への関心をもち，学びを深めたい人は友の会会員となり，サークル(9)に所属して活動していくこともできる。個人が友の会やサークルへ参加することは，参加者自身の学びであると同時に，自らがその学ぶ環境や機会を他者に対しても提供する役割を果すことにもなり得る。館主催事業が広範な対象への働きかけであるのに対して，友の会やサークルが行う事業では，特定の興味・関心を共有する対象に向けた働きかけが可能である。なぜならば，自らが学習者として，

(9)　例えば，大阪自然史博のサークルには，ジュニア自然史クラブがある。若年層の理科離れ（学校教育での生物クラブ・理科クラブの部員減少）を改善することを目的に発足し，中高生を対象とした活動を行い，共通の関心をもつ仲間づくりの場となっている（和田，2009，pp. 90-93）。

博物館がもつ資源を熟知しているからであることはいうまでもない。もちろん，館主催事業を経ずに，直接，友の会やサークルに参加する場合もある。そのような場合は，友の会やサークルの取り組みが，博物館の潜在的利用者に対する働きかけとなることもある。友の会では，漠然と何かを勉強したいという動機があれば補助スタッフになることもあり，自然観察会への補助などを経験してもらう。さらには，友の会の世話役や自然史センターの職員や理事といった関わり方へと発展していくケースもある。多層的な関わり方を保障することは，様々なレベルでの参加に対応可能な活動構造を生み出すことにも繋がる。自然史博の友の会会員は，会費を納めることで得られる特典もあるが，会員が希望すれば自然史博が開催する行事の運営と補助を行う機会もあり，受益者であり協力者でもある。

以上のように，お客さんとして事業に参加していくことから，事業運営の担い手として博物館コミュニティーでの活動に関わっていくプロセスは，レイヴとウェンガーによる正統的周辺参加（legitimate peripheral participation: LPP）とも重なる。レイヴらは，仕立屋の徒弟制に関する研究から，コミュニティーへの参加が知識や技能の熟達につながるプロセスを，正統的周辺参加という概念を用いて説明した。上述の事例に即してみると，例えば，館が主催するセミのぬけがら調査（市民参加型調査／市民調査）に参加・協力するといった関わりは，学芸員やアマチュアの研究者がどのようにして調査研究をしているのかを垣間見ることができる。また，調査に参加することは広範なデータを収集するという，コミュニティーの中での重要な役割を担う「正統性」をもっており，コミュニティーの一部の役割を担う「周辺性」をもっている。

4. 終わりに

博物館が存在すること，その存在意義は決して自明なものではない。その存在基盤を揺るがすような状況に直面した時に，博物館（コミュニティー）は社会から支援を得ることができるだろうか。ICOM（国際博物館会議）京都大会で提案された新たな博物館定義案(10)にあるように，博物館が民主化を促し，多様な声に耳を傾ける空間であろうとするならば，市民による活動への関わりは不可欠である。そのためには，第一に，日常的に様々なレベルの参加と往還を可能とする活動体制を構築することが重要である。市民の博物館（活動）に対する興味，運営への関心の度合いが一様ではないことを自覚し，参加しにくい人の存在を想定した関わり方を保障していくことが求められる。第二に，活動に関する情報を積極的に公開し，組織の使命を明確に訴えていくことが必要である。誰に対してどのような目的で活動を行っているのかを日常的に発信していくことは，博物館が社会にとって信頼に足り得る存在であり，時に市民からの支援が必要であることを訴えていくことにも繋がる。

引用・参考文献

伊藤寿朗「日本博物館発達史」伊藤寿朗・森田恒之編著『博物館概論』(学苑社，1978年)

ウェンガー・エティエンヌ，マクダーモット・リチャード，スナイダー・ウィリアム（野村恭彦監修，櫻井祐子訳）『コミュニティ・オブ・プラクティス――ナレッジ社会の新たな知識形態の実践』（翔栄社，2002年）

加島勝「東京国立博物館のボランティア活動の歩みと今後の展望」『東京国立博物館研究誌』600，pp. 83-92（東京国立博物館，2006年）

川上和歌子「博物館と共に成長できるNPOになるために」『日本の博物館のこれか

(10)　英語による原文と日博協による日本語仮訳は，松田（2020）を参照されたい。

ら「対話と連携」の深化と多様化する博物館運営』pp. 19-22（大阪市立自然史博物館，2017年）

佐久間大輔「第4部　博物館の市民協働　第1章　博物館の市民協働における『友の会コミュニティ』の基盤としての重要性―ボランティア・地域連携との関連から―」『日本の博物館総合調査研究：平成26年度報告書　平成25～27年度日本学術振興会（JSPS）科学研究費補助金　研究成果報告書』pp. 178-191（2015年）

佐久間大輔「博物館の市民対話と協働　成長のための今後の課題」『日本の博物館のこれから「対話と連携」の深化と多様化する博物館運営』pp. 9-17（大阪市立自然史博物館，2017年）

菅井薫『博物館活動における「市民の知」のあり方――「関わり」と「価値」の再構築』（学文社，2011年）

仁平典宏『「ボランティア」の誕生と終焉』（名古屋大学出版会，2011年）

日本博物館協会「『博物館のボランティア実態調査』報告（1）」『博物館研究』23（10），pp. 30-34（日本博物館協会，1988年）

日本博物館協会『博物館ボランティア活性化のための調査研究報告書』（日本博物館協会，1994年）

日本博物館協会『日本の博物館の現状と課題（博物館白書平成11年度版）』（日本博物館協会，1999年）

日本博物館協会『博物館総合調査報告書』（日本博物館協会，2005年）

日本博物館協会『日本の博物館総合調査研究報告書：地域と共に歩む博物館育成事業』（日本博物館協会，2009年）

日本博物館協会『平成25年度博物館総合調査に関する報告書』（日本博物館協会，2017年）

日本博物館協会『令和元年度日本の博物館総合調査報告書』（日本博物館協会，2020年）

松田陽「ICOM博物館定義の再考（ICOM京都大会2019特集）」『博物館研究』55（623別冊），pp. 22-26（日本博物館協会，2020年）

山岡義典『NPO基礎講座～市民社会の創造のために～』（ぎょうせい，1999年）

レイヴ・ジーン，ウェンガー・エティエンヌ（佐伯胖訳）『状況に埋め込まれた学習――正統的周辺参加』（産業図書，1993年）

和田岳「3-2　博物館とサークル―博物館コミュニティの幅を広げる―」大阪市立自然史博物館・大阪自然史センター編『「自然史博物館」を変えていく』pp. 84-94（高陵社書店，2009年）

13 国際化・地域と博物館

島　絵里子

《**目標&ポイント**》 現代において博物館の国際化，地域の課題への対応は大きなテーマである。博物館は，地域の多様性や歴史，文化の理解に貢献し，地域の人々の交流・学習の機会を提供する。本章では博物館の地域への貢献，国際理解や国際交流への貢献について概観する。
《**キーワード**》 地域博物館，放課後博物館，価値の再発見，包摂，つながり，アウトリーチ，多文化共生，異文化交流，安全な場所

1. 地域と博物館

地域と博物館というテーマの本節では，まず，博物館学の研究者である伊藤寿朗が唱えた地域博物館論と，平塚市博物館での実践を紹介していく。

(1) 地域博物館とは

① 伊藤寿朗の地域博物館論

伊藤によれば，「地域博物館という考え方は，もともとは，国立の大型館などとは異なる，中小博物館の自己主張であった。それは横須賀市博物館(1)や，大阪市立自然科学博物館(2)など，地域での活動を続けてきた博物館の，アイディンティティ（自己存在証明）であった」という（伊藤，1986，p.261)。こうした蓄積の上に，1976年に開館した平塚市博物館が，「地域博物館」の用語を館の方針として提起し（②で後述），

(1) 現横須賀市自然・人文博物館
(2) 現大阪市立自然史博物館（8章，12章）

そのあり方を示すひとつの概念として成立していく端初となったという（伊藤，1986，pp. 261-264）。「「地域の資料を中心としているから地域博物館」なのではなく，地域の課題に，博物館の機能を通して，市民とともに応えていこうというのが地域博物館である」と，伊藤は指摘した（伊藤，1986，p. 265）。

② 平塚市博物館での実践

平塚市博物館の浜口哲一元館長は，著書『放課後博物館へようこそ』の中で，「地域博物館」提起についての道のりを，同僚であった小島弘義とのやりとりを振り返りながら語っている（浜口，2000）。地域博物館の特色は，地域性，学際性，テーマ性であり，平塚なら平塚に住んだり仕事をしている人が利用し，しかもその地域のことを扱っている博物館であるといい，博物館を「中央型博物館」「観光地型博物館」「地域型博物館」の三つに分類した（浜口，2000，pp. 38-40）。このアイデアが後に，伊藤によって「平塚市博物館によって実践的に提起された」という注釈付きで博物館学的に取り上げられ，博物館の分類法の一つとして定着した（浜口，2000，p. 39）。「地域博物館」とは，平塚市博物館によって提唱された博物館のあり方なのである（浜田，2012，p. 37）。また，平塚市博物館のテーマは，「相模川流域の自然と文化」であり，開館に先だって1976年3月に制定された。博物館の条例に「相模川流域の自然と文化に関する資料を収集し，保管し，および展示して市民の利用に供する…」という形で，活動のフィールドが明記されたことについて，伊藤からは，博物館の条例に活動のフィールドを明記したのは平塚が初めてで，画期的なものだと評価された（伊藤，1993，pp. 94-98）。このテーマ設定には「博物館が扱う地域的な範囲を明確にすることで，各分野の調査研究に共通のフィールドを作り，情報交換や共同調査の基盤を用意したということ」や，「相模川流域という設定の仕方には，自然にしても文化にしても現在の行政区画の枠の中で発達してきているものではなく，自然地形を基盤にした広い視野で把握しなければならないという考え方」があったという（浜口，2000，p.41）。

このようにして，「地域博物館」を定義し，その先駆けとなった平塚市博物館。伊藤は，前述の「地域博物館論」（伊藤，1986）の中で，「第三世代の博物館」という表現を紹介した。それは「参加し体験するという，継続的な活用をとおして，知的探求心を育くんでいく（要求を育くむ）ことをめざす施設であり，日常的利用が可能な場所に設置されることが条件となる」（伊藤，1986，p.246）とした。相模原市立博物館で長年学芸員として勤めた浜田弘明は，「博物館はもはや，単なる展示観覧施設ではなく，利用者自らが働きかけ，活動する場として認識されつつある」と述べている（浜田，2012，p.38）。

（2）放課後博物館と遠足博物館

1976年5月の平塚市博物館開館から，活動を20年以上展開した1996年頃，浜口は当初の博物館を目的・志向で捉えた三分類をさらに単純化し，博物館には究極的には二つのタイプがあると考えるようになった。それが「放課後博物館」と「遠足博物館」である。この二つは博物館の両輪であり，魅力的な遠足博物館と，活発な放課後博物館が連携をとって初めて，充実した博物館環境が整うと浜口は考えていた（浜口，2000，pp.172-175）。

遠足博物館とは，前述の中央型博物館と観光地型博物館を合わせたもののイメージで，遠足で見学に出かけるような館だという（浜口，2000，pp.172-173）。一方，放課後博物館では，もの珍しいものに出会うというよりは，日ごろ見慣れた物の価値を再発見する楽しみに重点が置かれている。これは平塚市博物館が開館時に考えていた地域博物館と同じ意味で受け取っていいという。利用者は地域の人が中心であり，利用の形は，行事への参加，問い合わせ，ボランティアとしての協力など多様な形がある。市民がボランティアとして調査や収集活動にも参加する機会が多いので，博物館と市民の間の情報の流れが双方向になる。放課後博物館では，市民と学芸員が力を合わせて資料と情報を蓄積していくのであり，その究極の目的は，地域に暮らす市民がよりよい未来を作っていくために，より深く地域を知ることであり，それが，社会教育施設としての博物館が果たし得る最大の役目だと浜口は考えていた（浜口，2000，p. 236）。

放課後博物館は遠い存在ではなく，気軽に何度でも通えて，学芸員や他の利用者らと共に自ら地域を調べ，地域の魅力や価値を再発見し発信できる，身近な存在の博物館である。

次に，浜口が中心となって実施された平塚市博物館の事例を紹介しよう。

①　漂着物を拾う会

早朝に砂浜で参加者各自が様々なものを拾い集め，それを持ち寄り，その場で観察し情報交換をする。その中で特に興味深いものを博物館に持ち帰り整理し，コレクションする。注目すべきものが見つかると，浜口が解説するプリント「打ち上げ図鑑」を作り，次の回で配布する。開始３年後には，会の実施を通じてコレクションした資料から特別展「砂浜の発見」が開催された。その後，平塚市博物館二階の常設展示室には，その収集資料の一部が展示された。

浜口は，漂着物を拾う会が博物館活動の原点に近い何かを持っており，それが，会が発足以来10年以上続いた理由の一つだと語る。物を探す楽しさ，集める楽しさ，物を材料にして語り合う楽しさ。博物館人は，よく物に語らせるという言葉を使うが，実物資料を見れば，饒舌な説明をしなくても，見る人に伝わるものがあるということを浜口が実感したのはこの会においてだったという（浜口，2000，pp. 130-148）。

② セミのぬけがら調べ

セミは，成虫が大きな声で鳴くので，その声を頼りに分布を調べることができるが，成虫は飛んで移動するので，鳴いているからといって，その場所で生まれた証拠にはならない。一方，ぬけがらが見つかれば，その場所で，その種類の幼虫が育ったことの証拠といえる。また，ぬけがらを集めると，その場所で生まれたセミの数を，雌雄も区別して正確に把握することができる。さらに，ぬけがらを集めてもセミには迷惑をかけることはない。このような点に注目して，小中学生とともに調査し，特別展『街の生きものたち』の『セミのぬけがらを集めよう』コーナーで展示を行った。また，『みんなで調べよう』という行事でも，ぬけがら調べをテーマに取り上げた。その後，集まった資料を目録の形にまとめる計画を立て，単なる目録に留まらない『セミのぬけがら調べ』と題する刊行物を作成した。こうして湘南地域で積み重ねられたぬけがら調査が，1995年には環境庁の『身近な生きもの調査』のテーマとして取り上げられ，全国的に行われた。浜口は，落ちていればゴミに過ぎないぬけがらも，きちんと集めてみると立派な資料になる，ぬけがら調べが教えてくれるいちばんだいじなことは，そのことであり，博物館は，価値の定まった資料を保存する役目を持つと同時に，見捨てられていた物に新しい価値を与える役目も持っていると語った（浜口，2000，pp. 160-169）。『みんなで調べよう』はその後も続き，タンポポやツバメなどの調査が行われ，2019（令和元）年から2020（令和２）年には「みんなで調べよう『平塚のかたつむり』」が実施された[(3)]。

---

(3)　https://hirahaku.jp/kyoushitsu_circle/katatsumuri/　2021年９月30日取得

(3) 地域博物館ならではの学び

それぞれの地域には特徴のある固有の文化が育まれており，そこに暮らしていた人々にも固有の歴史がある。そうした存在を掘り起こすことこそ，地域の博物館の使命である。地域の再発見とは，価値の再発見でもあり，放課後博物館では，特にそのことにこだわらないといけないと浜口は語ってきた（浜口，2000，p. 181)。

自分の足で歩くからこそ分かること，五感で感じること，発見を参加者同士で共有し発信すること…地域博物館ならではの学びがあるだろう。大阪市立自然史博物館や滋賀県立琵琶湖博物館においても，友の会やはしかけ，フィールドレポーターなどの市民参加が行われている（8章，12章)。見学者，利用者という立場から，より博物館側と共に活動していく存在になり，学芸員とともに地域の調査，資料収集を行い，地域の魅力や価値を掘り起こし，発見や学んだことを地域に還元していく。自分の暮らす地域やその近隣に，このような地域博物館があるかぜひ探して，まずは足を運んでみてほしい。

2.「地域博物館」再考：多様な市民の存在

「地域博物館」，そして「放課後博物館」では，博物館活動への市民の参加が鍵となっていることをみてきた。「市民に開かれた博物館」という文言が，多くの公立博物館の基本構想や活動理念において記載されるようになった。では一体，具体的に，博物館の何をどのように「市民に開く」のかということを考えると，「市民に開かれた」という言葉はとても重いと浜田（2012，p. 52）は指摘している。

「市民」という言葉を用いたとき，そこには多様な人々が存在することを意識しなくてはいけない。浜口は『放課後博物館へようこそ』の中で，「展示室を見学するだけではなく，余暇を使って，その活動にどんどん参加していく，そんな付き合いのできる館が放課後博物館です」（浜口，2000，p.8）と述べた。しかし，現在，「余暇を使って」博物館に通える人たちは，どれくらいいるのだろうか。また，様々な理由で博物館に行くことのできない状況下にある人々に，開かれた博物館であるためには，博物館は何ができるのだろうか。

武井二葉は，「特に，参加・体験型の博物館活動だけでは，博物館機会の不均等が生じるようになってきた。主体となって調べたり，学習したり，博物館の事業に関わったりという「市民主体」の博物館活動だけでは，博物館に関心をもつことができる時間とゆとりがある層と無関心な層との格差を広げることになる」（武井，2020，p.8）と指摘した。そして，「市民参加」だからといって，「地域（Community）」の様々な価値観を反映してるとはいえず，そのことが，時として「参加している市民」以外の者の文化的なアクセスを妨げることにもつながる」と指摘した上で，「「参加・体験」という次元を批判するために，仮説ではあるが「包摂」という次元を設定し」，その実現の方法として「展示」を挙げた（武井，2020，p.9）。吉田憲司の「展示する側」「展示される側」「展示を見る側」の三者の視点での整理（吉田，2013）を引用し，「地域博物館（Community Museum）」においては「展示する側」「展示される側」「展示を見る側」という役割があり，それぞれの主体性や価値観を引き出せるかどうかが指標の一つとなる。それは，展示をする側，展示される側，展示を見る側の多様な価値観を議論する場，すなわち様々な主体を受け入れる場としての「展示」につながる。そこであらゆる主体が展示を通じて議論をし，そしてその議論を各自が思うように「地域」に還元していく，そんな地域博物館像を提示」した（武井，2020，p.12）。「地域博物館」という考えが提唱され，「市民参加」という言葉が広く行き渡ってきた中での，「参加している人」と「参加していない人」双方の包摂の重要性を唱え，「展示を見る側」「展示される側」「展示をする側」という視点で地域博物館の活動を整理した，貴重な提言である。

「市民に開かれた博物館」とはどのような博物館なのか。伊藤は，「博物館が市民にひらかれた公共機関であることの意味は，活動を通して，市民自身が自己教育力を身につけ，その成果が将来何らかのかたちで地域や館に蓄積されていくところにある。この蓄積が，さらに人びとに広く深く活用され，社会的に還元されていくようなサイクルの成立こそが，博物館のもつ公共性の中身である」（伊藤，1991，p. 38）と指摘した。では，多様な市民一人ひとりと博物館は，どのように繋がりを生み出すことができるのか。浜口も，例えば，大阪市立自然史博物館（8章，12章）も，目の前の参加者を担い手として，共に非利用者（博物館を利用していない人々）へメッセージを届けようと取り組んでいる，ということができるだろう。次節では，各地の博物館での様々な取り組みをみていきたい。

3．地域博物館の近年の活動事例：地域～国際化への貢献

（1）多摩六都科学館

東京都小平市，東村山市，清瀬市，東久留米市，西東京市（2001（平成13）年1月に保谷市と田無市が合併）の五市によって運営されている多摩六都科学館（1994（平成6）年開館，西東京市，以下「ロクト」）は，「地域の皆さんをはじめとする様々な方々とともに，誰もが科学を楽しみ，自分たちの世界をもっと知りたいと思える，多様な「学びの場」をつくりあげて」いくこと，そして，「活動の幅を拡げ，皆さんをつなぎ，「地域づくり」に貢献すること」をミッションにしている(4)。多摩六都科学館組合が設置，管理，及び運営に関する事務を行い，指定管理者が管理運営を行っている。以下に，具体的な活動を紹介していきたい。

(4)　https://www.tamarokuto.or.jp/aboutus/　2021年9月30日取得

① ラボ

5つの展示室のうち，「からだの部屋」，「しくみの部屋」，「自然の部屋」，「地球の部屋」に設置されている空間。ラボ開催時間内は，研究交流グループのスタッフやボランティアが常駐し，参加体験型のプログラムに，誰でも参加できる。例えば，「ちきゅうラボ」では，地学の不思議に様々な角度から触れられるプログラムが開催されている。『アンモナイトの化石をみてみよう』では，アンモナイトの様々な形状や断面を見るだけでなく，大小さまざまな実物標本をさわることができる（**図13－1**）。スタッフやボランティアとコミュニケーションをとりながら，標本にさわったり，ハンズ・オンのミニ展示を自分の手や体を動かして体験したりすることを通して，科学の面白さや不思議を楽しく学ぶことができるのが，ラボの魅力である。

図13－1　多摩六都科学館ちきゅうラボ『アンモナイトの化石をみてみよう』（2020年1月）。

② プラネタリウム

ロクトには，「サイエンスエッグ」と呼ばれる，直径27.5m，世界最大級の大きさのプラネタリウムドームがあり，投映機「CHIRON Ⅱ（ケイロンⅡ）」は1億4000万個を超える星々を映し出す。ここでは，2019（令和元）年5月22日に，0歳から3歳くらいの乳幼児とその保護者を対象とする「0歳からのプラネタリウム」が初めて開催された。それ以降，年に数回，開催が続いている。初回，平日の朝一番の投影だったにもかかわらず，定員234人が満席となり，そのうち0～3歳の乳幼児は102人だった。平日のプラネタリウムが満席になったのは，ロクト開館後25年間で初めてのことだったという(5)。また，「障がいのある方とその家族や，乳幼児をお連れの方も安心してご覧いただける投影回」という『おもいやりプラネタリウム・大型映像』が，毎月第3木曜日に開催されている。プラネタリウムへの参加をためらってしまう状況下にある方々へ，ぜひ参加してください，というメッセージを届け，安心して滞在してもらえるよう環境を整えている。

図13－2　多摩六都科学館からだラボで活動するボランティア　パズルコーナーや知恵の輪が人気（2018年12月）

③　ボランティア

ロクトにはボランティア会がある。前述の利用者とのコミュニケーションを始め，教室やイベントの企画・運営などの幅広い活動を，科学館のスタッフと連携して行い（**図13－2**），多彩なキャリアを活かした社会貢献の場となっている。

④多文化共生推進プロジェクト

前述のロクトのミッション及び，第2次基本計画ローリングプラン2016に追加された「ソーシャル・インクルージョンに基づき，誰もが楽しみ，交流できる場をつくりあげること」の一プロジェクトとして，2019（令和元）年度に在住外国人を対象とした多文化共生推進プロジェクトを立ち上げた。多摩北部の博物館が多文化共生社会を担う場を実現する場になること，これらが日本の地方都市博物館の多文化共生モデルになることを目指している（たまろくミュージアム多文化共生推進実行委員会（多摩六都科学館），2021）。ロクトの所在する多摩北部における外国

(5)　ロクトブログより，https://www.tamarokuto.or.jp/blog/rokuto-report/2019/05/29/baby_plenetarium/　2021年9月30日取得

人居住者は年々増加の傾向にある一方で，ロクトを含め博物館との接点はほとんどなかったことからプロジェクトが始まり，地域の市民団体や大学の協力により様々な取り組みを実践している（高尾，2020）。例えば，「やさしい日本語」を用いたワークショップやプラネタリウムは2018（平成30）年度より始まった。地域に住む，日本語を母語としない子どもたちに，科学の楽しさを知ってほしいというのがねらいである。2020（令和２）年１月12日には，外国にルーツをもつ小学生とその家族を対象に，ワークショップ「科学館の絵本をつくろう」が行われた。参加者は科学館の中を歩き，iPad で科学館の「デジタル絵本」と「紙の絵本」を作成した。絵本は，やさしい日本語でも外国語でも作ることができるように工夫されたものであった。チラシには「多摩六都科学館は誰でも楽しむことができます。」と大きく書かれており，日本語の漢字にはすべてふり仮名がついている。また，大きな文字部分は，英語，中国語，韓国語が併記されている。同年１月18日の「やさしい日本語でプラネタリウムをたのしもう」では，解説者がやさしい日本語で当日の星空を解説するプラネタリウムが開催された。2021（令和３）年９月現在，ロクトのウェブサイトには「やさしい日本語」ページがもうけられている(6)。

日本に暮らす日本語を母語としない人々の数は年々増加している。例えば，情報が届きにくい等の理由から博物館利用の機会が失われることのないよう，そして，博物館が，多様な文化圏の人々が集い語り合う安全な学びの場になることができるよう願っている。ロクトの取り組みは，今後，多文化共生に取り組む各地の地域博物館の参考となるだろう。

（２）さいたま市大宮盆栽美術館

さいたま市大宮盆栽美術館（2010（平成22）年開館，以下「盆栽美術館」）は，世界で初めての公立の盆栽美術館である。盆栽に関する美術

(6)　https://www.tamarokuto.or.jpeasy_japanese/　2021年９月30日取得

館の世界的ネットワークのハブとなる存在を目指しており，2019年の8月には米国立盆栽・盆景園と姉妹館提携を結んだ国内外における盆栽文化の普及を目的に，盆栽専門の学習プログラム『さいたま国際盆栽アカデミー』を，盆栽美術館が主催している。盆栽の基礎を学ぶ「初級コース」から開始し，「中級コース」，「上級コース」とステップアップしながら学んでいく。初級・中級では講義と実技を通して学び，上級では，個々人の盆栽の技術・実技をより深めるとともに，鑑賞解説や盆栽制作における講師レベルの人材育成を目指している(7)。また，展示品の基本的な解説（ガイド）をする「団体ガイド」を，日本語のほか，英語，中国語，フランス語で行っている（要事前予約）。さらに，少人数でも事前申込なしで当日参加可能なガイドとして，「Welcome Monday」を実施(8)。語学堪能なボランティアによる外国人来館者向けガイドを実施しており，ガイドのモットーとして，「来てよかった，（ガイドが）聞けてよかった，また来たい，誰かに話したい」を大事にしている。

4. 地域の博物館のアウトリーチ

来館が困難な状況下にある人々と博物館が繋がるにはどうしたらいいだろうか。2020年以降のコロナ禍においては，日本においても多くの人々が長期間に渡る外出自粛を経験し，各地の博物館も臨時休館を経験した。博物館に足を運ぶことができない状況下にある人々に博物館ができることは何か。『おうちミュージアム』（渋谷，2020；2021）など，博物館のオンラインでの発信が全国的に急速に進んだが，コロナ禍が落ち着き，多くの人々が博物館に出かけられるようになっても，博物館への来館が困難な状況下にある人々に博物館を届ける取り組みを続けていくことが望まれる（島，2021）。

---

(7) https://www.bonsai-art-museum.jp/ja/academy/curriculum/ 2021年9月30日取得

(8) https://www.bonsai-art-museum.jp/ja/facilities/service/audio/ 2021年9月30日取得

コロナ禍以前から取り組まれている，「博物館が人々のところへ行く」事業として，葛西臨海水族園による，来館困難な利用者を対象とした移動水族館事業を紹介する。キャッチフレーズは，「うみ，とどけます」。2014（平成26）年４月から１年半の準備期間を経て，2015（平成27）年９月に本格的に開始した。移動水族館班長の雨宮健太郎によると，移動水族館とは，「水族園で開発，実施してきた教育プログラムや伝える技術を活かし，水族園に来園が難しい方々を対象に園外で行う教育普及活動」であり，「水族園に来館が難しい方々を対象としたというのが，この事業の特色」で，訪問施設は，病院（小児科や精神科），特別支援学校（盲学校，ろう学校，養護学校），社会福祉施設（障がい者施設，高齢者施設），国や自治体が主催または後援する，生き物や環境をテーマにしたイベントなどに出展している（雨宮，2020）。海を届けるための移動水族館車は，「うみくる号」と「いそくる号」である。「うみくる号」（トラック）には熱帯水槽と温帯水槽があり，車の両側面から観覧できる。「いそくる号」は，ふれあいプログラム用水槽や解説用の標本・パネルなどを載せている。移動水族館では，『じっくり観察！ウニ・ヒトデ・ナマコ』，『へんてこ？ 海の生き物』，『東京湾の干潟の生き物』などのプログラムを行っている（雨宮，2017）。手作りのペーパーパペットや，ぬりえ，イトマキヒトデやヤドカリなどのオリジナルのぬいぐるみも作成して，生き物を観察してもらうときに道具や教材も工夫して用いながら，プログラムを実施している（雨宮，2020）。

このように，博物館側は出張用の学習キットなどを作ることで，来館の困難な状況下にある人々のところへ自ら赴き，プログラムなどの実施が可能である。また，博物館には，学校や団体向けに資料を貸し出しているところが数多くある（国立科学博物館，2011，pp. 129-179）。例えば，千葉県立中央博物館には，『昆虫標本作製キット』『生命と大地の歴史を体感する化石キット』『人類進化学習キット』などの貸出キットがある(9)。誰もが博物館を利用することができるよう，博物館はあらゆる努力を続け，そして，実践によって得られた経験やノウハウを他の博物館や連携機関と共有し，博物館全体として取り組みを積み重ねていくことが肝要である。

5．地域の博物館の連携

日本の地域の博物館には，学芸員が一名または二名というところも少なくない。2019（令和元）年度 日本の博物館総合調査報告書では，1館当たりの常勤，非常勤の学芸系職員数はそれぞれ2.48人，0.77人，また学芸・事務管理系職員については同様に1.26人，0.48人という結果だった。また，約6割の館において学芸系職員数は1～5名（非常勤，兼務を含む）であり，不在の館も16.5%にのぼった（日本博物館協会，2020，p.81）。このような中で，博物館同士が連携し，お互いに課題や情報を共有し，博物館活動を続けていくことは，お互いの支えにもなる。例えば，「はくぶつかん子どもワークショップちょうさたい」通称「はこわっち」は，博物館における子どもワークショップの実践知の共有を目指して活動している。「全国の博物館でたくさんの子ども向けのプログラムが開催されているのに，現場スタッフの経験・情報を共有できる場が少ない」という課題意識をきっかけに，「お互いの悩みや工夫を共有し，みんなで一緒に考えていく場」をつくるために立ち上がった。各地の博物館の現場のヒアリング調査や，現場スタッフのプラットフォームとしての研修会「はこわっちのつどい」を開催している。例えば，2018（平成30）年12月には，博物館の現場で「子どもの学び」に取り組むスタッフを対象に，研修会『現場に活かす活動の評価―子どもワークショップの「質」を考える―』が開かれ，28名が参加した。参加

(9) http://www2.chiba-muse.or.jp/www/NATURAL/genre/1517800292676/index.html　2021年9月30日取得

者はまず，各自，普段実践しているプログラムとそのおすすめポイントについて紹介し合った後，「プログラムの工夫と苦労」，「なぜ自分はこれをやりはじめたか？今やっているプログラムの背景」，「プログラムを通してなにを実現したい？（子どもたち・地元の人・自分がどうあってほしい？）」という三つの観点から，意見交換をワールド・カフェ方式で行った。その後，研修会の青木翔子講師からルーブリック評価が紹介され，「自分たちが子ども向けワークショップを通して目指していること」を念頭に置いたときに今何ができていて何ができていないのかを共有しながら評価の軸を探し，最後に参加者それぞれルーブリック評価の基準を書き上げた。アンケートでは，評価の観点を自分なりに立てられたこと，他館の方と話し合えたことが良かったなどの声が寄せられた（はこわっち，2019)。「現場の皆さんが，集まれば集まるほどアイデアや工夫が増え，課題解決のためのヒントがたくさん得られる」ことが分かり，現在も活動を続けている（はこわっち，2020)。

全国各地の博物館で日々，博物館教育の実践の場にいる学芸員や職員同士が出会い，語らい，共に学ぶ場をこのようにつくっていくことは，博物館間の連携も生み出し，ひいては利用者の学びをより豊かなものにすることに繋がっていくだろう。

6．国際化と博物館

ベスターマンは，倫理的なミュージアム（ethical museum）は，多様な文化・価値社会から信頼されており，異なる信仰や背景をもつ人々が出会い，共通の基盤を見つけるための安全な場所（safe place）になると指摘している（ベスターマン，2011，p. 440)。また，フォークとディアーキングによれば，博物館は，人々が文化の違いを心地よく受け止めることを促すという（フォークとディアーキング，1995)。多様な文化圏の人々が出会い，繋がり，共に学び続ける場としてのミュージアムの可能性について，本節では考えたい。

（1）東京国立近代美術館の英語による鑑賞プログラム『Let's Talk Art!』の事例

英語による鑑賞・異文化交流プログラム『Let's Talk Art!』が，2019年3月22日より，東京国立近代美術館にて開始された。「作品解説を聞くだけの一般的なガイドツアーとは異なり，参加者の皆さんがファシリテーターと会話をしながら作品の理解を深めていく体験型のプログラム」であり，「約1時間で3つの作品を鑑賞し，描かれているモノやコトに基づき，日本と参加者の文化を話し合ったり，時には描かれている土地や建物の歴史・観光情報をお知らせしたり」する[10]。本プログラムを開始するため，2017年度から3年間，プログラム設計・監修，及び2018（平成30）年3月に公募により選ばれた有償ファシリテーターの研修などを担当してきた大高幸によると，本プログラムでは，参加者が日本美術・文化及び参加者間異文化交流を楽しむことをねらいとしている。これまでの参加者は日本在住外国人が多く，その知人の海外在住者，観光客や，英語力を維持したい美術愛好家の日本人を含む。終了時のアンケートでは，参加満足度は高く，「他者の異なる視点を知るのが面白かった」，「自分だけでは気づかないことを発見できて楽しかった」といった自由記述が記されているという（大高，2020）。筆者自身が参加した回においても，和気あいあいとした雰囲気で，文化圏の異なる参加者同士の交流の中で，改めて展示をよく見つめ，作品への理解が深まっただけでなく，日本の文化についても，自分自身もさらに興味をもつことができた（島，2020）。

⑽　東京国立近代美術館　2019年3月14日　プレスリリースより。

（2）マレーシア国立博物館の多国籍ボランティア

筆者が4年間滞在し，活動したマレーシア国立博物館ボランティアを紹介したい。マレーシア博物館局ミュージアムボランティア（Museum Volunteers, Department of Museums Malaysia；以下 MV）の募集要項には，MV が非営利，非政府，非宗教の組織であり，全ての人々に開かれているということ，また，国籍や年齢の制約がないことが明記され，MV のゴールとして，ミュージアムへの人々の意識を高めること，マレーシアの歴史や文化の理解促進を目的とすることが書かれていた（MV ウェブサイト，2011－2013年当時）。MV の半数がマレーシア人で，残りは人数の多い順に，英国，オランダ，フランス，日本，オーストラリアなど，国籍は20か国以上だった。マレーシア現地及び外国籍の成人がミュージアムという場に集まり，ツアーガイドを中心としたボランティア活動のほか，歴史・文化の勉強会やパーティなどを主体的に実施する中で，互いの文化を感じ，学び合う。このように多様な人々にとって，ミュージアムは出会い語らう「安全な場所」となり，そこに学びの共同体が生まれるということを，マレーシアで感じた。マレーシアと日本では状況も異なるが，様々な国籍の人々にミュージアムが開かれ，そこに学びの共同体が生まれたというこの事例は，大変参考になるのではないだろうか。

グローバル化が世界を覆う中で，日本にも多様な文化圏の人々が居住し，今後も増加が予想される中，人々が互いの多様な経験や意見に耳を傾け，安心して語らうことのできる場が求められる。ベスターマンの言う，異なる信仰や背景をもつ人々が出会い，共通の基盤を見つけるための「安全な場所（safe place）」（ベスターマン，2011，p.440）は，日本語では「居場所」と呼ぶ方がしっくりくるかもしれない。米国の博物館界が，ミュージアムは全ての人々に対してより豊かな学習の機会を与え，賢明で豊かな人間性を備えた市民を育成するという責任をもつ（AAM，1992）と宣言してから約30年。ベスターマンは，思慮に富んだ包摂的なミュージアムは，多様な文化が相互理解と信頼に基づき啓発し合う場であること，このような価値体系を表現しているミュージアムこそが社会の利益になると指摘している（ベスターマン，2011，p. 441）。人々のミュージアムへのアクセスを保障し，ミュージアムでの学びの場を共に作り出していけるような取り組みが進むことを願う。

7．まとめ

伊藤の地域博物館論や，地域博物館の実践例をいくつか概観した。また，グローバル化が世界を覆う中でのミュージアムの役割について，事例とともに考えてきた。コロナ禍により人々の暮らす環境も影響を受けた中にあって，「地域の課題は，市民自身が主体となって取り組むことが基本であり」，「地域の課題に，博物館の機能をとおして，市民とともに応えていこうというのが地域博物館である」（伊藤，1993，p. 160）という伊藤の主張の重みは変わらないだろう。

自分の暮らす地域にあらためて目を向け，歩き，感じ，地域の再発見，価値の再発見をしていく。地域は，変わらないものではなく，年月とともに，暮らす人々も変わり，町並みも変わっていく中で，博物館はそこに暮らす人々と共に，資料を収集・保存し，調査・研究，展示や教育活動を行っていく。この蓄積が市民の共有財産となり，市民に利用されていく。多様な市民といかに繋がり，共に地域の再発見を行うのか。実際に地域の博物館を訪れ，思いを巡らせてほしい。

引用・参考文献

雨宮健太郎「来館困難な利用者を対象とした葛西臨海水族園移動水族館事業について」『MUSEUMちば　千葉県博物館協会研究紀要』46，pp. 32-38（千葉県博物館協会，2020年）

雨宮健太郎「葛西臨海水族園移動水族館活動の紹介～　医療機関での利用拡大をめざして～」『日本小児血液・がん学会雑誌』54(5)，pp. 340-346（日本小児血液・がん学会，2017年）

伊藤寿朗「地域博物館論」『現代社会教育の課題と展望』（明石書店，1986）

伊藤寿朗『ひらけ，博物館』（岩波ブックレット　No. 188，岩波書店，1991年）

伊藤寿朗『市民のなかの博物館』（吉川弘文館，1993年）

国立科学博物館『授業で使える！博物館活用ガイド―博物館・動物園・水族館・植物園・科学館で科学的体験を』（少年写真新聞社，2011年）

渋谷美月「全国のミュージアムと取り組んだ「おうちミュージアム」：参加ミュージアムを対象としたアンケート調査の結果報告」『北海道博物館研究紀要』6，pp. 127-138（北海道博物館，2021）

渋谷美月「大きなコミュニティとなったおうちミュージアム」『博物館研究』55(10)，pp. 22-25（日本博物館協会，2020年）

島絵里子「ミュージアムが姿・形を変えてあらゆる人々のところに飛び込んでいくための一提案：物理的（physical）とデジタル（digital）両方のツールを用いて」『日本の博物館のこれからⅣ プレプリント』（大阪市立自然史博物館，2021年）

島絵里子「開かれた博物館へ―各地の博物館での取り組みの現状と，今後に向けて―」『日本の博物館のこれからⅡ』pp. 3-18（大阪市立自然史博物館，2020年）

髙尾戸美「科学館を中心とした多文化共生推進の現状：多摩六都科学館多文化共生推進プロジェクトの事例を中心に」『全国科学博物館協議会研究発表大会：資料』(28)，pp. 139-144（全国科学博物館協議会，2021年）

武井二葉「地域博物館における「地域」の表象」『博物館学雑誌』第45巻第2号（通巻72号），pp. 1-14（全日本博物館学会，2020年）

たまろくミュージアム多文化共生推進実行委員会（多摩六都科学館）『令和2年度文化庁文化芸術振興費補助金「地域と共働した博物館創造活動支援事業」ミュージアムを中心とした地域の多文化共生推進プロジェクト報告書』（たまろくミュージアム多文化共生推進実行委員会（多摩六都科学館，2021年）

日本博物館協会『令和元年度　日本の博物館総合調査報告書』（日本博物館協会，2020年）

はこわっち事務局『はこわっちレポート2019　2019年度地球環境基金助成事業報告書及び3年間の活動総括　自然科学系ミュージアムの子どもワークショップ実態調査と人材育成』（2020年）

はこわっち事務局『平成30年度地球環境基金助成事業報告書　はこわっちレポート2018　自然科学系ミュージアムの子どもワークショップ実態調査と人材育成』（2019年）

浜口哲一『放課後博物館へようこそ　地域と市民を結ぶ博物館』（地人書館，2000年）

浜田弘明『博物館の新潮流と学芸員』（御茶の水書房，2012年）

吉田憲司「フォーラムとしてのミュージアム，その後」『民博通信』No. 140，pp. 2-7（国立民族学博物館，2013年）

American Association of Museums. 1992. Excellence and Equity: Education and the Public Dimension of Museums, Washington DC: American Association of Museums, US.

Besterman, Tristram. 2011. Museum Ethics. "A Companion to Museum Studies" (Sharon Macdonald Ed.), pp.431-441. Blackwell Publishing Ltd, UK.

14 教育活動の評価

寺島洋子

《目標＆ポイント》 近年，博物館は教育施設としての説明責任を，社会に対して果すために，その活動の評価が求められるようになってきた。教育活動に関連して行われている評価には，展示評価，教材評価，プログラム評価，来館者の学習評価などがある。本章では，米国における来館者研究や，日本における評価の具体的な事例を紹介し，その意義と課題について考察する。
《キーワード》 来館者研究，展示評価，プログラム評価，学習評価，観察法，インタビュー，アンケート，企画段階評価，制作途中評価，総括的評価

1. 来館者研究

はじめに，本章で取り上げる基本的な用語の意味を確認しておこう。『ワークショップ&シンポジウム　博物館を評価する視点』（琵琶湖博物館，2000）によると，米国では来館者研究という用語は，来館者に関するあらゆる調査研究を意味するものとして使用されており，マーケティング調査から，展示やプログラムの評価まで広範な領域を包括している。来館者研究における，展示あるいはプログラムの評価とは，展示やプログラムがその目的をどの程度達成したかを知るために行う作業である。また，学習評価は，「来館者を学習者と捉えて，学びの内容やその人に与えた影響などを知るための評価」であり，その結果は，展示やプログラムを企画するうえで参考となる（竹内，2008，p. 161）。

いずれにしても，博物館における評価とは，善悪・美醜・優劣などの価値を判じ定めるという一般的な意味とは異なり，活動の方法や内容の

改善を目的とした前向きの作業である。

（1）日本における教育活動の評価の広まり

日本では，アンケート用紙による来館者調査は，1960年代以降多くの博物館で行われてきている。しかし，博物館が評価や来館者研究の必要性を認識して，業務として教育活動の評価に取り組むようになった事例(e.g., 国立歴史民俗博物館, 1998；東京都江戸東京博物館, 1999)は, 1990年代後半以降になって見られるようになった。

博物館の中で来館者の視点から展示やプログラムなどの教育活動を評価するようになった背景には, 幾つかの要因が考えられる。一つは, 1980年代から始まった生涯学習推進政策によって，博物館を取り巻く環境が変化したことである。ボランティアの導入，住民参加などによって，利用者の立場から博物館のあり方を考えることが求められるようになった(廣瀬，2000，pp. 104-111)。

二つ目は，欧米の博物館における来館者研究や評価の手法（e.g., 守井，1997；川嶋，1999；三木，1999，pp. 633-701）や，博物館における学習理論（e.g., フォーク&ディアーキング，1996；Hein，1998）などが紹介されるようになったことである。特に，2000年，琵琶湖博物館で開催された「ワークショップ&シンポジウム　博物館を評価する視点」は，博物館における来館者研究の知見を広く日本に紹介することとなった。

三つ目は，1991年のバブル経済崩壊後の経済不況の下で，博物館は運営や活動の見直しを求められていることである。このために，博物館運営の視点から，事業評価や自己点検といった博物館評価が業務の一つとして重視されてきていることも，全体の流れに影響していると考えられる。

しかし，「利用者調査の結果やそれに基づくマーケティングは，あくまで博物館の使命（社会的役割）を達成するための経営手法」（佐々木，2008，p.63）であり，学習評価における個人の学習の過程と成果を理解するものとは異なる評価であることを認識しておく必要がある。

（2）米国の来館者研究の流れ

今日，日本で行われている評価の手法は，主に米国の来館者研究の成果に負っている。ここでは，米国の来館者研究を概観する。

初期の来館者研究を代表するのは，ボストン美術館のベンジャミン・ギルマン（Gilman, B. I.）が，1916年に発表した博物館疲労に関する研究である。これは，展示ケースの高さや作品の並べ方と鑑賞者の身体的な疲労を関連づけた独創的な研究で，鑑賞者の視点から展示法を評価して，その改善策を提案した（川嶋，1999，p.16）。

1920年代後半から1930年代にかけて，イエール大学の心理学者，エドワード・ロビンソン（Robinson, E. S.）とアーサー・メルトン（Melton, A. W.）が行った，来館者の行動調査による研究は，その後の来館者研究の基礎を築いたとされている。メルトンは，大人の来館者を対象に，滞在時間や行動の追跡調査を行い，来館者が展示室に滞在した時間，個々の展示物を見るのに費やした時間を計量化することで，来館者の興味や関心を明らかにしようと試みた。彼等の研究から，来館者の行動の傾向や，それに影響を及ぼす展示室の出口の位置や展示物といった物理的要因などが指摘された（ハイン，2010，pp.71-73）。

1960年代後半から70年代は，教育効果の測定への関心が高まるとともに，評価の方法が大きく二つに体系化されていった時期でもある。その内の一つ目の評価方法は，ロビンソンやメルトンの研究の流れをくむ，心理学者ハリス・シュテル（Shettel, H. H.）やチャンドラー・スクレブン（Screven, C. G.）が行った，体系的な観察やテストによって得られた客観的なデータを定量分析する方法である。シュテルは，展示を教育の媒体であるとし，展示の教育的効果を測定するための基準として，「引きつける力（Attracting Power）」「引き止める力（Holding Power）」「教育力（Instruction Power）」という展示の三つの要素を取り上げた。そして，前者二つについては，従来の観察法によってその効果を計量化し，「教育力」については，展示を見る前後に被験者に学力テストを行い，その変化によって学習効果を測定したのである。この評価方法は，後にスクレブンによって，予め設定した展示の教育目標に対する到達度を測定するという，「目的設定型アプローチ（Goal-Referenced Approach）」として体系化された。

二つ目の評価方法は，ロバート・ウォルフ（Wolf, R. L.）らよって提唱された，自然主義的評価（Naturalistic Evaluation）である。「目的設定型アプローチ」が，目標と結果を比較する実験的な方法であるの対し，自然主義的評価は，博物館の中で起きる来館者の総体的な体験を把握することに重点が置かれている。現場における観察記録と自由回答式質問法によるインタビューによって収集されたデータを定性分析する方法である（川嶋，1999，pp. 18-20）。

1980年代以降は，来館者の学習のパラダイムが，情報の伝達―吸収という従来の直線的で階層的なものから，フォークとディアーキングが提唱する「学習の文脈モデル」にも示されるような，複雑な総体と見なすことへ変化してきたことが，評価や研究の方法にも影響を及ぼしている。そして，学習の複雑な様相を全体として調査研究するためには，自然主義的方法の妥当性を主張する傾向がある（ハイン，2010，pp. 127-129）。いずれにしても，「学習の文脈モデル」が示すように，博物館における学習が館内に留まらず変容し続けることは，評価・研究を難しくしている。

(3) 展示・プログラム評価の類型

一般的に評価は，展示や教材などの制作物が完成，あるいはプログラムが終了した時点で行われることが多い。しかし，より効果的な展示やプログラムを企画・実施するために，事前に行われることもあり，評価を行う時期に対応して大きく以下の三つのタイプの評価（守井，1997，pp. 32-33；竹内，2008，p. 160）に分けられる。

① **事前評価／企画段階評価**（Front-end Evaluation）

展示やプログラムの立案段階で行われる評価で，企画中のテーマについて対象となる利用者の知識や関心，理解の程度，また，そのテーマに対して抱いている感情などを明らかにするために行う。調査方法としては，個別，あるいは集団でのインタビューがある。

② **形成的評価／制作途中評価**（Formative Evaluation）

展示制作やプログラム開発期間中に行われる評価で，展示やプログラムの効果の検証と改善を目的としている。展示の部分的な試作品（解説パネル，模型，装置など）を作り，見やすさ，内容の分かりやすさ，操作性の善し悪しなどを検証する。調査方法としては，観察法，インタビュー，質問紙法がある。

③ **総括的評価**（Summative Evaluation）

展示の完成後，プログラムの終了後に行われる評価で，展示やプログラムの意図，内容などが期待通りの効果をあげているかを検証する。調査方法としては，観察法，インタビュー，質問紙法がある。

このように，展示やプログラムにおいては，時期に応じて異なるタイプの評価があり，それぞれの目的に照らし合わせて，複数の調査方法の特徴と限界を勘案し，適切な方法を選択するだけでなく，いくつかの調査方法を組み合わせて行うことが，評価の精度を増すために重要であると考えられる。

しかしながら，成人教育を中心とする生涯学習分野で，学習評価があまり論じられてこなかった（三輪，2000，p. 151）のと同様に，博物館においても学習評価の方法論は確立されておらず，今後の研究が期待される。

（4）評価のための調査方法

評価に際して，データを収集する調査方法は様々あるが，ここでは一般的な観察法，面接法，質問紙法（守井，1997，pp. 35-37）を確認しておこう。

①　観察法

来館者の自然な行動を，私見を交えずにそのまま記録するもので，筆記，録音，録画などの方法が用いられる。記録する内容は，目に映った状況，行為や行動，会話，滞在時間，物理的証拠（使用頻度を示す磨耗や汚染，印刷物の消費部数など）などがある。また，行動を記録するにあたり，事前に想定される行動のチェックリストを作り，そのリストにあげた行動のみを記録する方法もある。観察には被調査者に気づかれないように行う非参与観察と，プログラムなどで観察者も参加者となって行う参与観察がある。

②　面接法（インタビュー）

個人やグループを対象にして行う。個人に対する自由回答型の質問によるインタビューは，説明的で豊かな情報が得られるが，インタビューに時間を要することで，サンプル数に限界があり，分析にも手間がかかる。グループでは，特定のテーマについてディスカッションを行うこともある。これは，集団内の相互作用を利用したデータ収集が可能な一方で，個々人に対して集団の影響力が作用することもある。また，調査者による統制がとりにくいこともある。

③　質問紙法

最も一般的な調査手法で，質問紙（アンケート用紙）を配布して回答を記載してもらう方法。自由回答型と予め項目や回答のための選択肢が用意されている限定型がある。後者は大量のデータ収集を行うのに適している。両者を併用することもある。配布・回収ともに，直接，郵送が可能である。

調査にあたっては，被験者である来館者のプライバシーを保護し，博物館の訪問を不快なものとしないための配慮が必要である。

2．博物館における評価活動

博物館では，運営の視点から事業評価としてアンケート用紙による顧客満足度調査が最も多く行われているが，ここでは展示とプログラムについて三つの評価事例を紹介する。

（1）江戸東京博物館の展示評価

江戸東京博物館は，江戸東京400年の歴史と文化を展示する博物館で，常設展示室を構成する「江戸ゾーン」「東京ゾーン」「通史ゾーン」では，実物大に復元した大型模型や実物資料によって，当時の人々の生活を紹介している。開館５年目を迎えた1997年，同館は，今後の将来像と現時点での改善事項を検討するため，４年に亘る展示評価（東京都江戸東京博物館，1999；佐々木，2000，pp. 11-16；2001，pp. 11-16）に着手した。多少古い事例ではあるが，これを参考にして評価の流れと採用された複数の調査方法を確認してみよう。

長期に亘る本調査は，入館者数の漸次減少の原因把握，映像機器の疲弊への対策，これまでの調査研究成果を展示に活かすこと，来館者サービスの向上など複数の目的を踏まえて実施された。各年度に実施された調査概要は，**表14－1**となる。最初の２年間（平成９・10年度）に，現状を把握するために数多くの調査を実施している。その特徴として次の点が挙げられる。

・多面的な視点からの調査：多様な調査対象（来館者＜個人，団体＞，館内スタッフ＜警備，案内，清掃，ボランティア，アルバイトなど＞，専門家など）を設定。

・複数の調査方法の組み合わせ：観察法，インタビュー，質問紙法。

・年間データが得られる既存の資料重視：チケット販売実績，団体バス予約申請書など，既存の資料。

これらの調査から，予想外の結果が確認された。例えば，来館者は主に江戸ゾーンを観覧し，全ゾーンを観覧するのは全体の44％でしかないことや，何度も来館するリピーター率は比較的高く，個人で36％，団体で26％だったことなどである。

そして，調査結果を参照しながら具体的な改善の優先順位を決定し，平成10～11年度の短期改善として，体験型展示（千両箱，自働電話，人力車など）の増設，リーフレット作成，サインの増設・改善を実施している。また，調査から判明した，展示環境（照明，動線，休憩場所など）と展示手法の課題を踏まえ，リニューアル構想では，施設・サービス，展示手法の改善に重点を置くことが決められた。

４年目の平成12年度は，リニューアルプランの企画段階評価（表中では，初期段階評価）を行い，展示趣旨について来館者の理解度や興味・関心などの調査結果を踏まえて企画した，「東京ストリートスタイル」という小テーマ展示の検証も実施している。また，短期改善の検証調査と併行して，「暗い」「迷う」「字が小さい」という苦情に関して照明，

表14－1　江戸東京博物館　展示調査の流れ　平成９～12年度（1997～2000）調査実施の概要（作図：村井良子）

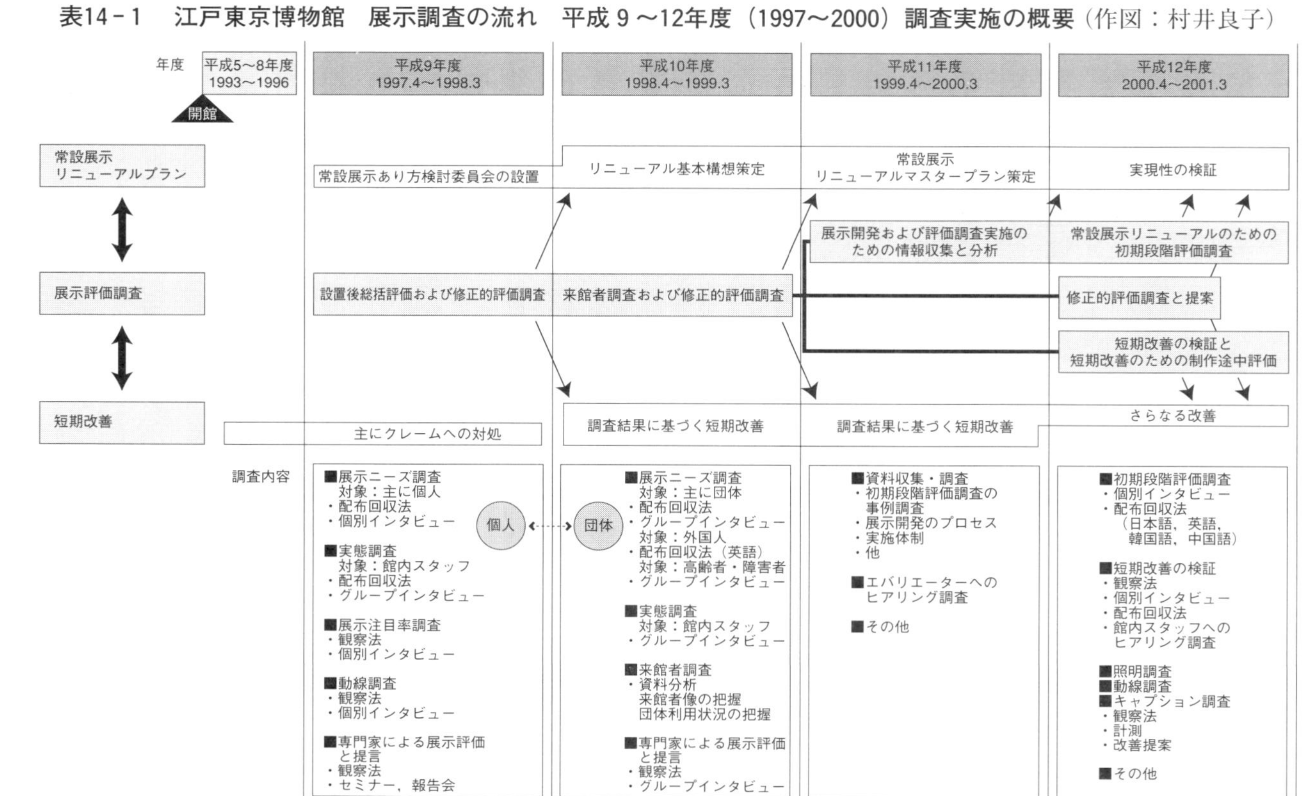

（出典：佐々木秀彦「江戸東京博物館の常設展示における展示評価と改善」『博物館研究』vol. 36，No. 8，2001，p. 12）

動線，解説文について調査を行い，可能なものから改善を開始した（東京都江戸東京博物館，1999；佐々木，2000；2001）。

この評価調査の特徴は，既存の展示の総括的評価と，それを踏まえて実施したリニューアル構想策定のための企画段階評価の二つの評価を含む，かなり大掛かりな調査だったことである。それゆえ，調査の実務については民間の調査会社に委託しており，調査の専門家と協同して行われている。また，来館者のみならず，博物館のスタッフからも聞き取り調査を行い，既存のデータを活用している。博物館は，必要となるデータをすでにもっていることがあり，それらを見直すことから始めることは大切である。そして，重要なのは，多様な視点から得られたデータの分析と，現実にそれらをどのように改善に役立てるかという道筋の明確化である。時間や予算の制約がある中で，調査結果を最大限に活かすことが望まれるのである。

（2）長期的な視野に立った美濃加茂市民ミュージアムの定量学習評価

ここでは，10章などで紹介した，みのかも文化の森・美濃加茂市民ミュージアム（以下，市民ミュージアム）の学校と連携した学習活動について，2005年度から継続して行われている評価を紹介する。具体的には，2019年に実施された評価（西尾・長谷川，2020，pp. 128-140）を取り上げる。

本評価の目的は，１）博物館「人・もの・こと・場」からどのようなことを感じ，学んだのか，２）子どもの関心はどのような活動内容にあり，指導の方法（講義・体験）によっているのか，３）子どもにどのような力が定着し身についてきたのかを確認することである。調査は，2019年12月10日～25日に亘り，市内全小学校の６年生629名を対象に，６年間の学習活動を振り返る内容のアンケート用紙（**表14－2**）を用いて行

表14－2　文化の森　学習アンケート

文化の森 学習アンケート(6年生)

太田小学校

みなさんはもうすぐ中学生ですね。文化の森で勉強したことのあるみなさんにアンケートです。これまでの学習を振り返り、質問に答えてください。

1. みなさんは、小学校の6年間に下記の学習を文化の森で行いました。印象に残っている学習を3つ選んで、○をつけてください。

学年	学習活動内容	○をつける
1年	10/28 生活科「あきのおもちゃだいしゅうごう」森で材料集め、ドングリごま・ドングリヘリコプター作り、施設見学(タワー・常設展)	
	2/5 国語科「たぬきの糸車」朗読を聴く、糸車体験、まゆの家見学、生活科「昔あそび」ぶんぶんごま作り、昔の遊び(竹とんぼ、おはじき、お手玉)	
2年	10/8 生活科「みんなで行こうよつかおうよ」文化の森施設のやさしさみつけ(正面玄関、多目的トイレ、エレベーター、階段)、生活科「文化の森たんけん」施設見学(タワー、常設展示室・企画展示室)	
3年	10/13 図工「サクサク名人」森で材料集め、小枝の鉛筆作り、社会科「給食センターのしごと」給食センター見学	
	1/12 社会科「古い道具と昔のくらし」洗濯板・炭火アイロンの体験、七厘で火起こし、道具体験(箱膳、石臼、ランプ)	
4年	6/13 社会科「水はどこから」今と昔の水についての話、(浄水場の見学)	
5年	7/19 総合「みんなしあわせ」文化の森のバリアフリー調べ、車椅子・白杖・アイマスク体験	
	11/27 理科「流れる水のはたらき」川浦川・木曽川の観察	
6年	4/23 社会科「縄文のむらから古墳のくにへ」「天皇中心の国づくり」常設展示室・土器整理室・住居跡の見学、復元衣装体験、遺物探し、縄文土器作り	
	11/6 理科「大地のつくりと変化」水・火山のはたらきによる地層・化石林公園・チャートの観察、常設展示室の見学	

選んだ3つについて、活動を通して分かったこと、気づいたこと、発見したこと、もっと知りたかったこと、学習の時のエピソードなどについて、できるだけくわしく書いてください。

※左の欄に日付と学年を入れて、どの学習のことか分かるようにしてください。

年 ／	
年 ／	
年 ／	

裏にも続きます。

2. 次のことがあったら□の中を■のように黒くぬりつぶしてください。

□文化の森で学習したことを、家族に話したことがある。
□文化の森に、遊びに行ったことがある。
□学校の授業以外で確認したいことがあり、文化の森へ行ったり、文化の森の人に質問したり、話を聞きに行ったりしたことがある。
□文化の森で聞いたことや調べたことを、夏休みの研究などにいかしたことがある。
□化石林公園や木曽川などでの学習の後、もう一度家族などでそこを訪れたことがある。
□文化の森での学習をきっかけとして、他の博物館や美術館に出かけたことがある。
□文化の森のホームページを見たことがある。

その時のことをもっとくわしく書いてください。

3. 文化の森で学習したことにより、自分にどんな力がついたと思いますか。
（例えば、「文化の森で土器の勉強をして、縄文・弥生土器が見分けられるようになった。」「実際の地層を見て、理科の授業が楽しくなった。」など）

4. 文化の森ではこんな活動もできるだろう、こんな学習をしたいな、こういうことをすると学校の授業がよく分かるかも、と思うことがありましたら、その理由もあわせて書いてください。
（例えば、「文化の森の施設を使って環境を守る工夫みつけの学習」など）

5. 文化の森に、一言どうぞ。

ご協力ありがとうございました。中学生になっても、文化の森に来てくださいね。

（出典：『みのかも文化の森／美濃加茂市民ミュージアム　活用の手引き・活用実践集　2019年度版』，p. 141（みのかも文化の森／美濃加茂市民ミュージアム，2020）

われ，571の回答（回答率90.78％）を回収している。

アンケート調査によって得たデータを考察・分析するために，調査の目的と合致する以下のキーワード（視点）が定められている。

a）「知識・技術」：新しい発見や気づき，自己実現がある。教科学習等への反映。

b）「心・感性」：博物館の「人・もの・こと・場」への想い。

c）「行動の広がり・発展」：博物館や社会・生活との関わりを積極的にもとうとすること。

アンケート用紙の設問１，３，５は，a，b，c，設問２はc，設問４はbの視点に該当する内容をそれぞれ記述するようになっている。例えば，設問１で２年時に体験した学習活動「みんなで行こうよつかおうよ」についての記述回答をキーワードで分類すると下記のようになる。

a「知識・技術」とb「心・感性」:「身の周りにはいろいろな人のために，たくさんの工夫があり，いつも見ているようなものも，工夫してあることをこのとき知ったから。」「目や耳が見なかったり，きこえない人のために道路や階段が工夫して作られていることを知った。」

b「心・感性」とc「行動の広がり・発展」:「いろいろな人が使えるものやトイレなどを自分でさがすということがとても楽しかったし，すごいなーと思いました。」

市民ミュージアムでは，上記の手法で調査結果を整理・分析して，参加した児童・生徒の学びを確認すると同時に，次年度の学習活動の改善に活用している。

市民ミュージアムの評価調査のポイントは，まず，アンケートに児童の自己評価としての意味（梶田，2010，pp.183-192）をもたせるために記述による回答を多用している点である。次に調査結果を分析するために三つのキーワード（視点）を定めたことである。これらの視点によって，子どもたちの体験を知識の習得だけに限定せず，より多角的に整理分析することが可能となっている。学習者の体験を多様な視点から分析することは，到達目標を設定しない，博物館のような非定型教育（informal education）の学習評価には重要で，英国では，「知識・理解」「技術」「姿勢・価値観」「楽しさ・感動・創造力」「行動・態度・進歩」の５つの視点から成る包括的学習効果という指標(1)を用いて博物館での教育プログラムの分析を試みている。

アンケート用紙の記述から，市民ミュージアムでの学習が，一定期間を経て，子どもたち自身の知識，感性，行動面にどのような意味をもち，その後どのように活かされたかなどを理解することができる。このことから，市民ミュージアムでの活動を通して，子どもたちが多くのことを学んでいることがわかる。また，子どもたちの回答には，五感を伴う体験活動の記述が多く，これはその直接的経験が，長期に亘って人の認識の基盤になり得ることを示唆している。市民ミュージアムのプログラムは，６年間継続して行われることから，単発のプログラムに比べ，より強力な知的・感性的基盤となり得ることが予想される。

2013年度からは，キーワードｃに注目して，成人となった市民ミュージアムの卒業生を対象に，「二十歳へのアンケート」調査も始まっている（可児，2014，p. 16）。2020年の調査で得た回答107（回収率23. 26％）から記憶に残っている活動は，現在も行われている活動が多く，少数ではあるがそれらの体験が大学等の進路に影響を与えていることも報告されている（みのかも文化の森・美濃加茂市民ミュージアム，2020，pp. 142-147）。こうした調査は，博物館における学習の長期的な影響力を推し量る上で意味がある。さらに，30年後，40年後にも継続して調査することが望まれる。

---

(1)　英国の包括的学習効果の指標（Generic Learning Outcomes）
https：//www.artscouncil.org.uk/generic-social-outcomes/importance-gsos#section-3　2021年９月30日取得

（3）アーティゾン美術館のファミリープログラムにおける総合的評価

ブリヂストン美術館は，2015年5月から始まった改築工事を終えて，2020年にアーティゾン美術館の名の下に新しい美術館として開館し，古代美術を始めとして，日本の近世美術や西洋と日本の近現代まで，幅広い美術作品を鑑賞する機会を提供している。ここでは，工事休館中に行われたファミリープログラムの評価調査（貝塚・他，2020）の概要を紹介する。

2001年7月に始まったファミリープログラムは，2015年3月までに102種類，総実施数計258回を数え，延べ2,836人が参加した。調査では，最初に102種類の各プログラムの概要と実施期日を統一した書式にまとめ，プログラム直後のアンケート結果を集計して評価のための基礎資料を作成している。その後に，連絡が可能な204家族に向けて追跡アンケートが郵送された。この追跡アンケートの目的は，1）ファミリープログラムについて参加者が記憶していること，並びにプログラムが参加者に与えた影響を探ること，2）回答を得られた家族の中から，さらに詳しい話を聞くためのインタビューを依頼する家族を選び出すことだった。69家族（回収率33.8%）132人から得た回答から，81.0%の回答者が何らかのことを記憶していること，82.6%の回答者が帰宅後にプログラムに関連したこと（話題にする，ほかの美術館へ行くなど）を行ったことが判明した。また，回答者の71.0%がリピーターであることも明らかになった。

追跡アンケートの回答を基にして，参加回数，性別，家族構成，参加時の子どもの年齢，参加からの経過年数，居住地域などのバランスを考慮した上で抽出した家族から，快諾を得られた13家族28人（参加当時大人17人，子ども11人）に対して対面インタビューを実施した。アンケートによる量的調査に対し，対面インタビューは，調査対象を絞って行われる質的調査で，プログラムの参加動機，日常生活におけるプログラムの経験，その後の経験との関連をどう捉え，今後同美術館に何を期待するかを知ることを目的として行われた。7つの共通する質問と，各回答者の関心に基づく質問で構成した半構造化インタビュー（中嶌，2020，pp. 46-49）で収集した会話を書き起こしたデータ（トランスクリプト）を分析して，13家族に共通する「家族」「大人」「子ども」ごとのパターン（**表14－3**）抽出に努めつつ，帰納的に浮かび上がってくるテーマから生活の中でのプログラムの位置づけやその作用を総合的に探究した。考察では，美術館での家族プログラムが大人にとって「余暇」としての「知的探究」の場でもあることや，子どもにとって鑑賞した作品がその後の作品制作の源泉となっていること，美術館訪問の習慣化に繋がっていること，また，プログラムの意義を認識したことでその後の経験を再考する契機となっていることなどが，ファミリープログラムの意義として挙げられている。

本評価の特徴は，量的調査である二種類のアンケートの後に，対面インタビューによる質的調査（大高，2020，pp. 187-210）を実施してファミリープログラムの意義を掘り下げていることである。各プログラムや参加者に関する館内の精緻な記録システムとインタビューに先立つ郵送アンケートによる簡素な悉皆定量調査の実施が，長期間を経た後の対面インタビューによる質的調査の精度を高めたといえよう。また，混沌としたトランスクリプトから，膨大な時間をかけて抽出したパターンをもとに，分析や考察を行うために，評価対象の領域（本調査の場合は，日本における家族や家族内教育，ファミリープログラムの先行研究など）を精査している点も重要である。一連の調査によって得られた豊富なデータと分析は，博物館における学習評価に貢献するものである。

表14－3　インタビューした13家族に共通のパターン

該当者	パターン
参加家族（13家族）	•各自の課題（仕事，家事，学業等）に加え，家族共通・個人の様々な趣味やイベントにより多忙 •国際的な交流，海外留学・居住・旅行等経験に基づく多様な価値観認識 •博物館（美術館を含む）等訪問・プログラム参加等，豊富な文化芸術経験とそれらとの関連経験の蓄積・継続 •ブリヂストン美術館のファミリープログラム参加はその一要素 •ブリヂストン美術館のファミリープログラムで印象に残っている事柄は多様 •印象に残っている事柄（作品や自己，他者の行動等）は，それを取り巻く空間・時間の文脈の中で出来事として想起・発話 •他の博物館（美術館を含む）やプログラム等との比較の上でブリヂストン美術館のファミリープログラムを評価 •美術館等訪問記念として自己の鑑賞用商品（とりわけ絵はがき）購入 •自宅でのインタビューを実施した5家族をはじめ，多様な文化的事物（写真を含む美術・工芸品，絵はがき，楽器，CD等）を所有し，文化芸術を日常的に享受 •本インタビューは回答者と調査員（プログラム実施者）間，家族内回答者間でプログラムでの出来事を相互に想起し合い懐かしむ契機となる場を形成
大人の参加者（17人）	•自己教育に熱心 •多趣味 •本物・専門家志向 •大学生，社会人になってから美術館訪問習慣化 •自己を美術の「素人」と位置づけ •複数の好きな美術作家，作品を継続的に探究 •美術館の混雑忌避 •美術館訪問の際，展覧会や作品の文脈情報取得（ギャラリートーク，音声ガイド，解説パネル，テレビ番組，SNS，文献等） •子の教育に熱心 •子の教育において父と母が別の分野（文化対自然等）を担当傾向 •ファミリープログラムへの参加を決めたのは母親である等，企画力・行動力を有する母親が存在 •日本では子を連れて行きづらいという美術館観保持 •ブリヂストン美術館とそのファミリープログラムのファン •個人・家族の出来事の記録システム（ファイリング等）開発・継続 •本インタビューのために事前に準備
子どもの参加者（11人）	•親と共通の嗜好や行動の習慣存在 •数年以上にわたる複数の習い事・部活を経験 •多様なポピュラー・カルチャー（TVドラマ，漫画，映画，ポップス，スポーツ観戦等）を日常的に享受 •インタビュー時大学生以上（7人）の方が高校生以下より参加プログラムとの関連経験が拡大

（出典：大髙幸『美術館と家族：ファミリープログラムの記録と考察』（アーティゾン美術館，2020，p.198）

3．評価活動の意義と課題

展示・プログラム評価は，博物館のメッセージが来館者へ伝わったかどうか，あるいは，両者の間でコミュニケーションが成立しているかを検証することであり，来館者の視点に立った展示やプログラムを企画する上で大変重要である。

一方で，評価は具体的な改善に資するだけでなく，改めて展示・プログラムの趣旨や博物館のミッションを再確認する機会ともなる。例えば，立命館大学国際平和ミュージアムでは，平和のために行動する契機を提供するというミッションのために，戦争体験を伝える展示のあり方を再検討する展示評価を実施している（兼清，2019）。

また，評価の過程を通して，職員がそれぞれに理解していた事柄を整理し，共通の基盤に立って現実的で，建設的な議論することが可能となる（佐々木，2001）。それによって博物館の職員が共通の認識をもって利用者と向かいあえるようになるのである。

そして，最終的には，改善された展示やプログラムから，来館者が何を学んだのか，その体験は来館者にとってどのような意味をもったのかという学習評価に繋げていくことが求められる。

博物館での学習は，博物館のメッセージを来館者が受け取ったかどうかという直接的な成果だけでなく，その後の生活の中での関わりを調べることが重要である。なぜなら，デューイの経験論やフォークとディアーキングの「学習の文脈モデル」でも指摘しているように，来館者の経験は，その前後の経験と関連性をもち，博物館での学習が孤立したものではないからである。それらを調査する一つの方法として，ホープ・レヒターとマイケル・スポックが，1999年，リッチモンドの子供博物館の職員に対して行った，インタビュー調査が参考になると考えられる

(Leichter・Spock，1999，pp. 41-81)。この調査で，博物館の職員は，人生において重要な博物館での経験をそれぞれに語っており，記憶に残る経験を物語として語ることで，その経験の重要性がその後の経験との関連において示されている。

また，博物館での学習と来館者の博物館外での経験との関係を調査し，来館者にとっての博物館での学習の意義を継続的に分析する事例研究も，前述のアーティゾン美術館の調査のように少数ではあるが存在する。しかしながら，こうした自然主義的な観察やインタビューによる手法は時間と労力がかかることから，研究が進まないという問題もある。

学習評価の方法には，そのほかにもいろいろな可能性があるが，重要なのは，評価の目的が方法論と整合性をもつことで，利用者主体の博物館においては，適正な評価の実施は，利用者とのコミュニケーションの一手法でもある。そのためにも，博物館の教育担当者は，多様な方法論を知る必要がある。しかし，日本においては，そうした方法論の研究が十分に進んでいないため，今後，博物館は大学院と連携し，それらを教育担当者が学べるコースを大学院において整備することが望まれる。

引用・参考文献

江戸東京博物館（プランニング・ラボ編）『東京都江戸東京博物館　常設展示　展示評価調査　平成 9 年度・10年度　統合・要約編』（東京都歴史文化財段・東京都江戸東京博物館，1999年）

江戸東京博物館（プランニング・ラボ編）『東京都江戸東京博物館　リニューアル基本構想―常設展示―』（東京都歴史文化財段・東京都江戸東京博物館，1999年）

貝塚健・江藤祐子・細矢芳・大髙幸『美術館と家族：ファミリープログラムの記録と考察』（アーティゾン美術館，2020年）

梶田叡一『教育評価』（有斐閣双書，2010年）

可児光生「学校からの利用者に起きていること—利用したこどもたちのアンケートを中心に」『博物館研究』vol. 49, No. 12, p. 16（日本博物館協会, 2014年）
兼清順子『研究成果報告書　平和博物館における戦争体験継承のための展示モデル構築』（立命館大学国際平和ミュージアム, 2019年）
川嶋敦子「来館者研究の歴史的諸相」『展示学』27号, pp. 16-22（1999年）
国立歴史民俗博物館第三者評価委員会編『第三者評価報告書—展示を中心として—』（国立歴史民俗博物館, 1998年）
佐々木亨「博物館の手法①：マーケティングと利用者調査」佐々木亨・亀井修・竹内有理『博物館経営・情報論』pp. 43-64（放送大学教育振興会, 2008年）
佐々木秀彦「展示評価の意義と手法—『シンポジウム&ワークショップ博物館を評価する視点』に参加して」『博物館研究』vol. 35, No. 6, pp. 11-16（日本博物館協会, 2000年）
佐々木秀彦「江戸東京博物館の常設展示における展示評価と改善」『博物館研究』vol. 36, No. 8, pp. 11-16（日本博物館協会, 2001年）
竹内有理「博物館教育の実践①：展示へのアプローチ」佐々木亨・亀井修・竹内有理『博物館経営・情報論』pp. 147-164（放送大学教育振興会, 2008年）
中嶌洋『初学者のための質的研究26の教え』（医学書院, 2020年）
西尾円・長谷川明子「V小学6年生アンケート結果」『みのかも文化の森／美濃加茂市民ミュージアム　活用の手引き・活用実践集　2019年度版』, pp. 128-139（みのかも文化の森／美濃加茂市民ミュージアム, 2020年）
ハイン, ジョージ（鷹野光行監訳）『博物館で学ぶ』（同成社, 2010年）
廣瀬隆人「第5章博物館教育とはなにか」小原巖, 他共著『博物館展示・教育論』pp. 104-111（樹村房, 2000年）
琵琶湖博物館・滋賀県博物館ネットワーク協議会編『琵琶湖博物館研究調査報告第17号　ワークショップ&シンポジウム　博物館を評価する視点』（滋賀県立琵琶湖博物館, 2000年）
フォーク, ジョン&ディアーキング, リン（高橋順一訳）『博物館体験』（雄山閣, 1996年）
三木美裕「博物館・美術館の来館者研究—アメリカの事情から—」『国立民俗学博物館研究報告』24巻3号　pp. 633-701（1999年）
三輪健二『生涯学習の理論と実践』（放送大学教育振興会, 2010年）

村井良子『入門ミュージアムの評価と改善』（ミュゼ，2002年）
守井典子「博物館における評価に関する基礎研究」『日本ミュージアム・マネージメント学会研究紀要』（通号１）pp. 31-40（1997年）

Hein, G. E. (1998), *Learning in the Museum*, London : Routledge.
Leichter, H., Spock, M. (1999). "Learning from Ourselves : Pivotal Stories of Museum Professionals" in N. Gibans (Ed.), *Bridges to Understanding Children's Museums* (pp.41-81). Cleveland : OH : Nina Gibans.

15 利用者主体の博物館教育：課題と展望

大髙　幸

《**目標＆ポイント**》 本章では，博物館教育の理論と実践についてこれまで学んできたことを総括し，博物館教育の理念の国際的な動向，日本の博物館の特徴及び問題を概観した上で，今後の博物館教育の展望とその方向について考察する。最後に，今後の博物館利用への提言で締めくくる。
《**キーワード**》 課題提起教育，積極的関与（commitment），教育普及から教育へ，生涯統合教育，博物館運営，専門職教育

1．これからの博物館のあり方

（1）社会問題に積極的に関与する文化の拠点としての博物館

今日の社会が直面する課題は地球環境問題，AIや原子力などの科学技術のコントロール，自然災害・人為的災害，戦争やテロ，人権問題など数多くある。それらと向き合い，社会の進むべき方向性を探るため，博物館が果たすべき役割は日に日に高まっている（稲村，2019）。日本学術会議は，こうした社会問題に対応するための「マテリアルの提供と議論・実践の場」として，今後の博物館は，地域の拠点，あるいは国際的ネットワークのハブ機関としての位置づけを明確にすべきであると提言する（2020，p.16）。また，日本で初めて開催された2019年のICOM京都大会では，日本が提案した，博物館は文化活動の中心であるべきとする「Commitment to the Concept of Museums as Cultural Hubs（『Museums as Cultural Hubs』の理念の徹底）」が採択された。近年のICOM

の博物館定義の再考過程の主軸をなす博物館の社会的役割の強化は，日本学術会議が提言する社会問題に関する資料の提供，議論・実践の場であり地域・国際的な文化活動の拠点としての博物館像と重なり合う。ICOM 京都大会においても，社会問題是正への取り組みの実践報告が世界中の博物館からされ，博物館の社会的役割の重要性が，国際的な博物館議論の主流であることが広く認識された。

（2）博物館と利用者との民主的協働としての教育

ICOM の博物館の定義再考の過程で，博物館の教育的意義は一層重視されてきた反面，博物館の位置づけを表す適切な用語について討議された。「教育」は博物館から公衆への方向性を想定しがちな一方，例えば，来館者の活動に焦点を当てる「学習」や，博物館を公衆と収蔵資料の媒介者・仲介者（intermediary）としての機関と位置づける「媒介・仲介（mediation）」などが挙がった（Mairesse，2019）。こうした議論の根底には，博物館が利用者に既定の知識を伝達するという教育観の否定と，博物館と利用者との関係は民主的であるべきだという主張がある。

今日の社会で増大する格差や不平等問題の是正のために，博物館の社会的役割の強化の議論において重視されたブラジルの教育者パウロ・フレイレの教育学に触れておこう。フレイレは，教師による知識の一方的な伝達・詰め込みによる教育を「銀行型教育」「支配の実践としての教育」とし，生徒は創造力を抑制され，探究過程と実践から切り離され，人間になる（人間化の）過程から放り出されると批判した。教師を含む人間を非人間化する「銀行型教育」に対して，フレイレは「課題提起教育」を「人間解放の教育」「自由の実践としての教育」として提言する。「銀行型教育」では教師の私有物，独占物でしかなかった認識対象が，「課題提起教育」では対話によって同時に教師と生徒両者の省察と探究の対象となる。そこでは教師は教師であると同時に生徒であり，生徒も生徒であるとともに教師との対話の批判的共同探究者として教師である。このように人々は互いに教え合う（1979）。

> 課題提起教育において，人間は，世界のなかに，世界とともにあり，そしてそこで自分自身を発見する方法を，批判的に知覚する能力を発展させる。かれらは世界を静止した現実としてはではなく，過程にある，変化しつつある現実としてみるようになる（フレイレ，1979，p.87　フレイレによる強調）。

このように課題提起教育では，人々は徐々に自分自身を現実世界に関わっている（committed）者と見なすようになる（フレイレ，1979，p.84）。フレイレが提唱する「課題提起教育」は，学習者は主体的に知識を構築していくという構成主義教育や，知識をコミュニケーションにより発展させ個人や社会に役立てるというデューイ（1916）の教育観と重なり合う。格差や不平等に苦しむ様々な社会的弱者すなわち被抑圧者の解放に力点を置く解放教育では，被抑圧者による抑圧者の教育が不可欠であると主張した点で，フレイレの教育観は，博物館とその利用者との民主的な関係で成り立つ今日の博物館教育の理念にも通じる。博物館教育が目指すのは，博物館とその利用者との民主的な対話（協働探究）に基づき，両者が互いに成長するとともに，様々な社会問題是正に向けて，共に学び，共に積極的関与（commitment）をしていくことである。

「教育」をこのように捉えるならば，博物館教育では，学芸員は博物館利用者が直面する様々な課題を察知し，その当事者，とりわけ社会的弱者と協働して館内外の物的・人的資源を活用し，展示やプログラムなどを設計・実施して課題提起をすることに始まり，広く利用者とともにそれらの課題をじっくり考え，関与する機会を創造していく。日本にも格差や不平等は様々な分野で現存する。これまで参照した博物館の取り組みも，意義深い課題提起教育の実践例で溢れている。

2．日本の博物館の特徴と現状の問題点

（1）日本における博物館の制度上の位置づけ

日本の博物館は，黎明期である明治期において，政府主導による近代国家形成の一環として設立されて以来，量的・質的な広がりを見せてきたが，3章で考察したように，博物館の分類基準（竹下，1985；伊藤，1993）における三世代の博物館が混在してきた。その意味で，日本の博物館の特徴は多様性の海であろう。本章では，3章を踏まえ，日本の博物館の制度上の歴史を補足して再考する。

第二次世界大戦終結の前後が，日本の博物館の質的分水嶺である。それ以前の博物館は，近代国家形成の一環として，戦時体制での国威発揚教育を含む，官による民の国民教化事業に利用された。

第二次大戦の敗戦を機に，米国の占領下，日本の民主化が図られ，社会のあらゆる面での価値基準のパラダイムが転換した。日本社会のこの大転換期において，教育改革は重要な役割を果たし，その一環として，教育基本法（1947）第7条と，それに基づき社会教育に関する国と地方自治体の任務を定めた社会教育法（1949）により，博物館は，公民館，図書館と並ぶ三社会教育施設の一つと位置づけられた。「社会教育施設」という概念は，厳密には敗戦後の教育改革の中で初めて登場したものである（小林，1977，p.3）。

社会教育は，教育基本法（1947）第7条第1項で「家庭教育並びに勤労の場所その他社会において行われる教育」と定義され，同項で，社会教育は「国家及び地方公共団体において奨励されなければならない」と規定された。つまり，社会教育とは，あらゆる機会と場所において国民の自主的な活動として行われる教育であり，国や地方公共団体によるそ

の奨励が義務づけられた。続く第2項では，「国及び地方公共団体は，図書館，博物館，公民館等の施設の設置，学校の施設の利用その他適当な方法によって教育の目的の実現に努めなければならない」と，社会教育施設の設置を義務づけている。なお，社会教育法第2条では，この法に基づく社会教育から，学校教育を除外している。

教育基本法（1947）第7条第2項の「教育の目的」とは，同法第1条の「人格の完成をめざし，平和的な国家及び社会の形成者として，真理と正義を愛し，個人の価値をたつとび，勤労と責任を重んじ，自主的精神に充ちた心身ともに健康な国民の育成」という教育の目的を指し，よって，社会教育施設の目的は，教育基本法第1条の教育の目的の実現に努めることである。

教育学者小林文人は，教育基本法（1947）第7条第1項で，国や地方公共団体における社会教育の「実施」ではなく「奨励」が義務づけられた要因として，敗戦前の教化的社会教育への反省を挙げ，そうした歴史の結果として，図書館や博物館は，学術研究を重視し，社会教育施設であることへの嫌悪があったと指摘する（1977，pp. 3-6）。

教化的社会教育への反省は，ポール・ラングランが1960年代半ばに提唱した生涯統合教育の概念が，日本では変容し，1980年代の臨教審を皮切りとする生涯学習（生涯教育ではない）の基盤整備（実施ではない）の議論に基づき，生涯学習政策が立案されたことにも影響を与えたといえよう。例えば，北海道立近代美術館の館長だった倉田公裕は，「生涯教育」概念の論述において「どうも，日本語の『教育』という言葉は，手あかに汚れすぎ，まして，戦時中の画一した全体主義的なイメージまで加わり，教育という言葉を聞いただけでも，一般大衆はそっぽを向き，敬遠することが少なくない」（1977，p. 17）と指摘している。

小林の言う「学術研究」重視（1977，p. 4），あるいは伊藤の言う「保存志向」(1993, pp. 141-149) の博物館には，近代日本の国家主義的な教育への嫌悪により，社会教育施設に位置づけられることへの抵抗があったことが考えられる。

しかしながら，第二次大戦後の日本の博物館は，教育改革に基づく教育基本法（1947）に定められた，新しい教育の目的を実現するための社会教育施設の一つである。「現実の社会教育施設の実態がはたしてそのような目的に忠実に機能してきたかどうか，が問い直される必要がある」(p. 6) という小林の1977年の主張は，今日においても重要である。

さらに，2006年の教育基本法の改正で，第１条の教育の目的は，「人格の完成を目指し，平和で民主的な国家及び社会の形成者として必要な資質を備えた心身ともに健康な国民の育成」へと改定された。「民主的な」が追加されている。新教育基本法では，教育の目的と社会教育（第７条から第12条へ移行）の関係が不明確になった（吉富，2010，p. 7）が，社会教育を含む日本の教育が，教育基本法の目的を目指すことに変わりはない。

(2) 日本の博物館が抱える問題

第二次世界大戦後の教育改革の一環として，1960年代以降，地方公共団体により，多数の博物館が設立されてきた。さらに，博物館法の登録を受けた民間の博物館も増加してきた。量的な拡大がみられる博物館は，その質的な問題が指摘されてきた。

その最たるものは，いわゆる「箱物行政」への批判である。箱物行政とは，1960年代から70年代に地方公共団体が建設した博物館などの文化施設が，多くの場合，箱，すなわち施設の設置に力点が置かれていたこと，その反面，施設の運営体制（ソフト面）に重点が置かれてこなかったことを指す（清水，2006）。しかし，博物館を運営する国や地方公共団体の財政が逼迫し，博物館の運営を改善する目立った動きはないばかりか，運営予算は縮小傾向にある。

日本博物館協会が平成９，16，20年の３回に亘って行った『日本の博物館総合調査』によると，この間，教育普及活動に力を入れる館が増加した。そこで，博物館学者飯田浩之（2013）は，これらの結果を再分析し，1990年代末から2000年代にかけての博物館の教育普及活動の力点の変化の詳細とその意味を調査し，次のような結果を得た(1)。

① 博物館は，活動の力点を，「収集・保存」から「展示」へ，そして「展示」から「教育普及」へと移してきている。結果的に「収集・保存」の活動の重みが減っている（p. 159）。

調査結果は全11項目にまとめられているが，ここでは館種を超えた博物館の運営体制に関わる分析結果を紹介しよう。例えば，教育普及重点化に関係する要因として，館の歴史性では，開館から日が浅いことが重点化をやや後押ししていたものの，人的・経済的資源の多寡は，重点化にあまり関係がなかった（④）。また，館が自己点検評価をしているかどうかが重点化に関わっていた（⑤）ため，飯田は「結果から，自己点検評価によって，館の活動を再検討することが，教育普及重点化の動きを促進しているものと推測された」と述べている（p. 160）。また，資料購入予算の有無との関係では，予算が措置されていないことが，若干ではあるが教育普及重点化を推進する要因になっていた（⑥）ため，「資料購入ができず，止むを得ず，『収集保存』から『教育普及』へと館の重点を移すケースも，ある程度，あり得るものと推測された」という（p. 160）。

この結果を踏まえ，飯田は，日本の博物館政策が博物館の教育機能を全面に押し出す形で展開してきた反面，その実現は展示に拠るところが大きく，教育普及活動については十分な展開がされてこなかったが，昨

(1)　本調査は，日本学術振興会科学研究費補助金の助成を得て平成22―24年度の３年間に実施された博物館学者杉長敬治を長とする研究プロジェクト「時系列データによる日本の博物館の動態分析」の一部として実施された。

今の状況変化の中で遅まきながらも活性化の方向に動きだしていることは，意味のあることであろうと述べ，博物館，博物館界が教育普及活動を積極的に活用する利用者を増やし得るかどうかが今後問われるだろうと指摘する。「同時に，教育普及活動にしても展示にしても，博物館の教育機能の基盤が資料の収集保存・調査研究にあることは言うまでもない」と主張する（p. 161）。この調査は昨今の博物館の教育活動重視の動向の積極的・消極的要因を明らかにした点で意義深い。

さらに，2019年11月20日時点の日本博物館協会の『日本の博物館総合調査』結果では，一・二番目に力を入れている活動が展示と教育普及だった博物館が７割以上だったことから，この傾向が日常的な研究活動，収集保存活動に裏付けされたものかを検証すべく，一番目に力を入れている活動と主要事業に対する“不十分度”についてクロス解析がされた。その結果，展示および教育普及活動を重視している館の７割以上が，「調査研究活動が十分にできていない」「必要な資料整理が進んでいない」といった悩みを抱えながら業務に取り組んでいる実態が明らかになった（2020，pp. 125-126）。この結果を踏まえ，同報告書は次のように提言する。

> 博物館において「調査研究」並びに「収集保存」は事業の根幹をなすものであり，それらの積み重ねによる成果が「展示」「教育普及」さらには「レクリエーション」活動を通じて市民に還元されるという関係性を基本に置いて運営がなされるべきである（p. 126）。

また，文部科学省が実施した平成30年の『社会教育調査』結果から，2018年10月１日時点の博物館法に基づく博物館一館当たりの学芸員数（学芸員補数を除く）を算出すると次の通りである。

表15－1　2018年の社会教育調査結果における博物館数と学芸員数

項目	博物館	博物館類似施設	全体
博物館数	1,286	4,452	5,738
学芸員数	5,025	3,378	8,403
一館当たりの学芸員数	3.91	0.76	1.46

日本の博物館は，博物館法に基づくものだけではないが，３年毎に実施される『社会教育調査』の結果の推移を見ると，博物館法に基づく登録「博物館」，「博物館類似施設」の両方において，学芸員数は漸増傾向にある(2)。とはいえ，**表15－1**の通り，2018年の一館当たりの学芸員数は依然として少ない。

2019年の『日本の博物館総合調査』の結果を基に，職員体制，所蔵資料，財政基盤という博物館の三つの運営基盤を概観すると，同調査を実施してきた20年以上に及ぶ期間を経てもなお，その整備・改善がなかなか進まない実態が見えてくる（半田，2020）。

総じて，日本の博物館の運営は，理念に基づく長期・中期・短期計画策定・組織体制整備・予算配分という，変化に柔軟に対応する事業体としての経営管理機能が不十分である。これに関連して①「利用者主体の博物館」に不可欠な専門組織の必要性への社会的認知も高いとはいえず，組織体制・予算が不十分であることが多い。②学芸員は多忙を極め，展示やプログラムの実施は，「利用者主体の博物館」と教育の重要性を認識する優秀な学芸員の個人的な努力に負うケースが往々にしてある。③博物館教育に関する大学院などにおけるリカレント教育による専門職教育のシステムが不十分で，継続的な自己教育も学芸員個人の努力に負うことが多い。なお，リカレント教育は，今日の生涯学習の重要な要素であり，専門職の遂行に必要な高度な知識などを社会人が大学院な

(2)　文部科学省のウェブサイトで『社会教育調査』結果を参照のこと。

どにおいて学ぶべく，就業期間と学習期間を交互に繰り返すような継続教育である。学芸員は継続的な専門職教育を必要とする専門職である。

日本の博物館の歴史が，質的に多様な博物館の混在の歴史である理由の一つは，明治以来今日に至るまでの博物館学の先駆者たちの知見の活用が，多くの場合，各博物館の理念に基づく運営上の意思決定に基づくというより，学芸員個人の並々ならぬ努力に帰してきたということが関係するであろう。個人の努力の集積には，組織体の事業としての継続性と発展に限界があることはいうまでもない。日本の博物館学は，時代の要請による博物館の国際規準，すなわち理想の博物館像の変遷を迅速に捉え，絶えず議論してきた。

問題とは，理想と現実との差である。そもそも，絶え間ない変化を続けてきた世の中に，問題のなかった事業体や個人は存在しない。問題があるという判断は，「理想」を明確化しているという意味において，「問題がない」という判断よりも遥かに知的である。今後，博物館の国際規準に合致し，その状態を維持していくために，今，日本の博物館は，組織と予算に裏打ちされた館全体による組織としての経営努力をする必要がある。さもなければ，運営上の不備に起因する各館の質と国際規準との差，すなわち問題を解消することは困難であろう。

3．今日の博物館に求められる役割と教育の重要性

（1）博物館教育を総括する

今日の博物館は，個人の成長とともに他者との相互理解・協働を促す，民主主義社会の維持・発展の建設的な担い手としての公共教育機関である。

教育は，様々な学習を意図的・有機的に統合する意味において，学習とは異なる概念である。「利用者主体の博物館」は，利用者の最も身近

な教育機関の一つとしての「生涯統合教育」の場である。この場合の生涯統合教育とは，利用者が独自の教育的な（educative）スタイル（11章）を構築しながら，教育機関の枠組みを超えて生涯に亘り経験を意図的に統合させていくような教育（1章）であり，ポール・ラングランが1960年代に主張した，既存の学校教育と成人教育の統合を意味する「生涯統合教育」（3章）に比べ，より広範囲で生活に密着した主体的で学際的な教育を意味する。

博物館教育の質は，「研究機関」としての質に依るところが大きいが，これまで考察してきたように，利用者の生涯統合教育を展開する「教育機関」としての質によっても，決定づけられるといえよう。

博物館教育の質の向上を図る上で，博物館とその利用者が共に留意すべき点を三点挙げる。

第一に，日本の博物館では「教育普及」という語が一般化している。「普及」は，知識を有する者が有さない者に知識を「広める」という，知識の伝播を意味する。しかし，この教育観は，近年，国際的に議論されている博物館と利用者との民主的な関係に基づく博物館教育や，デューイ（1916）が提唱する，コミュニケーションによる民主的で双方向の教育観と異なる。

第二に，第一の点と重なるが，博物館では，往々にして広報と教育の混同がある。博物館の教育活動が，顧客増という運営上の課題から注目されてきたことが要因と考えられるが，博物館における広報の目的は「利用者に事業を知らしめ，利用を促進すること」であり，教育の目的は「利用者の学習の機会を共に創造し、共に成長すること」である。この混同は，博物館を学校と置き換えて考えればより分かりやすい。学校教育は専門的な教育を受けた教師が担当する。博物館においても専門的な教育を受けた学芸員（研究者かつエデュケーター）が教育の全体を統括することが必要であろう。

第三に，博物館は，個々の学習を利用者が統合していくという点で，「学習機関」というより「教育機関」である。博物館を介した学習のかなりの部分は，利用者自身が学んだと意識していない非意図的偶発的学習であることも重要な要因である。フォークとディアーキングの学習の文脈モデル（５章）やワークショップにおける経験の質などを勘案し，博物館側も利用者側も，共に考え共に行動する場を，博物館内外に協力して創造することが重要となる。

（２）博物館教育の方向性

利用者の生涯統合教育の場であり社会に貢献する公共教育機関としての博物館教育の望ましい方向性は，次のようなものであろう。

① 展示や教育プログラムなどのばらばらな機会の提供から，展示・教育プログラムなどの計画段階からの統合的な教育機会の創出・提供へ

② 個々の利用者の関心，社会問題などの考察・対話・積極的関与に貢献する，当事者（とりわけ社会的弱者）の意見を重視した学際的なアプローチの増加へ

③ 博物館教育への万人のアクセス権の保障と差別禁止の明確化へ

④ ほかの博物館，図書館，公民館，家族，学校，その他の文化・教育・学術機関，医療・福祉機関，マス・メディアなどとの連携による利用者の生活のあらゆる面との接点をもつ教育へ

⑤ 全体として質的向上・量的拡大へ

日本の博物館教育が，これらの逆の方向に向かうことは，博物館の国際規準に照らし合わせると考えにくい。各館には既に独自の人的・物的資源が蓄積されている。それを最大限活かして，多様な利用者の教育機

会の充実を図っていくためには、博物館の人的資源，物的資源（所蔵資料や学習施設など），予算を基盤とする運営体制の強化が，待ったなしで進められる必要がある。

（3）今後の博物館利用への提言

博物館教育の理論と実践のエッセンスを考察してきたが，あなたの博物館利用はどう変わっていくだろうか。あるいは変わらないであろうか。デューイ（1916）は理論と経験の関係について次のように主張する。

> 1オンス［28.4g］の経験の方が1トンの理論に優るのは，どんな理論でも経験においてはじめて生きた，検証可能な意味を持つからにほかならない。経験は，非常につまらぬ経験でも，いくらかの理論（すなわち知的内容）を生み出し，支えることができるが，経験から離れた理論は，理論としてでさえも，明確に把握することはできないのである（上，p. 230）。

博物館教育もしかりである。生涯統合教育の一要素として博物館が個人及び社会に貢献できることを願っている。利用者の博物館に関する様々な場における意見交換によって博物館も変わっていく。学芸員を目指す人も博物館を利用する人も，コミュニケーションによって共に「知識」を社会に活かすことができるという，これまで学んだ「理論」を，自らの経験の創造によって検証し，自他の成長に役立てて欲しい。

引用・参考文献

飯田浩之「「博物館総合調査」にみる博物館の動向分析―教育活動重点化についての詳細分析―」杉長敬治編著『時系列データによる日本の博物館の動態分析』pp. 138-162（日本学術振興会科学研究費補助金成果報告書，2013年）
伊藤寿朗『市民なかの博物館』（吉川弘文堂，1993年）
稲村哲也「新たな時代の博物館」稲村哲也編著『博物館概論』pp. 269-308（放送大学教育振興会，2019年）
倉田公裕「博物館教育論」古賀忠道，徳川宗敬，樋口清之監修『博物館学講座第８巻　博物館教育と普及』pp. 3-41（雄山閣，1979年）
小林文人「序章　社会教育施設をめぐる問題状況」小林文人編『講座・現代社会教育Ⅵ　公民館・図書館・博物館』pp. 3-18（亜紀書房，1977年）
清水裕之「市民参加をファシリテートする」清水裕之，菊池誠，加藤種男，塩谷陽子『新訂アーツ・マネジメント』pp. 198-236（放送大学教育振興会，2006年）
竹内順一「第三世代の博物館」『冬晴春華論叢』第３号 pp. 73-88（瀧崎安之助記念館，1985年）
デューイ，ジョン（松田泰男訳）『民主主義と教育』（上）（岩波書店，1975年）
日本学術会議・史学委員会『提言　博物館法改正へ向けての更なる提言～2017年提言を踏まえて』（日本学術会議，2020年）
日本博物館協会『令和元年度日本の博物館総合調査報告書』（日本博物館協会，2020年）
半田昌之「まとめ」日本博物館協会『令和元年度日本の博物館総合調査報告書』pp. 285-293（日本博物館協会，2020年）
フレイレ，パウロ『被抑圧者の教育学』（亜紀書房，1979年）
文部科学省『平成30年度社会教育調査結果の概要』（2020年３月23日）https://www.mext.go.jp/content/20200313-mxt_chousa 01-100014642_3-3.pdf（2021年９月30日取得）
吉富啓一郎「生涯学習の理念と社会教育」国生寿，八木隆明，吉富啓一郎『新時代の社会教育と生涯学習』pp. 1-7（学文社，2010年）

Mairesse, F. (2019). "The Definition of the Museum: History of Issues." *Museum International*. Vol.71 No.281-282. pp.152-159.

索引

●配列は五十音順，＊は人名を示す。

●さ　行

●た　行

●な　行

●は　行

●ま 行

●や 行

●ら 行

●わ 行

●欧 文

掲載写真撮影者・提供者一覧

番　号	名称または内容	提供者・撮影者
口絵 1	「ヒーロー」（両切たばこ）（2 章）	たばこと塩の博物館提供
口絵 2	『センス・オブ・ワンダー　もうひとつの庭へ』展（3 章）	ヴァンジ彫刻庭園美術館提供
口絵 3	『夏休み塩の学習室』の展示室（4 章）	たばこと塩の博物館提供
口絵 4	『探究展示』のタマサイ（首飾り）のユニット（5 章）	国立アイヌ民族博物館提供
口絵 5	九州国立博物館の『あじっぱ』（5 章）	九州国立博物館提供
口絵 6	国立西洋美術館ファミリープログラム『どようびじゅつ』「ボン・ボヤージュ！」（7 章）	国立西洋美術館提供
図 1 - 1	インドゾウの展示	よこはま動物園ズーラシア提供
図 2 - 1	「江戸時代のたばこ屋」展示	大高幸撮影
図 2 - 2	「昭和期のたばこ店」展示	大高幸撮影
図 2 - 3	静和園蔵品展覧入札下見会	たばこと塩の博物館提供
図 2 - 4	タバコに関する展覧会	たばこと塩の博物館提供
図 2 - 5	『どこでも美術館』プログラム	福岡市美術館提供
図 2 - 6	『どこでも美術館』の日本画ボックス	福岡市美術館提供
図 2 - 7	近世日本の「琉球との関係」展示（国立歴史民俗博物館）	大高幸撮影
図 3 - 1	ビュフェこども美術館の展示室	ベルナール・ビュフェ美術館提供
図 3 - 2	ヴァンジ彫刻庭園美術館の庭園	大高幸撮影
図 4 - 1	屋内大型展示	東京都江戸東京博物館提供
図 4 - 2	「京の町屋」展示（ボストン子ども博物館）	大高幸撮影
図 4 - 3	見える収蔵庫／研究室	Brooklyn Museum 提供
図 4 - 4	見える資料整理調査室	滋賀県立安土城考古博物館提供
図 4 - 5	国立アイヌ民族博物館基本展示室	大高幸撮影
図 4 - 6	「現代のしごと」展示	大高幸撮影
図 4 - 7	ウポポイの「伝統的コタン」	大高幸撮影
図 4 - 8	『夏休み塩の学習室』の展示室	たばこと塩の博物館提供
図 5 - 2	絵画作品の下に設置されたラベルと解説（オードロップゴー美術館，デンマーク）	寺島洋子撮影
図 5 - 3	国立西洋美術館のジュニア・パスポート	寺島洋子撮影
図 5 - 4	MONA の多目的モバイル機器	寺島洋子撮影
図 5 - 5	タマサイを試着している様子	国立アイヌ民族博物館提供　写真撮影：丹青社
図 5 - 6	「素材－木」の引き出しを展示として活用している様子	目黒区美術館提供
図 5 - 7	『あじっぱ』の「屋台」	九州国立博物館提供
図 6 - 1	米国移民家族の居間	The Lower East Side Tenement Museum 提供
図 6 - 2	アイヌの伝統的子守歌の実演（ウポポイ）	大高幸撮影
図 6 - 3	旧赤崎小学校	大高幸撮影

番　号	名称または内容	提供者・撮影者
図６-４	《入魂の宿》の模型（つなぎ美術館）	大高幸撮影
図７-１	宮城県美術館『絵画の実験　誠実なまなざしへ』の創作室の様子	酒井敦子撮影
図７-２	茅ヶ崎市美術館『美術館まで（から）つづく道』展	茅ヶ崎市美術館提供 写真撮影：香川賢志
図８-１	国立科学博物館筑波実験植物園「手話解説付き動画①」（YouTube【国立科学博物館公式】かはくチャンネル）	国立科学博物館提供
図８-２	国立科学博物館附属自然教育園におけるプログラム『飛ぶたねのふしぎ』	国立科学博物館提供
図８-３	大阪市立自然史博物館　子ども向けワークショップ『いろいろたまご』	島 絵里子撮影
図９-１	素描プログラムで制作された作品（The Metropolitan Museum of Art）	大高幸撮影
図９-２	インストラクターが作成した触図（The Metropolitan Museum of Art）	大高幸撮影
図９-３	さわって鑑賞できる考古展示資料（宮崎県立西都原考古博物館）	大高幸撮影
図９-４	『世界をさわる』展示（国立民族学博物館）	大高幸撮影
図９-５	『手だけが知ってる美術館』プログラム	京都国立近代美術館提供
図10-１	国立国際美術館『アクティヴィティ・ブック』に収められたアクティヴィティの一つ，「そっくりさん」	酒井敦子撮影
図10-２	みのかも文化の森／美濃加茂市民ミュージアムでの体験学習	酒井敦子撮影
図11-１	プログラムに参加する家族	美濃加茂市民ミュージアム提供
図11-２	11歳の少女が描いたマンガ	大高幸撮影
図11-３	子どもたちにとって大切な祖母の刺繍	大高幸撮影
図11-４	ブリヂストン美術館の『ファミリープログラム』	アーティゾン美術館提供
図11-５	『家族プログラム』	金谷美術館（現鋸山美術館）提供
図13-１	多摩六都科学館ちきゅうラボ『アンモナイトの化石を見てみよう』	島 絵里子撮影
図13-２	多摩六都科学館からだラボで活動するボランティア	島 絵里子撮影

分担執筆者紹介

酒井　敦子（さかい・あつこ）

・執筆章→7・10

1995年	東京女子大学現代文化学部コミュニケーション学科卒業
2002年	ニューヨーク州立大学パーチェイス校修了 修士（美術史）取得 国立西洋美術館研究補佐員，森美術館学芸グループパブリックプログラム担当，森美術館管理運営グループ秘書担当，国立西洋美術館研究員を経て現職
現在	国立西洋美術館主任研究員・教育普及室長
研究領域	博物館教育
主な著書等	『美術館活用術～鑑賞教育の手引き　ロンドン・テートギャラリー編』（共訳　美術出版社，2012年） キーワード「高齢者向け教育プログラム」『ミュージアム・マネージメント学事典』（日本ミュージアム・マネージメント学会事典編集委員会編　学文社，2015年）

島　絵里子（しま・えりこ）

・執筆章→8・13

2002年	北海道大学農学部森林科学科卒業
2004年	北海道大学大学院農学研究科環境資源学専攻修士課程修了 修士（農学）取得
2007年	北海道大学大学院農学研究科博士後期課程単位取得退学 千葉県立中央博物館，国立科学博物館勤務を経て，マレーシアへ。マラヤ大学大学院教育学専攻，マレーシア国立博物館ミュージアムボランティア。帰国後，国立科学博物館，多摩六都科学館勤務を経て
現在	東京大学大学院総合文化研究科附属国際交流センター特任専門職員，大阪市立自然史博物館　外来研究員，東邦大学等　非常勤講師
研究領域	博物館教育論
主な著書	『日本の博物館のこれからII―博物館の在り方と博物館法を考える―』（共著　大阪市立自然史博物館，2020年） 『博物館教育論』（共著　ぎょうせい，2012年） 『授業で使える！博物館活用ガイド―博物館・動物園・水族館・植物園・科学館で科学的体験を』（共著　少年写真新聞社，2011年） 『素敵にサイエンス　先生編』（共著　近代科学社，2009年）

菅井　　薫（すがい・かおる）

・執筆章→12

2003年　立命館大学文学部史学科日本史学専攻卒業
2005年　立教大学大学院21世紀社会デザイン研究科比較組織ネットワーク学専攻修士課程修了
修士（社会デザイン学）
2010年　お茶の水女子大学大学院人間文化研究科人間発達科学専攻博士後期課程修了
博士（学術）
現在　立教大学社会デザイン研究所研究員，大阪市立自然史博物館外来研究員
研究領域　博物館学，博物館教育論
主な著書　『博物館活動における「市民の知」のあり方：「関わり」と「価値」の再構築』（単著　学文社，2011年）
『人間の発達と博物館学の課題：新時代の博物館経営と教育を考える』（共著　同成社，2015年）
『想定外を生まない防災科学：すべてを背負う「知の野生化」』（共著　古今書院，2015年）
『新編博物館概論』（共著　同成社，2011年）

編著者紹介

大髙　幸（おおたか・みゆき）

・執筆章→1～4・6・9・11・15

1997年　慶應義塾大学文学部哲学科美学美術史学卒業
2000年　ニューヨーク大学大学院視覚芸術運営研究科修士課程修了　修士（美術館運営学）取得
2007年　コロンビア大学大学院美術及び美術教育研究科博士課程修了　博士（教育学）取得，コロンビア大学大学院兼任助教授を経て
現在　放送大学客員准教授（博物館教育論・2012年～）
慶應義塾大学大学院等非常勤講師
研究領域　博物館教育論，美術館運営学，芸術メディア論
主な著書　『美術館と家族：ファミリープログラムの記録と考察』（共著　アーティゾン美術館，2020年）
『博物館概論』（共著　放送大学教育振興会，2019年）
『博物館情報・メディア論』（共著　放送大学教育振興会，2018年）
『ひとが優しい博物館　ユニバーサル・ミュージアムの新展開』（共著　青弓社，2016年）

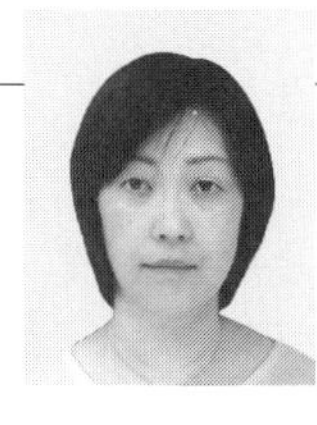

寺島　洋子（てらしま・ようこ）

・執筆章→5・14

1985年　　東京藝術大学大学院美術研究科修了
東京国立博物館，国立西洋美術館を経て
現在　　放送大学客員准教授（博物館教育論　2021〜）
一橋大学大学院言語社会研究科非常勤講師
研究領域　　博物館教育
主な著書等　『ル・コルビュジエと国立西洋美術館』（展覧会カタログ）（編著　国立西洋美術館，2009年）
『子どもとミュージアム　学校で使えるミュージアム活用ガイド』（共著　ぎょうせい，2013年）
『博物館教育論』（共編著　放送大学教育振興会，2016年）

放送大学教材　1559290-1-2211（ラジオ）

改訂新版　博物館教育論

発　行　　2022年3月20日　第1刷
編著者　　大髙　幸・寺島洋子
発行所　　一般財団法人　放送大学教育振興会
〒105-0001　東京都港区虎ノ門1-14-1　郵政福祉琴平ビル
電話　03（3502）2750

市販用は放送大学教材と同じ内容です。定価はカバーに表示してあります。
落丁本・乱丁本はお取り替えいたします。

Printed in Japan　ISBN978-4-595-32325-6　C1330